처음 만나는
페미니즘

내 일상을 바꾸는
페미니스트 행동 전략

처음 만나는 페미니즘

제시카 발렌티 | 노지양 옮김

Full Frontal Feminism

교양인
GYOYANGIN

2007년 《처음 만나는 페미니즘》 초판을 낼 당시에는 이 책이 이런 반응을 얻으리라고는 상상도 못했다. 이 책은 내가 쓴 책 중에 가장 많이 팔렸고, 가장 많은 독자 메일을 받았으며, 가장 광범위한 영향을 끼친 책이었다. 아직까지도 10대와 20대 여성들이 나에게 슬며시 다가와 《처음 만나는 페미니즘》을 읽고 자신이 페미니스트라는 것을 깨달았다고 말하곤 하는데 그때마다 세상을 다 얻은 듯 기쁘다.

하지만 이 책은 쏟아지는 비판 세례를 받기도 했다. 그중에는 정당한 비판도 있었고, 살짝 억울한 비난도 있었다.(나의 소박한 생각으로는 그렇다.) 책이 발표되고 어느덧 5년이란 세월이 흘렀다. 다른 주제를 다룬 책이라면 그렇지 않겠지만 페미니스트의 시간 개념으로 본다면 5년은 영원과도 같다. 그사이 정치와 사회는 물론 페미니즘 운동 자체에도 크나큰 변화가 일어났기 때문이다. 그래서 새로운 머리말을 입혀 새롭게 출간할 수 있어서 더없이 기쁘다. 독자들이 지적한 부분을 확인하고 그동안 달라진 점을 수정, 보완하고 좀 더 다양한 이슈들을 추가하기도 했다. 다들 아시겠지만, 그동안 별의별 일이 다 있었지 않은가!

먼저 이 이야기부터 하는 것이 순서일 것이다. 이미 눈치챘겠지만 표지가 바뀌었다. 기존의 표지는 내가 믿는 페미니즘과 이 세상에 필요한 페미니즘을 제대로 반영하지 못했다고 생각했기에 출판사와 의논하여 표지를 바꾸었다. 초판 표지에는 약간 갈색빛이 돌지만 흰 피부였을 것이 분명한 여성의 배에 책 제목이 크게 휘갈겨 쓰여 있었다. 이 표지는 '페미니스트'는 특정 부류의 여성을 대표하고 페미니즘은 대체로 백인 여성들을 위한 것이라는 잘못된 생각을 각인할 수도 있었다. 그때 이 표지를 선택했던 이유는 캐슬린 해나(로커이자 유명 페미니스트)가 자신의 배에 썼던 '슬럿(SLUT)'의 강렬한 이미지를 연상시켰기 때문이다. 나는 이 이미지를 여성이 자기 몸의 소유권을 주장한다는 의미로 보았다. 백인 여성으로서 당연히 누려 왔던 특권 덕분이었을까? 나는 표지의 배 사진이 나에게 뭔가 말을 거는 것처럼 느껴졌다. 대부분의 이미지들이 나를 닮았고 나의 경험과 부합했고 나라는 사람에 대해 이야기하고 있었다. 우리가 살고 있는 이 문화에서는 '백인'이 '보통 사람'이니까 말이다. 혹시라도 표지 그림 때문에 이 책이, 혹은 페미니즘마저도 나의 것이 아니라는 느낌을 받은 분들이 있다면 무척 죄송하다. 지금이나마 새로운 표지를 입고 다시 태어나게 되어 한결 마음이 놓인다.

또 이 책의 약점은 트랜스 젠더 이슈와 행동주의(activism)가 빠져 있었다는 것이다. 책을 쓸 당시만 해도 트랜스 젠더 이슈는 전반적으로 페미니즘의 핵심 논의 사항이 아닌 것으로 여겨졌다. 트랜스 페미니즘은 여성학 교실에서, 페미니즘 텍스트에서, 그리고 페미니즘 운동에서도 배제되었다. 당시에는 성차별과 인종주의, 계층주의, 동성애 혐오를 논하는 교차성 이론에도 트랜스 젠더 이슈가 포함되지 않았다. 이 책이 출간된 해에 줄리아 세라노의 《위핑 걸-성차별 속의 트랜스섹슈얼 여성과 여성성의 희생양》이 나왔는데, 이 책이 내 머릿속 페미니즘의 지형도를 바꾸었다고 할 수 있다. 오늘날에는 세라노를 비롯한 온라인의 트랜스 페미니스트들 덕분에 트랜스 젠더 이슈와 차별과 트랜스 젠더에 대한 구조적인 폭력이 페미니즘이라는 학문에 중요한 논점으로 포함되었다. 아직도 할 일이 많이 남아 있고 나도 공부를 더 해야 하지만 나는 지금 우리가 제대로 된 방향으로 가고 있다고 믿는다.

이 책은 문체에 교양과 품위가 없다고 비난받기도 했다. 그냥 까놓고 말하자. 그야말로 내가 말 나오는 대로 쓰고, 욕을 거침없이 썼기 때문이다. 인정한다. 나도 다시 읽으면서 이불 속으로 숨고 싶기도 했다. 하지만 그럴 수 있지 않나. 지금의 나는 30대 중반이지만 이 책을 쓴 건 20대 후반이었다. 지금은 구어체로 쓴 책을 모든 독자가 선호하지 않을 수도 있다고 생각하지만 어쩌면 이 책이 그토록 많은 젊은 여성들에게 쉽게 다가갈 수 있었던 이유 중 하나는 특유의 편안한 말투 때문이 아니었을까? 이 책을 쓸 때는 정말 이런 식으로 말했다! 나의 바람은 한 명이라도 더 이 책을 읽는 것이었고 친구와 차 마시며 수다 떠는 느낌이기를 바랐다. 나도 대학원에서 여성학과 젠더학을 공부했지만 페미니즘이 사회 문제를 진지하게 비판하기 위해 학문적 용어의 외피를 둘러야만 한다는 생각에는 반대한다.

책이 출간된 후에 일어난 가장 놀라운 변화는 온라인 페미니즘의 폭발적인 성장이었다. 이 책을 쓸 때는 '페미니스팅닷컴(Feministing.com)'을 연 지 2년밖에 되지 않았을 때였다. 이후 더 많은 페미니스트 블로그들이 앞다투어 생겨나기 시작했지만 페미니스트 블로그 세계는 지금과 비교하면 작고 조용한 편이었다. 특히 소셜 미디어가 지금 같지 않았다. 트위터는 출범 초기였고 페이스북은 아직 폐쇄된 네트워크였으며 텀블러는 존재하지도 않았다. 지난 몇 년 동안 다양한 미디어들이 발전하면서 페미니즘과 페미니스트들의 목소리는 상상을 넘어 확장되었다. 또한 그 사이 대통령 버락 오바마가 당선되었고(두 번이나!) '여성들과의 전쟁'*이 미디어를 휩쓸었고 젊은 페미니스트 운동가들이 온라인과 오프라인에서 종횡무진 활동했다.

반항적인 페미니스트들의 목소리가 부상했고, 정치권에서 여성 관련 이슈가 점점 더 중심으로 이동하면서 지난 몇 년간은 페미니스트들에게 굉장히 흥미진진한 나날이었다고 할 수 있다! 이 책의 모든 장들과 내가 언급했던 모든 이슈에서 후퇴도 있었고 성장도 있었고 새로운 사고와 행동도 나왔다. 그래서 몇몇 장의 도입 부분에 그에 관련된 내용들을 추가했다.

하지만 《처음 만나는 페미니즘》 출간 이후에 페미니스트로서 나

---

* **여성들과의 전쟁**(war on women) 여성의 권리와 생식권을 제약하려는 공화당 의원들의 정책과 입법안들을 가리키는 말. 민주당과 페미니스트들이 이들을 공격할 때 사용한다.

자신이 가장 행복하고도 보람된 삶을 경험했다는 것은 꼭 말해야만 하겠다. 더 많은 젊은 여성들이 자신을 페미니스트라고 표현하게 만들고 싶다는 나의 희망과 전망이 점점 더 현실이 되었다. 페미니즘 운동이 주류 조직의 가장 윗자리에 있는 몇몇 유명한 엘리트에 의해 전개되는 운동이 될까 봐 두려워했으나 온라인 페미니스트와 개별 페미니스트 활동가들의 목소리가 점점 더 큰 자리를 차지하게 되면서 그런 두려움도 서서히 사라졌다. 우리는 항상 앞으로 진격만 할 수는 없고 가끔 뒷걸음치기도 하지만 짧은 기간 안에 먼 길을 걸어온 페미니즘을 생각하면 뿌듯하고 놀라울 뿐이다. 나의 블로그 활동과 글쓰기가 그 길의 일부가 되었다는 점이 더없이 기쁘고 앞으로도 이 작업을 계속하게 되기를 희망한다. 나에게 말을 걸어주는 여러분들 곁에서 말이다.

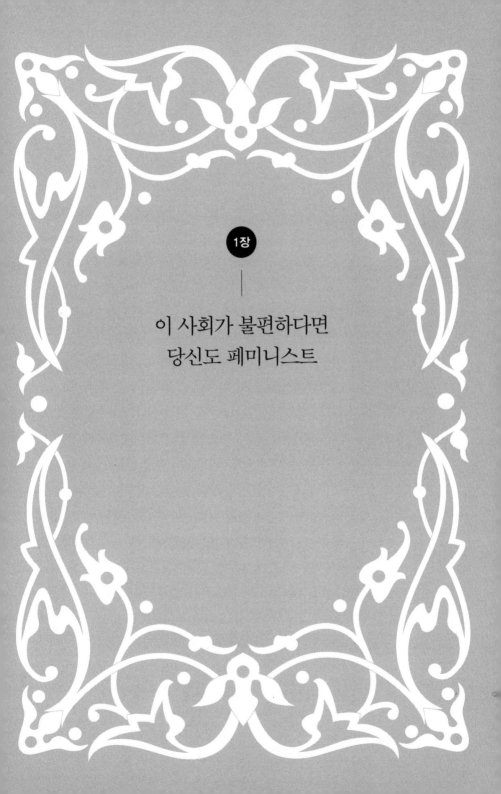

1장

이 사회가 불편하다면
당신도 페미니스트

지난 몇 년간 가장 즐겁고도 놀라운 변화는 젊은 여성들이 스스로 페미니스트라고 당당히 밝히게 되었다는 점이다. 안티 페미니스트들이 퍼뜨리려는 페미니스트의 고정된 이미지는 여전히 존재하지만 온라인 페미니즘의 부상으로 그러한 편견과 신화가 틀렸음을 보여주는 게 더 쉬워졌다. 대학 캠퍼스에서 강연할 때마다 학생들에게 말해주는 귀여운 에피소드가 하나 있다. 어떻게 우리 '페미니스팅닷컴'의 고정 독자가 되었는지를 알려준 한 10대 소녀의 이메일이다. 팝가수 제시카 심슨의 팬인 그 학생은 구글로 제시카 심슨을 열심히 검색하다가 우연히 '페미니스팅닷컴'을 클릭하게 되었다. 그때 우리가 게시한 글이 제시카 심슨의 소름끼치는 아버지를 비판하는 내용이었던 것이다(순결 서약, 딸의 가슴에 대한 언급 등등). 그런데 그 학생은 그 글만 읽고 그냥 나가지 않았다. 우리 사이트에 있는 다른 글들이 마음에 들어서 이후에도 매일매일 출석하게 되었다고 한다.

이것이 바로 온라인 페미니즘의 파급력이다. 10년 전에 어떤 여성이 페미니즘 관련 책을 읽고 있었다면 그녀가 페미니즘에 관심이 있거나 이미 페미니스트였기 때문이었다. 이제 청소년들과 20대 여성들은 검색을 하다가, 소셜 미디어를 보다가 우연히 페미니즘을 발견한다. 그렇다고 해서 페미니즘이 단번에 주류 사상으로 받아들여진다는 의미는 아니다. 너무 많은 사람들과 유명 인사는 물론이고 일반인들도 페미니즘의 가치를 알고 페미니즘 이슈에 동의하면서도 스스로 페미니스트라 칭하지는 않으려 한다. 하지만 이런 분위기도 최근에 와서 점점 변하고 있다. 블로그, 트위터, 텀블러 게시글과 페이스북이 젊은 여성들에게 알고 보면 그들이 '철저한' 페미니스트라는 사실을 더 많이 공유할수록, 우리는 여성들의 삶의 질이 나아지는 변화에 한발 더 다가가게 된다.

여성에게 할 수 있는 최악의 말은 무엇일까. 망설이지 말고 지금 머릿속에 떠오르는 대로 꼽아보자.

계집년(slut), 창녀(whore), 암캐(bitch), 걸레(cunt) 따위의 단어가 떠올랐을 것이다.(내가 망설이지 말라고 했잖아요!) 잡년(skank)도 있다.

그럼 이제 남자에게 할 수 있는 최악의 말을 생각해볼까? 계집년(fag), 여자 같은 새끼(girl), 암캐(bitch), 여자 거시기 같은 놈(pussy)이다. 최근 '보지남(mangina)'이라는 말을 들은 적이 있는데 가장 최악이었다.

무슨 말을 하려는지 느낌이 오시는지? 여자를 부르는 최악의 말도 여자고, 남자를 부르는 최악의 말도 여자다. 이쯤 되면 여자라는 것은 궁극적인 모욕이다. 이 정도면 완전 망한 것이 아니고 무엇일까. 이런 간단한 단어 열거만으로 빌어먹을 현실을 깨닫는다고 해서 당신이 바로 페미니스트가 되지는 않는다. 그런데 당연히 그래야 하지 않을까? 우리 여자들은 이 사회가 뭔가 크게 잘못되었다는 것을 안다. 그것들이 다름 아닌 성차별이라는 사실을 안다고 해도 그 즉시 "나는 페미니스트입니다."라고 외칠 준비가 되어 있지 않다. 우리 곁에 이렇게 말하는 사람들이 적지 않기 때문이기도 하다. "내가 딱히 페미니스트는 아니지만 말이야……"로 시작하는 말인데 항상 이런 식이다. "내가 페미니스트나 뭐나 그런 건 아니지만 말야. 월마트가 내 피임약 처방을 안 해주는 건 짜증나."

당신과 똑같은 일을 하는데 남자라고 해서 더 많은 돈을 받는 것이 정당해 보이나? 친구들이 강간을 당한 적이 있다는 사실을 알았을 때 속상해 미치겠고 두렵지 않았나? 몸매 품평을 당할 때마다 기분이 더러워진 적이 있었나? 여자답다, 여성스럽다는 그 망측하고 고리타분한 기준에 맞지 않는다는 이유로 내가 어딘가 잘못되었다고 느낀 적이 있었나?

그렇다면, 여러분. 미안하지만 솔직하게 말해줘야겠다. 여러분은 뼛속 깊이 페미니스트가 맞다. 제 말을 믿어주시길. 확실하니까.

페미니스트는 반대만 한다고?

왜 그런지는 모르겠지만 페미니스트는 항상 뭔가를 혐오하고 주

구장창 반대만 하는 사람(안티)으로 여겨지곤 한다. 남자 혐오, 섹스 혐오, 남녀 차별 혐오, 이것도 싫고 저것도 싫다 하는 사람들. 반대가 항상 나쁜 것은 아니지만 모든 일에 부정적인 사람으로만 취급받는 것 또한 굉장히 신나는 일이라고 할 수는 없다.

희소식이 하나 있으니 알려주려 한다. 페미니즘은 반대와 혐오에 관한 것만이 아니다. 페미니즘은 발전과 진보에 관한 것이다. 글로 쓰려니 조금 쑥스럽긴 하지만 말해야겠다. 페미니즘은 우리 삶을 더 나아지게 만드는 것이다. 우리는 각자 다르지만 여자로 태어나 자랐다는 점만으로도 공유하는 것들이 있다. 우리 모두 어린 시절부터 스스로 어딘가 잘못되었다고 느껴 왔다. 난 너무 뚱뚱해. 난 너무 멍청해. 난 너무 똑똑한가 봐. 내가 여자답지 않은가 봐. 여자가 어떻게 욕을 하니? 여자가 입 벌리고 껌 짝짝 씹는 것 좀 봐. 여자가 왜 이렇게 자기 주장이 세. 여자애가 너무 헤퍼. 여자애가 왜 그렇게 꽁꽁 싸매고 있어?

다 바보 같은 소리다.

당신은 너무 뚱뚱하지 않다. 당신은 너무 나대지 않는다. 당신이 똑똑한 건 문제가 아니다. 당신이 여자답지 않은 것도 문제가 아니다. 당신에게 잘못된 건 하나도 없다.

물론 말로 하면 간단한데 나 또한 이것을 이해하는 데 상당히 오래 걸렸다. 한번 이해하고 났더니 기분이 끝내주게 좋았다. 왜 평생을 내가 나로서 충분히 괜찮지 않으니 바꿔야 한다고 생각하면서 살아야 한단 말인가?

페미니즘은 나에게 뭔가 문제가 있다고 생각하게 하는 이 머저리 같은 말들의 본질을 정확히 들여다보게 해줄 뿐만 아니라 나에 대해 더 좋은 기분이 들게 하는 여러 비법을 제시한다. 엄마들에게 인기 많은 "다리 붙이고 앉아라."와 남자애들이 좋아하는 "가슴 보여주라." 같은 말에 이용당하지 않고도 자존감을 지닐 수 있게 해준다.

그동안 수없이 듣고 배워 온 것들이 기분을 거지같이 만들 뿐 전혀 사실이 아니라는 것을 깨달았을 때의 기분이 얼마나 날아갈 것 같은지 상상해보자.

하지만 이렇게 말은 쉽게 해도 나 또한 F로 시작되는 단어를 빙 둘러싼 망설임이라는 장벽을 충분히 이해한다. 이번 장 도입부에 내가 꺼낸 "여성에게 할 수 있는 최악의 말은 무엇일까?"는 여성 문학 수업 첫날 교수님이 던진 질문이다. 선생님은 이 질문 전에 우리 중 페미니스트인 사람은 손을 들어보라고 했다. 한 명도 손을 들지 않았다. 나도 마찬가지였다. 나는 눈을 깔고 변명 거리를 만들어내기 시작했다. 이 세상에는 여러 종류의 페미니즘이 있잖아. 내가 그 많은 페미니즘을 어떻게 다 알겠어 어쩌고저쩌고. 나는 페미니스트라기보다는 휴머니스트지 구시렁 구시렁. 전부 말도 안 되는 소리다. 생각해보면 그 시절에도 내가 페미니스트라는 사실은 알고 있었다. 그저 손드는 사람이 나밖에 없을까 봐 겁먹었던 것뿐이다.

대부분의 여성들은 페미니스트가 맞지만 그 말을 입 밖으로 꺼내는 건 꺼린다. 아니, 인식조차 하지 않으려 한다. 왜 그럴까? 페미니스트들은 못생겼을 게 뻔하니까. 그리고 뚱뚱하니까. 그리고 털도 많을 테니까! 왜 이렇게 사람들이 멍청하고 얄팍하고 유치한지 정말 한심하지 않나? 당연히 한심하다. 못생기고 뚱뚱하고 털이 많은 게 어디가 어때서? 여기에 무슨 문제가 있나? 당연히 없다. 하지만 솔직히 인정할 건 인정해볼까. 아무도 멋지지 않고 매력적이지 않아 보이는 무언가를 열렬히 지지하고 싶어 하지는 않는다. 그런데 문제는 이것. 알고 보면 페미니스트들은 엄청나게 멋진 (그리고 매력적인!) 여성들이라는 점.

그러니 이제 이런 빌어먹을 편견과 변명은 집어치우자.

하지만 페미니스트들은 못생긴 거 맞잖아요!

아이고, 이 말이야말로 가장 지겹고 듣기 싫은 고정 관념이다. 하지만 어떻게 보면 그 나름대로는 고도로 지능적인 방법이기도 하다. 여자분들 생각해보시길. 지금 당장 당신의 기분을 망칠 것이 확실한 말이 있다. 바로 "너 못생겼어."이다.

초등학교 5학년 때 내 첫사랑이었던 더글러스 매킨타이어는 내 코가 이렇게 크고 못나지만 않았다면 훨씬 예쁠 것이라고 말해주었다. 그때부터 몇 달 동안 학교가 끝나면 우리 집 화장실 삼면 거울 앞에 몇 시간 동안 서서 내 몸에서 가장 거슬리는 신체 부위를 빤히 바라보면서 어떻게 '코'라는 물건이 이렇게까지 소름 끼치게 못생길 수 있는지 알아내려 했다. 제발 여러분은 따라하지 마시길.

못생겼다는 말은 당신을 따라다닌다. 그 말의 힘은 엄청나게 강하다. 그래서 이 편견은 완벽한 힘을 지녔다 할 수 있다. 여자들을,

특히 어린 여자들을 페미니즘에서 멀리 떨어뜨려놓는 가장 쉬운 방법은 '못생겼다'라는 날카로운 창으로 위협하는 것이다. 또한 이 말은 어떤 사람과 그 사람의 의견을 무시해버리는 가장 쉬운 방법이기도 하다.("그 여자 말을 뭣하러 들어. 자기가 못생겨서 화딱지 나서 저래.")

완전 멍청한 소리다. "내가 너보다 더 이쁘지롱." 같은, 꼬마들이 부르는 노래처럼 유치할 뿐이다. 공화당 지지자들이 한 번이라도 이렇게 말한 적이 있나? "민주당 지지하지 마. 민주당 사람들은 다 못생겼잖아." 당연히 없다. 터무니없는, 들을 가치도 없는 소리이기 때문이다. 하지만 어떤 이유인지는 몰라도 이 '페'로 시작되는 단어와 관련해서는 터무니없는 소리를 하는 작자들이 아무렇지도 않게 등판한다.

대표적인 막말 전문가이며 극우 라디오 진행자 러시 림보는 페미니즘이 "못생긴 여자들이 주류 사회에 진출하기 위해 만들어낸 장치"라는 명언을 남겼다. 알았습니다, 잘 알았고요. 그런데 혹시 러시 림보 얼굴을 본 적 있으신지? 긴말하지 않겠다. 아, 그래도 이 말은 하고 지나가련다. 난 지금 내가 진짜 예쁘고 매력이 넘친다는 거 잘 알거든. 그러니까 조용히 입 다물고 꺼져 줄래? 너 말이야, 더글러스 매킨타이어.

이제는 페미니즘이 필요 없다고?

내가 이 넓은 세상을 알면 얼마나 다 알겠는가? 당신은 지금 있는 그대로 행복하고 아무런 불만이 없을지도 모른다. 당신에게는 행운이 따라다니고, 다 가졌기에 세상에 부러운 것 하나 없고 아침에 일어나면 새들이 노래하고 침대에 아침이 차려져 있고 손만 뻗으면 명품과 사치품들이 그득하다. 그럴 가능성은 별로 없다는 것이 함정이지만.

페미니즘이 이제 충분히 목표를 달성했다고 주장하는 사람들도 많이 만난다. 1998년 〈타임〉에 이런 제목의 기사가 실렸다. "페미니즘은 사망했나?" "만약 여성 운동이 아직 건재하고 유용하다면 아직 할 말이 남아 있을 것이다. 페미니즘은 이제 죽었다. 승리를 거두었기 때문이다."[1]

여성의 삶이 진전했다는 점을 부정할 수는 없다. 하지만 우리가 투표권을 얻고 일할 수 있는 '권리'를 얻었다고 해서 하루아침에 장밋빛 인생이 되는 것은 아니다. 여성이 '승리했다'고 생각하는 이들은 지금은 모든 것이 좋아지고 나아졌다고 판단하지만, 왜 하버드 대학 총장이 여성은 선천적으로 수학 실력이 달린다는 말을 서슴없이 하고 사람들이 실제로 그 말을 진지하게 듣는지를 물어보아야 할 것이다.[2] 왜 아직까지도 교사가 임신했거나 비혼이라는 이유로 해고를 당해야 하는지 물어야 할 것이다.[3]

진지하게 우리 자신에게 질문해보자. 지금 이대로 괜찮나? 우리 중 많은 이들이 몸매 때문에 먹고 나서 토하고, 강간을 당하고 구타당하고 남자보다 적은 급여를 받고 있는데도? 피임도 쉽게 못하게 하고 섹스는 하지 말라고 하면서 섹시해야 한다고 하고, 우리의 기분을 망치는 백 가지 일이 일어나는데도 아무렇지 않게 지금

이대로도 괜찮아요, 라고 말해야 하나?

나는 그렇게 생각하지 않는다. 지금보다 더 나아질 수 있다. 더 나아져야 한다.

페미니즘은 중산층 여성들을 위한 것 아닌가요?

뜬금없이 나온 소리는 아니다. 페미니즘 운동이 가장 많이 떠들어 왔고, 가장 많이 글을 써 왔고, 가장 관심을 집중한 주제가 집안에 돈 좀 있는 얼굴 하얀 사람들에 관한 것이었다는 건 맞는 말이다. 1960년대와 1970년대에는 백인 중산층 페미니스트들이 집 밖에서 일할 권리를 달라고 싸웠으나 사실 특권을 누리지 못하는 많은 여성들은 이미 집 밖에서 일을 하고 있었다. 먹고살아야 했기 때문이다.(이에 대해서는 뒷장에 자세히 서술하겠다.)

지금도 인종과 계층 문제가 페미니즘 안에서 자주 불거진다. 하지만 그때 그 시절 페미니즘과는 달리 여러 층위의 목소리가 들리긴 한다.(항상 잘되고 있는 것은 아니지만 예전에 비해서는 장족의 발전이다.) 페미니즘은 시위를 주도하는 여성 단체가 전부도 아니고, 뉴스에서 보고 듣는 것도 전부가 아니다. 페미니즘 운동, 특히 주로 젊은 여성이 주도하는 페미니즘은 우리 머릿수만큼이나 다양하다. 이번 장을 끝까지 읽으면 내가 무슨 말을 하는지 이해하리라 생각한다. 이 시대의 많은 젊은 여성들은 자신들이 믿는 페미니즘을 위해 발바닥에 땀이 나게 뛰어다니고 있다. 그렇기 때문에 이제부터 하나씩 짚어볼 케케묵은 편견들은 듣고 있기 괴로울 것이다.

가끔 잊을 만하면 한 번씩 페미니즘은 죽은 것이 아니냐는 제목의 기사가 출몰한다. 가장 대표적인 것이 앞서 말한 〈타임〉 기사다. 페미니즘은 죽었을지 모르고, 죽지 않았다면 이제 시대에 뒤처졌다고 비난한다. 아니면 실패했다고 한다. 아니면 필요가 없어졌다고 한다.

페미니즘은 죽었을까? 그렇다면 왜 사람들은 이미 죽은 것을 또다시 죽이려고 저 난리들일까? 언론에서건 정치에서건 보수 조직에서건 언제나 페미니즘의 시대는 오래전 막을 내렸다고 설득하려 하는 것이 무슨 유행처럼 번지고 있다.

그들이 주장하는 바는, 현대의 여성들에게 더는 페미니즘이 필요하지 않다거나, 급진 페미니스트들은 보통 여성의 입장을 반영하지 못한다는 것이다. 그런데 왜 최근의 설문 조사에서 대부분의 여성들이 페미니스트들의 목표를 지지한 걸까? 여자들 모두 동일 노동에 동일 임금, 여성에 대한 폭력 근절, 보육 개선, 여성 의료, 의회에서 더 많은 여성 의석을 원하고 있지 않은가. 이럴 때 또 등장하는 말이 있다. "내가 페미니스트는 아니지만 말이죠……."

어떻게든 페미니즘을 공격하고 깔아뭉개려는 집착이 오히려 우습다. 만약 기득권 세력이 페미니즘이 죽었다는 사실을 증명하지 못하면 그때부터 비난 게임이 시작된다. 페미니즘은 언론이 가장 좋아하는 펀칭백이다.

모든 것이 다 페미니즘 때문이라며 책임을 떠넘기는데 논리와 근거가 없을 뿐만 아니라 터무니없기도 하다. 최근 기사에서는 페미니즘이 문란한 성생활을 조장하고,[4] 남성 혐오를 부추기고 있다고 한다. 아부 그라이브의 포로 학대 사건(2004년 미군이 아부 그라이브의 수감자들에게 극도의 모욕과 고통을 주는 고문을 했고 그중에 여군이 포함되어 있었던 점이 부각되기도 했다)도 페미니즘 때문이고, '가정'을 망치는 것도 페미니즘이고, 남자들이 여성화되는 것도 페미니즘 책임이란다. 국제앰네스티의 '실패'도 페미니즘 때문이고 마이클 잭슨이 부당하게 공격받은 것도 페미니즘 때문이라고 한다.[5] 아무거나 이름만 대시길. 페미니즘이 원흉이다.

그중에 내가 굉장히 아끼는 비난이 하나 있다. 페미니즘이 여성 범죄 증가에도 책임이 있다는 주장이다. 아마 이 이야기는 굉장히 마음에 들 것이다. 보수적인 안티 페미니스트 여성 단체 '미국을 걱정하는 여성들(Concerned Women for America)'의 웬디 라이트는 2005년 기사 "여성 범죄 증가와 페미니즘 어젠다의 관련성"에서 감옥에 수감되는 여성이 증가하는 이유는 성가신 페미니스트들 때문이라고 말했다.[6]

라이트는 여성이 범죄를 저지르는 이유가 페미니즘이 여자들에게 "여성이 다른 사람에게 의지해서는 안 되"고 "아내가 남편에게 의지할 필요가 없다"고 가르쳤기 때문이라고 주장한다. 이 말들 때문에 여성들이 "자신들을 스스로 지키면서" 범죄가 늘어난 것이다.[7] 여러분, 무슨 말인지 알겠는가? 의지할 남편이 없는 당신은 조만간 살인자가 될 수도 있다!

그렇게 힘이 빠지고 유행이 지난 것치고는 페미니즘이 이 사회에 상당히 많은 피해를 입힌 것으로 보이지 않나?

'페'로 시작되는 단어를 불신하게 만들기 위해 쏟아붓는 이 대단한 노력을 보자. 하지만 대체 왜 그렇게 극성을 떨까? 만약 사람들이 페미니즘을 위협으로 느끼지 않고 강력한 무언가로 여기지 않는다면 이것을 깔아뭉개기 위해 그렇게 많은 시간을 낭비할 이유가 있을까? 바로 이 부분에서 나는 처음 페미니즘에 끌리기 시작했다. 이 모든 시끌벅적한 공격 뒤에 뭐가 있는지 알아내야 했다.

두려움을 조장하는 편견과 책략은 단 한 가지 특정 목표를 수행하고 있음을 명심하자. 사람들을 어떻게든 페미니즘에서 멀리 멀리 떨어뜨려놓으려는 것이다.

그러니 절대 잊지 말아야 할 것이 있다. 여자들이 자기 자신을 보며 거지 같은 기분을 느껴야만 이익을 얻을 수 있는 사람은 상당히 많다. 우리가 뚱뚱하다고 생각하지 않으면 피부를 탱탱하게 해주는 모든 로션과 다이어트 약을 어떻게 팔 것인가? 내가 멍청하다고 생각하지 않으면 나에게 불리하게 작용하는 그 모든 터무니없는 법들을 바꾸기 위해 목소리를 높일 것이다. 그런 법들은 말 그대로 여성을 반쪽짜리 인간으로 남겨놓기 때문이다. 그리고 대체 여자가 왜 '이쁜이 수술'[8] 같은 것을 해서 질을 손봐야 하는지 이상하게 생각하지 못하게 만들기도 한다.(죄송하다. 이건 너무 구역질나서 말을 안 할 수가 없었다.)

해답이 있을까? 그런 말에 속아 넘어가지 않으면 된다. 페미니즘이 당신을 위한 것이 아니라면 그 또한 괜찮다. 하지만 당신을 위해서 페미니즘을 찾아냈으면 좋겠다. 당신이 뚱뚱하고 무식한 찌질이가 아니라 예쁘고 잘났다는 것을 깨닫게 될 확률이 무척 높을 어떤 곳에 발을 들여놓을 수 있다고 약속한다.

페미, 뭐라고요?

페미니즘에 관한 고정관념은 무수히 많고 페미니즘의 정의 또한 무수히 많기 때문에 페미니즘은 실제로 매우 골치 아프고 헷갈리는 개념이 되기 쉽다. 수년 동안 여성학을 공부하고 여성 단체에서 활동해 온 사람들에게도 그렇다. 하지만 나는 언제나 사전적 정의를 아끼는 사람으로서 한마디 하려고 한다. 물론 이 책에서 고리타분한 사전적 정의를 인용하는 것은 이번 한 번뿐이라고 약속드린다.

> 페미니즘(fem-i-nism)
> 1. 다른 성의 사회적·정치적·경제적 평등을 믿는 것
> 2. 이 믿음을 바탕으로 삼아 이루어진 조직과 운동[9]

음…… 눈을 씻고 봐도 어디에도 남성 혐오라는 말은 없는데? 아니면 털복숭이 다리라든가? 물론 이 세상에는 엄청나게 많은 종류의 페미니즘이 있고 사상이 있지만 위에 있는 정의 정도면 시작하기 충분하리라. 결국 당신은 자신을 위한 페미니즘을 정의할 수 있게 될 것이다.

우리는 모두 자매인가?

페미니즘이 아무리 명쾌할 수 있다 하더라도 (혹은 아무리 복합

적이라 해도) 모든 여성이 자궁이 있다는 이유만으로 페미니스트가 되지는 않을 것이다. 그 또한 괜찮다고 생각한다. 최근에 이 사실을 아주 황당한 방식으로 깨달을 기회가 있었다. 리베카 트레이스터가 2005년 〈살롱〉에 기사 '그 F 단어(F-Word)'를 쓰면서 내 말을 인용했는데[10] 나는 이때 '페미니스트'라는 단어에 대한 내 느낌을 내키는 대로 말했다. 약간 화난 말투이기도 했다. "저는 어린 학생들이 남자애들이 좋아하지 않을까 봐 페미니즘을 거부하려는 태도에 너무 화가 납니다. …… 어쩔 때는 이렇게 말하고 싶기도 해요. '그래, 페미니스트가 되면 앞으로 누군가 너를 레즈비언이라고 부르게 될 거야. 너한테 뚱뚱하다고, 생기다 말았다고 말하는 사람도 있을 걸. 그걸 이겨내야지.'"[11] 나는 '페미니즘'이라는 단어를 강력하게 수호하려고 했지만 이런 나의 시도는 많은 사람들에게 통하지 않았다. 〈살롱〉의 기사에 한 여성이 동성 혐오적인 댓글을 달기도 했다.

나도 나를 페미니스트라고 부르겠다. 언제? 페미니스트라고 계속 떠들고 다니는 뚱뚱하고 남자같이 생긴 여자들이 21세기 전문직 여성답게 꾸미고 입는 나의 선택을 감옥의 남성 역할 여자 동성애자처럼 보이고 싶다는 그들의 취향만큼 인정할 때 말이다. 자궁이 있으면 여성으로 분류되지만 진짜 여자는 아니다. 그리고 나는 진짜 여자다. 다시 말해서 남자가 되고 싶어 하는 사람들이 자신의 여성성을 나의 여성성만큼 자랑스러워할 때 나를 페미니스트라 부르겠다. 그때까지는 제발 너희들의 털 난 다리와 같이 꺼져주시길.[12]

그렇다! 알았다. 페미니즘이 모든 사람을 위한 것은 아니라는 사실을 깨닫는 데 이보다 더 많은 말이 필요하지는 않았다. 어쨌건 그전에도 "우리는 모두 자매입니다."라는 말은 받아들이지 않았다. 내 인생에서 충분히 많은 인종 차별주의자, 계급 차별주의자, 동성애 혐오 여성들을 만났고 이제 알 만큼 안다. 페미니즘의 힘은 얼마나 많은 여성들이 이 대의에 참여하는지에서 나오지 않는다. 나는 언제나 양보다는 질을 선택할 테니까.

그렇다면 어떤 이들이 숨어 있는 페미니스트들일까? 앞서 말했지만 당신이다. 아직 모를지 모르겠지만 정말 그렇다. 이쯤이면 당신도 약간은 넘어왔을 것이라 희망을 품고 있지만 말이다. 내가 아는 가장 똑똑하고 매력적인 여자들은 페미니스트들이다. 페미니스트는 어디에나 있다. 페미니스트가 된다 해서 브래지어를 태울 필요도 없고(그리고 사실 그 일은 일어난 적 없는 완전히 잘못 전해진 신화일 뿐이다) 페미니스트가 되기 위해서 파업을 하거나 시위를 벌일 필요도 없다. 당신은 이미 일상생활에서 페미니스트다운 행동을 여러 번 했을 것이다. 멋진 페미니스트가 되기 위해 아침부터 저녁까지 사회 운동에 참여할 필요는 없다.

전국에서 수많은 10대, 20대 여성들이 끝장나게 감동적인 일들을 하고 있다. 그들이 모두 자기를 페미니스트라고 부를까? 아마 아닐 것이다. 하지만 그들이 하는 많은 활동의 바탕에는 페미니즘의 가치가 깔려 있다. 몇 가지 예만 들어보겠다.

펜실베이니아주 앨러게니 카운티에 있는 한 고등학교의 여학생들은, 아베크롬비 앤 피치가 가슴 부분에 '이게 있는데 두뇌가 왜 필요해?(WHO NEEDS BRAINS WHEN YOU HAVE THESE)'라는 글씨가 박힌 여성용 셔츠를 판매하자 이 회사의 상품을 불매하는 운동인 '걸코트(girlcott)'를 조직했다. 이 운동이 전국 언론의 뜨거운 관심을 받자 아베크롬비 앤 피치는 판매를 중단했다.

브루클린 주민 콘수엘로 루이벌과 오레이아 리드는 그 지역에서 성폭행 사건이 증가하자 자비를 들여 '라이트라이드(RightRides)'라는 여성 안심 귀가 서비스를 만들었다. 외출했던 여성들이 주말 자정부터 새벽 4시 사이에 언제든 이 서비스 단체에 전화를 걸면 무료로 차를 타고 집까지 갈 수 있다. 단순하지만 그 효과는 최고였다. 그들의 모토다. "집에 안전하게 가는 것이 사치가 될 수는 없다."

다큐멘터리 〈셸비 녹스의 성교육-섹스, 거짓말, 그리고 교육〉은 보수적인 텍사스주 러벅의 한 고등학생 소녀가 학생회를 조직해 포괄적 성교육을 실시하도록 한 이야기다. 어르신들에게 충격일지 모르지만 그 지역의 금욕만 강조하는 성교육이 워낙 별로였기 때문이었다.

퀴어 여성 몇몇이 훌륭한 여성 작가들을 무시하는 예술 업계에 반발해 잡지 〈리프랙(riffRAG)〉을 창간했다. 이 잡지는 주류 미술계가 발굴하지 않는 다양한 여성 작가의 작품들을 소개한다.

미스티 매켈로이는 포틀랜드 주립대학에서 수업 프로젝트로 '소녀들의 로큰롤 캠프'를 시작했다. 20명 정도 참여하리라 예상했지만 300명 넘는 여학생들이 신청했다. 소녀들의 로큰롤 캠프에서는 여학생들이 악기 연주와 디제잉과 노래와 작곡을 배우고 마지막 날 라이브 콘서트를 연다. 오리건주에서 폭발적인 인기를 끌자 뉴욕 시, 워싱턴 D.C., 테네시주 내슈빌, 애리조나주 투손, 캘리포니아까지 퍼져 전국 각지에서 비슷한 캠프가 열리고 있다.

10대 청소년과 20대 초반 여성들이 이미 이런 놀라운 일들을 하고 있다.(그런데 윗분들은 우리가 매사에 심드렁하다고 한다!) 아직 수많은 여성들의 블로그, 온라인 웹진과 오프라인 잡지와 저 세상 바깥에 있는 수많은 지역 사회 여성 프로그램 이야기는 꺼내지도 않았다. 이 여성들과 그들의 활동은 페미니즘이 지금 이 시대에 아주 건강하고 팔팔하게 살아 있을 뿐만 아니라 점점 더 에너지를 받고 다채로워지고 있음을 증명한다. 물론 재미와 멋과 흥도 있다.

페미니즘을 내 인생의 목표로 삼지 않아도 얼마든지 페미니스트가 될 수 있다. 페미니스트가 된다는 것은 나에게 가장 적합하고, 나를 행복하게 해줄 대의를 찾는 것이고 그를 위한 행동을 하는 것이다.(장담하는데 엉덩이를 일으켜서 밖으로 나가는 일은 생각보다 훨씬 재밌다.) 어떤 이들에게는 성차별법에 반대하는 여권 단체에서 일하는 것이 될 수도 있다. 소녀들에게 디제잉을 가르치는 자원봉사가 될 수도 있다. 무슨 일을 하는지는 중요하지 않다. 옆 사람이 한심한 성차별적 농담을 했을 때 꾹 참지 않고 따박따박 따지는 것처럼 간단한 일일 수도 있다.

요즘 인기 폭발인 페미니스트 셔츠에는 이런 문구가 적혀 있다. "페미니스트는 이렇게 생긴 사람입니다.(This is what a feminist looks like)" 애슐리 저드가 2004년 워싱턴 D.C.에서 열린 '여성의 삶을 위한 낙태 합법화를 찬성하는 행진'에서 입었다. 마거릿 조도 2003년 〈미즈〉 봄 호 표지에서 그 셔츠를 입었다. 나도 입는다. 이 셔츠는 진짜 좋다. 왜냐하면 사람들은 페미니스트가 어떻게 생긴 사람들인지 정말 모르기 때문이다. 어떻게 생긴 사람들일까? 나를 믿어보시라, 우리는 어디에나 있다.

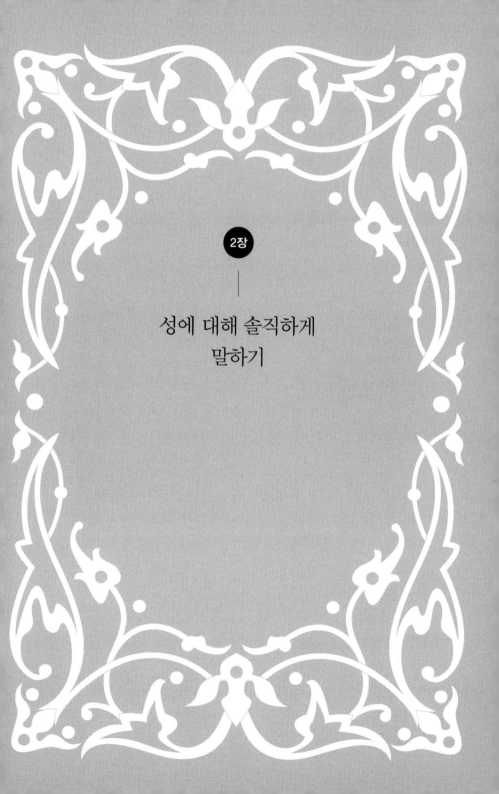

2장

성에 대해 솔직하게
말하기

아, 섹스. 섹스 이야기를 해보자. 너무 변한 게 없다. 《처음 만나는 페미니즘》을 쓴 후 다음 책으로 《순결 신화: 미국의 순결 강박이 젊은 여자들에게 왜 해로운가》를 썼다. 젊은 여성의 섹슈얼리티에 대한 미국 사회의 문화적·정치적 집착을 살펴보고 성에 대한 두려움이 여성의 권리를 어떻게 억압하는지를 분석한 책이다. 버락 오바마가 당선된 후에 출간되었는데, 사람들은 나에게 이렇게 묻곤 했다. 이제 걱정할 게 뭐 있어요? 금욕을 강조하는 성교육은 이제 거의 사라졌고, 진보적인 대통령이 당선되었으니 아무도 여성의 섹슈얼리티에는 참견 안 하지 않을까요? 이미 충분히 과잉 성욕 사회에서 살고 있지 않나요? 아직도 여자가 처녀여야 한다고 생각하는 사람이 어디 있어요? 하!

2012년 대통령 선거 사전 준비 기간에 우리는 대학원생 샌드라 플루크가 피임도 의료보험 혜택을 받아야 한다고 용기 있게 말했다가 창녀, 잡년이라며 언어 폭력을 당하는 장면을 목격해야 했다.

인터넷이 주 활동지인 우리는 블로그에 페미니즘이나 섹스에 대한 글만 올려도 창녀나 걸레 소리를 듣기도 했다. 10대 여학생들이 '걸레 비난'을 당하고 온라인과 오프라인에서 괴롭힘을 당하다 자살하는 사건도 일어났다. 여성의 섹슈얼리티는 아직까지도 조롱받고 상품화되고 일종의 사회악으로까지 여겨진다. 문화 전반에 만연한 이러한 풍조는 정치와 문화에도 영향을 끼친다. 그래도 다행스러운 것은 전보다는 이에 대해 더 많이 이야기할 수 있다는 점이다. 러시 림보가 플루크를 인신 공격했을 때 페미니스트들은 물론 페미니스트가 아닌 이들도 대동단결해 결국 림보가 방송에서 사과하게 만들었다. 온라인에서 벌어지는 '걸레 비난'은 힘 있고 화가 잔뜩 난 젊은 페미니스트들의 운동에 의해 저지당하기도 한다. 젊은 페미니스트들은 더는 헛소리를 듣고 가만히 있지 않는다. 방어만 하지 않고 상황을 주도하려는 이들은 온라인과 오프라인에서 '섹스 긍정 운동(sex positive)'이 그들에게 어떤 의미인지 살펴보고, 여성의 섹슈얼리티를 자연스럽고 정상적이고 멋진 것으로 보는 문화를 만들기 위해 애쓰고 있다.

나는 침대에서 당신보다 더 잘할 거다. 그리고 이 점에 페미니즘에 감사한다. 페미니즘이 섹스를 싫어한다는 생각보다 더 진부한 것은 없다.(하지만 페미니스트들은 못생기고, 남자를 싫어하는 여자들이라는 고정 관념을 받아들이면 섹스를 싫어한다는 생각 또한 따라오게 된다.) 페미니스트들은 사실 더 잘하고 있다. 여자의 섹스에 대한 모든 개소리들을 무시하는 방법을 알기 때문이다.

여성의 섹슈얼리티는 마치 공공재처럼, 농담처럼, 혹은 죄악처럼 다루어진다. 특히 어떤 모습이 '예쁘고 섹시하고' 무엇이 적절한 행동인지 끊임없이 주입당하다 자기도 모르게 결국 망가져버리는 젊은 여성들에게는 특히 더 그렇다.(이 문화는 풍만한 가짜 가슴이나 가짜 레즈비언 애무 장면이 멋지다고 말한다. 나는 이 두 가지에 열광했던 적이 한 번도 없다.)

낮에는 금욕만 강조하는 성교육을 받다가 밤에는 〈걸스 곤 와일드〉* 광고를 본다면 건강한 성관념을 발전시켜 나가기가 쉽지 않다. 결혼 전의 섹스는 나쁘고, 나쁘고, 나쁘다고 배우지만 봄방학에 '섹시녀'가 되고 싶으면 카메라 앞에서 키스와 애무를 시작해야 한다.

두 가지 메시지는 겉으로는 모순되어 보이지만 사실은 같은 목표를 공유한다. 젊은 여성들이 자기 성생활을 스스로 결정하고 판단할 수 없게 만드는 것이다. 선생님은 절대 하지 말라고 하고, 카메라맨은 열심히 하는 척하라고 말하지만 내가 행복하기 위해 섹스를 하는 건 절대 안 된다고 말한다.

이들의 기에 눌리지 않으려면 여자가 침대에서 행복한 시간을 보내지 못하게 하려는 온갖 미친 짓거리와 헛소리들의 속뜻을 꿰뚫어 볼 줄 알아야 한다. 성에 대한 이중 잣대나 당신 목에 억지로 밀어 넣으려는 섹스에 관한 가짜 헛소리들의 어이없음을 비웃어준

걸스 곤 와일드(Girls Gone Wild) 젊은이들이 많이 모이는 곳을 찾아가 카메라 앞에서 알몸을 내보이거나 가슴을 노출하는 젊은 여성들을 주인공으로 다룬 TV 시리즈물을 선보여 큰 인기를 끈 오락 관련 비디오 제작사.

다음에는 시끄러우니 닥치라고 말해주면 된다.

여자들은 이러한 기이하고 독단적인 사회적 지침 아래에서만 섹스를 해야 한다고 배워 왔다. 결혼했을 때만 해라. 임신을 위해서만 해라. 다른 남자들이 볼 때만 다른 여자랑 해라. 다시 말해서, 다른 사람들이 원하는 대로 하지 않을 거면, 하지 마라.

누구를 위한 성교육일까?

금욕만 강조하는 성교육보다 더 소름 끼치고 화딱지 나는 것도 이 세상에 없다. 기본적으로 금욕은 우리가 받을 수 있는 가장 천진난만하고 순진무구한 성교육이다. 섹스는 나쁘다. 그러니까 결혼할 때까지 하지 마라. 피임은 실패할 수도 있다. 어찌된 일인지 몇몇 교육자들은 이렇게만 말하면 우리 청소년들이 섹스를 안 할 거라고 생각하는 모양이다. 하지만 포괄적 성교육은 어떨까? 이는 절제도 권유하지만 10대들에게 꼭 필요한 피임, 성병에 관한 정확하고 구체적인 의학 정보들을 알려준다. 현실에 바탕을 둔 포괄적 성교육은 어떤 공포심 조장 전략을 사용하더라도 사람들은 하고 싶은 것을 한다는 행동 심리를 이해하고 있다.

참고 절제하는 것이 무조건 나쁘다는 말이 아니다. 원하면 얼마든지 기다려도 된다. 하지만 언젠가 내가 원하는 방식으로 하고 싶기 때문에 절제하기를 바란다. 섹스를 하면 나의 가치가 떨어질 거란 생각 때문에 참고 있어선 안 된다. 이것이 바로 위의 한심한 금욕 강조, 순결 위주의 성교육에서 주장하는 말이다.

현재 밝혀진 바에 따르면, 미국 정부는 연간 1억 7800만 달러의 정부 예산을 써 가며 어린 소녀들에게 그들이 몸을 내주면 창녀가 되어버린다는 말과 다양한 가짜 말들을 전파하고 있다. 금욕을 강조하는 대부분의 성교육 프로그램은(망할, 80퍼센트다)[2] 섹스에 대한 잘못된 정보를 유포하고 있는데, 모든 것이 성차별적이고 대부분은 기도 안 차는 허튼 소리에 가깝다.

의학적으로 그릇된 정보가 그저 허위라서 문제라는 것이 아니다. 말 그대로 우리 몸에 위험하기 때문에 문제다. 이러한 성교육 프로그램들은 콘돔을 사용해도 임신이나 각종 성병(STD)이나 HIV 바이러스를 막을 수 없다고 가르칠 뿐만 아니라 콘돔이 암을 유발한다고 가르친다.[3](콘돔 암?) 아이들이 이런 헛소리에 노출된 후에는 무서워서 피임을 오히려 덜 하게 된다. 콘돔도 소용이 없다는데 안 하는 게 낫지 않나? 금욕을 강조하는 성교육 때문에 우리의 다음 세대는 성(性)적인 면에서 '덤 앤 더머' 세대가 될 것만 같다.

도무지 속내를 파악하기 어렵긴 하지만, 일부 사람들에게는 청소년들에게 섹스와 피임에 관한 진실을 가르친다는 것이 굉장히 두려운 일인가 보다. 보수주의자들과 우익 종교 단체들은 제대로 된 성교육을 하면 여자들 모두가 창녀가 될 것이라 여긴다. 신실하시고 정결하신 금욕 주창자들은 소녀들이 페니스에 콘돔 끼우는 법을 배운다는 생각만으로도 신경이 곤두서고 혈압이 오른다. 하지만 진짜 성교육(진실을 있는 그대로 말해주는 성교육)이 10대 소녀들의 성병 발병률을 낮춘다는 연구 결과가 있다. 실제로 포괄적 성교육은 첫 섹스 시기를 늦추고 아이들이 정보에 기초해서 신중한 결정을 내리도록 돕기도 한다. 그것이 우리 아이가 처녀가 아닐까 봐 덜덜 떠는 것보다 더 중요하지 않을까?

당연히 그럴 것 같은데 그분들의 생각은 다른가 보다. 주 정부의 예산을 지원받아 금욕을 강조하는 성교육을 실시하는 학교들은 안전한 섹스를 가르칠 수 없게 되어 있다. 잘못 들은 것이 아니고 제대로 들으셨다. 안전한 섹스라는 말도 꺼낼 수 없다. 왜냐하면 하느님은 당신의 아이들이 안전한 섹스를 못 하게 하기 때문이다. 아니, 그보다는 '콘돔 섹스는 창녀들이나 한다'는 명제에 더 의존하긴 한다. 하지만 이런 성교육 프로그램의 비과학적이고 그릇된 정보만큼이나 내 신경을 거스르는 것은 이것들이 퍼뜨리고 있는 뻔뻔하고 기만적인 성차별적 헛소리들이다.

어떤 성교육 프로그램은 남자들은 '존경'이 필요한 반면에 여자들은 '경제적인 원조'가 필요하다고 가르치고 있다.[4] 또 다른 프로그램은 학생들에게 이렇게 말한다. "여성들은 관계로 행복을 측정하고 성공을 평가한다. 남자들의 행복과 성공은 일과 성취에 달려 있다."[5]

또 어떤 성교육 프로그램은 섹스와는 아무 관련도 없고 그냥 여자들의 입을 다물게 하려는 가짜 동화를 가르치기도 한다. 금욕주의 성교육 과정에 사용되는 책《최고를 선택하기》에서는 용에게 잡힌 공주를 구하는 기사 이야기가 나온다.(무슨 동화가 원조인지는 모르겠다.) 기사가 공주를 구하려고 찾아오자 공주는 용을 죽이기 위해 여러 아이디어를 제안한다. 공주의 아이디어가 보기 좋게 성공을 거두자 기사는 거세된 것 같은 기분을 느끼고 성을 떠나 마을로 내려가 마을 처녀와 결혼한다. "마을의 순진한 처녀는 올가미나 독약에 대해 아무것도 모른다는 사실을 확인하고 나서" 말이다.

이 이야기의 교훈은 이렇게 마무리된다. "남자에게 가끔씩 제안하고 도움을 주는 건 괜찮다. 하지만 조언을 너무 많이 하는 것은 남자의 자신감을 떨어뜨리고 기사가 공주를 떠나게 하기도 한다."[6]

여러분, 들으셨나? 맞다. 바로 그 말이다. 그러니까 당신이 똑똑하다는 것을 알려주면 백마 탄 왕자님이 무서워서 도망갈 거라는 이야기다!

금욕 강조 프로그램은 섹스를 여자 책임으로 만들어야 한다는 생각을 열렬히 지지하기도 한다. 그런 일이 일어나지 못하게 하는 것은 우리 여자들에게 달렸다. 왜냐면 남자들은 자신들의 욕구를 못 참기 때문이다. 어떤 학교의 성교육은 여학생들에게 이런 조언을 하기도 한다.

옷을 조신하게 입어야 한다. 누군가의 눈에 들기 위해 옷을 입지 않아야 하고 약을 올리기 위해서 옷을 입지도 않아야 한다. 여성 해방 운동 때문에 적극적이다 못해 공격적인 여자들이 나왔고, 남자들이 이들에게 '안 돼'라고 말하는 것이 어려울 뿐만 아니라 그렇게 했을 때 그들의 남성성에 의문을 품게 될지도 모른다. 일반적으로 여자들은 쉽게 흥분하지 않기에 젊은 남자들이 친밀한 관계를 오래 유지하며 몸과 마음의 조화를 배울 수 있도록 도와줄 수 있는 위치에 있다.[7]

이건 또 무슨 우스꽝스러운 논리인가. 그러니까 소녀들은 웬만해서는 성적으로 흥분하지 않으니까 섹스가 안 일어나게 하는 건 우리 책임이라는 말이다. 섹스가 일어날 것 같으면 무릎을 꼭 붙이고 있어야 한다. 커다란 인형처럼. 그런데 지금부터 할 이야기가 진짜 보석 같다. 다음은 금욕을 강조하는 성교육 컨퍼런스에서 연사로 나왔던 한 '교육자'의 입에서 나온 말이다. "여러분의 몸은 포장지에 싸인 막대 사탕과도 같습니다. 남자와 섹스를 하면 그 남자는 사탕 껍질을 벗기고 당신을 쪽쪽 빨아 먹어요. 그 당시에는 기분이 좋을지 모르겠지만, 안타깝게도 남자가 여러분과 일을 끝내고 나면 여러분의 다음 파트너에게 남겨진 것은 엉망으로 벗겨진 껍질과 침이 범벅된 먹다 버린 사탕뿐입니다."[8]

위에서 무슨 말을 하려는지 잘 아시겠는가? 당신의 소중한 '막대 사탕'을 고이고이 간직하지 않으면 당신은 쓰레기고 더러운 엉덩이고 누군가 빨아 먹다 버린 사탕이라는 것이다. 그러니 당신은 당신에게 가장 소중한 상품을 함부로 쓰지 말고 간직해야 한다. 바로 처녀성 말이다.

처녀성의 신화

처녀성이 뭐가 그렇게 대단하고 어마어마한 것인지 절대 이해를 못하겠다. 진심이다. 내 처녀막은 요란스러운 축하 없이 고등학교 때 만났던 남자 친구 때문에 사라졌는데, 그 남자 친구와는 첫 경험이 끝나고도 몇 년을 더 사귀었다. 나는 처녀성을 잃으면 뭔가 크게 달라질 줄 알았다. 전혀 아니었다. 그때까지 들어 왔던 소중한 꽃인 처녀성 어쩌고저쩌고 하는 모든 말은 허무할 정도로 아무것도 아니었다. 처녀성이 없으면 내가 누가 쓰고 버린 중고품(아니면 사탕)이 된다는 것을 알았을 때 얼마나 놀랐을지 상상이 가능하지 않은가.

아주 오래전 옛날 옛적에 처녀성은 소중한 상품이고 처녀의 '순결'은 아버지가 좋은 가격을 받고 당신을 시집보내기 위해 아껴 온 것이었다고 하던 시절이 있지 않았던가? 모두 고릿적 이야기가 아닐까? 절대 아니다.

제시카 심슨과 그녀의 아버지 조와 관련해서 불편하기 이를 데 없는 이야기를 들은 적이 있다. 한 가십 잡지에서는 제시카의 열두 살 생일 파티에서 아버지 조가 딸에게 결혼 전까지 순결을 지키라는 약속을 하게 했다고 한다. 잠깐만. 이것이 끝이 아니다. 제시카의 아버지이자 매니저이기도 한 이분은 순결 반지를 주면서 이렇게 말했다. "네가 매일매일 얼마나 아름다워지는지 말하고 싶구나……. 그리고 네가 내 자리를 대신할 남자를 찾을 때까지 아빠가 그렇게 말하는 사람이 될 생각이란다."9

당신이 나와 비슷한 사람이라면 지금 바닥에 몸을 동그랗게 말고 누워서 그 이미지를 쫓아내려 하고 있을 것이다. 하지만 이것은 그리 특별한 일도 아니다. 순결 카드도 있고, 순결 반지도 있고, 순결 의식도 있고 별것이 다 있다. 공통점은 소녀의 순결과 성은 그 소녀에게 속해 있지 않다는 것이다.

순결 서약은 너무 소름 끼치고 잘못되었다는 것뿐만 아니라 그리 효과도 없다. 최근의 조사에서 순결 서약을 한 10대들이 오럴 섹스와 애널 섹스를 할 확률이 높다고 밝혀졌다.

아이들의 논리는 이 두 가지는 삽입 섹스가 아니기에 진짜 섹스는 아니라는 것이다. 순결 서약을 만든 사람들이 애널 섹스를 차선으로 두었을 것 같지는 않다.(아마도 착한 크리스천 소녀가 엉덩이를 통해 그것을 한다는 생각 때문에 어른들이 충격을 받아 이 서약 관습에 변화가 있으리라 생각하실지 모르지만 그들은 여전히 자기 생각을 고수하고 있다고 한다.)

나를 정말 괴롭히는 건 우리가 이런 말도 안 되는 소리에 속아 넘어가기도 한다는 것이다. 처녀성을 잃고 난 다음에 너무나 기분이 나빠지고 죄책감을 느껴서 여성 몇몇은 '다시 태어난' 처녀가 될 수 있다는 말에 속아 넘어가기도 한다. 그리고 얼마간은 절대 섹스를 하지 않는 시기로 돌입한다. 가짜 처녀막을 다시 넣는 처녀막 재생 수술을 받기도 한다. 대체 누가 그들의 처녀막을 그토록 간절히 원한단 말인가.

어린 여자들이 섹스가 넘치는 대중 매체를 보면서 자기의 섹슈얼리티를 정의한다는 데 충격받은, 말 그대로 뒤로 넘어가시는 분들은 우리 목에까지 처녀성을 밀어 넣으려 한다.(물론 말이 그렇다는 이야기다.) 섹슈얼리티로 우리 자신을 정의하지 않아야 한다고 말하려는 사람들은 '고추가 질을 만나다' 같은 이야기를 절대 용납할 수 없다. 그런데 소녀들이 자신의 처녀성에 중요한 가치를 두길 원하면, 소녀들이 그 말을 따라 자신의 모든 가치를 섹슈얼리티에 둔다고 해도 놀라서는 안 된다. 두 가지를 전부 가질 수는 없기 때문이다.

'난잡한 여자' 혹은 희생자

여자가 섹스를 하는 것은 절대 괜찮지 않다고 말하는데 (결혼을 했거나 생식을 위해서가 아니라면) 어린 여자들에게는 이 생각이 더 강조된다. 우리는 사실 섹스를 해서는 안 된다는 것이다.

굉장히 단순한 논리다. 소녀들은 섹스를 좋아해서는 안 된다. 특히 10대 소녀들은 안 된다. 섹스를 하면 '난잡한 여자'거나 남자에게 이용당하는 희생자다. 둘 중 어느 것도 특별히 매력적인 선택지가 아니다. 마치 처녀 혹은 창녀 증후군 같다. 실제로 섹스를 하고 싶어 하는 10대 소녀는 어른들이 감당하기에는 너무 과하다. 소녀란 자고로 섹스가 소름 끼치게 싫다고 여겨야 하고 생각만 하면 머리가 아프다고 해야 한다.

10대 소녀가 섹스를 선택하고 섹스를 하길 원한다는 생각 자체를 절대 소화하지 못해서 얼마나 바보 같은 소리를 하는지 본 적이 있는데 절대 머릿속에서 지워지지 않는다. 꽤 오래전에 '오프라 윈프리 쇼'에 고정 게스트였던 닥터 필(자기 계발의 왕국 건설 전이었다)이 나와서 10대들의 '성 고민'을 상담한 적이 있었다. 한 17세 소녀가 남자 친구와 오럴 섹스를 했다고 이야기했다.

그 여학생은 굉장히 똑똑했고 자신의 입장을 조리 있게 명확히 전달했다. 남자 친구와 꽤 오래 사귀었고 서로를 사랑하지만 아직 삽입 섹스를 할 준비가 되지 않았기에 상의 끝에 오럴 섹스를 하기로 했다고 말했다. 닥터 필은 마치 미친 사람처럼 여학생을 무참하게 공격했다. "친구란 너를 화장실에 데려가서 오줌 묻은 타일 바닥에 무릎을 꿇리고 너의 입에 페니스를 넣는 사람이 아니야." 그 소녀는 엄마를 바라보면서 말했다. "저는 그런 식으로 하지 않았는데요." 하지만 여학생의 말은 무시당했다. 멋있지 않은가. 하지만 10대 섹스에 대한 모욕과 공포는 요즘에는 더 당연하게 일어나고 있다.

보수 기독교 단체인 '포커스 온 더 패밀리(Focus on the Family)' 에서는 섹스를 하는 10대를 너무나 걱정한 나머지 한 연구 결과를 들고 나왔는데, 18세 이전에 섹스를 한 사람들은 더 가난해지고 이혼할 확률이 높아진다는 것이다.(매우 의심스러운 연구 결과다.)[10] 아마 나에게는 가난에 찌들고 고독한 노후만 기다리고 있겠지. 내가 딴 석사 학위는 어쩌다 한 실수일 거다. 아, 참고로 말하자면 '포커스 온 더 패밀리'라는 단체는 애니메이션 '스펀지밥 스퀘어 팬츠'가 아동들에게 동성애를 장려한다며 고소문을 발표한 것으로 잠깐 유명세를 타기도 했다.

섹스를 하고 싶다는 것에 관해 아무리 바르고 건강하게 생각한다 해도, 그것을 하기로 선택한다면 인생을 망치는 일생 일대의 실수를 하는 것이거나, 몸을 버린 여자가 되는 것이다. 한번 일어난 일은 되돌릴 수 없으니 말이다. 많은 사람들이 10대 소녀들을 그들의 불쌍한 작은 머리로는 섹슈얼리티의 복잡성을 이해할 수 없는 순진한 희생자로만 여긴다.

희생자 역할은 여러 가지 방식으로 재현되는데, 가장 뻔뻔스러운 것은 기존의 동의법이다. 정해진 나이 이하라면 섹스에 합의할 수가 없다. 이것으로 끝이다. 물론 동의법이 존재해서는 안 된다고 말하려는 것이 아니다. 분명 저 바깥에는 소름 끼치는 소아 성애자들이 수없이 돌아다니고 있으니. 하지만 이 법이 적용되는 방식을 보면, 젊은 여성들이 자신의 성생활을 자신이 직접 결정하지 못한다는 의미가 내포되어 있음은 물론이고 이 법이 굉장히 잘못 시행되고 있는 것도 사실이다.

예를 들어 미주리주에는 이런 법안이 있다. 교사와 의사와 간호사들이 성행위를 한 청소년을 발견하면 주 정부의 긴급 전화에 신고를 해야 한다.[11] 맞다, 그 말이다. 섹스를 하면 고소를 당한다. 반전이 있다. 이 법안에서는 성행위를 한 10대는 고소를 당하지만 결혼을 했을 경우에는 그렇지 않다. 결혼은 섹스를 저지른 10대에게는 비장의 '감옥 탈출' 카드다. 말 그대로 면죄부다. 2005년 네브래스카주에서 14살 소녀와 섹스를 한 22세 남자가 기소를 당했다.[12] 많은 사람들이 그 기소를 못마땅해했는데 그 '커플'이 소녀가 임신을 한 후에 결혼했기 때문이다. 어떻게 13세 소녀가 결혼을 할 수 있었을까? 부모가 딸을 12살에도 부모 허락만 있으면 결혼을 할 수 있는 캔자스주로 데려가 결혼을 시킨 것이다.

확실히 이 사건은 수천 가지 관점에서 보아도 어처구니없는 사건이라 할 수 있다. 하지만 나를 가장 괴롭힌 일은 네브래스카주의 지역 주민 대부분이 이 사건이 법정까지 갈 필요가 없다며 아우성을 친 것이다. 이 남자가 소녀와 결혼까지 했으니 '올바른 행동'을 한 것이 아닌가. 결혼을 하지 않으면 강간범이 되고 결혼만 하면

든든한 청년이 되는 것인가? 어느 쪽이 되었건 어른들이 이런 짓을 하는 요점은 (정작 이 문제에 대해서 아무 말도 하지 않았던) 이 문제의 소녀가 '순결하게' 남아 있도록 만드는 것으로 보였다.

10대 소녀와 10대 소녀의 성적인 행동에 대해 이 사회는 왜 이렇게 안절부절못할까? 알고 보면 그들의 강박적인 집착은 소녀의 안전과는 관계가 없다. 10대 소녀의 도덕성을 검열하고, 부모든 남편이든 그 누가 되었건, 다른 누군가가 그 소녀 대신 결정을 대신 내려주도록 하는 것과 관계가 있다. 왜냐하면 하느님은 우리가 스스로 결정을 하지 못하게 하시는 분이니까.

두려움 없이 내가 원하는 대로

페미니즘이 나를 침대에서 더 잘하게 만들어주었다는 말은 진심이다. 섹스는 나쁜 것이라는 헛소리를 무시하지 않는 한 이 분야에서 실력을 발휘하기가 어려운데, 페미니즘은 언제나 세상에 떠도는 헛소리를 무시하게 해준다.

페미니즘은 나 자신을 위해 섹슈얼리티를 결정해도 괜찮다고 말한다. 결국 아무리 모든 것을 따져봐도 비난이나 처벌의 두려움 없이 나의 몸을 내가 원하는 대로 할 수 있는 것보다 나에게 더 힘을 주고 중요한 것이 별로 없다.

페미니즘은 책임감을 가르친다. 정보를 접하지 못해 안전하지 않을 때는 성적으로 즐길 수가 없다. 보수적인 성교육 프로그램은 청소년들이 피임에 무지한 상태에 머물게 하려고 온갖 방법을 동원하는 반면, 페미니스트들은 여자들이 안전한 섹스를 하는 데 필요한 모든 정보와 자원을 접할 수 있게 하려고 싸운다.

어쩌면 가장 중요한 것은 페미니즘이 우리가 신나고 재미있게 살길 바란다는 것 아닐까. 젊은 여성들이 귀에 딱지가 앉게 듣는 것과는 달리 섹스는 그저 아기를 갖기 위한 과정만은 아니다.

성과 관련된 행동 지침

어떤 이들에게 섹스는 그 행위 자체로 무책임한 것으로 여겨지기도 한다. 요즘에는 '성적으로 활발한' 10대는 곧바로 '문제아'라거나 '주의가 필요한 청소년'의 다른 말이 된다.(이것들이 모두 금욕을 강조하는 성교육의 결과라 할지라도 나 또한 '주의'가 필요한 이라는 말에 100퍼센트 반대하는 건 아니다.)

하지만 충분한 정보를 습득한 후에 판단하고 내 몸을 스스로 주도하는 것보다 더 책임감 있는 행동이 무엇일까? 정말 무책임한 것은 젊은 여성들에게 섹스는 무조건 잘못되었다고 말해버리고 끝내는 것이 아닌가. 당연하지만 내 인생은 내가 책임지겠다고 입으로만 떠드는 것은 그리 믿음직스럽지 않다. 귀찮긴 하지만 가끔은 엉덩이를 들고 일어나 무언가를 해야 한다.

내 건강은 내가 책임지기

– 산부인과에 가자! 정기 검진을 받자. 아무도 아프고 비실비실한 질을 원치 않는다. 그건 맞다.

- 만약 금욕을 강조하는 성교육만 받았다면 밖으로 나가서 포괄적 성교육 정보를 찾아보자.(주변 친구들에게도 전파하자!)
- 피임을 하자. 이성애 섹스를 할 예정이고 임신하고 싶지 않다면 두 가지 형태의 피임법을 사용해야 한다. 그중 하나가 콘돔이다. 항상 그렇다. 효과가 좋다.

파트너를 위해 책임감 갖기

- 사랑과 끌림은 신기하고 알 수 없으며 여성에게는 자고 나서 후회하는 파트너가 반드시 한 명 이상 나타날 것이다. 그렇다고 해서 우리가 현명한 선택을 내릴 수 없다는 뜻은 아니다. 나는 '문란함'이라는 단어를 절대 선호하지 않는데 이 단어는 아무나 가리지 않고 섹스를 한다는 느낌을 전달한다. 좋아하는 사람과 섹스를 해도 된다. 하지만 약간은 따져볼 수 있어야 한다고 생각한다.
- 피임을 안 하려는 사람과는 섹스를 하지 않는다.
- 낙태권에 반대하는 사람과는 섹스를 하지 않는다. 그들은 당신의 몸이나 당신의 선택권을 존중하지 않는다.
- 육체적, 감정적인 선을 존중하지 않는 사람과는 섹스를 하지 않는다.

내 선택에 책임감 갖기

- 앞으로 이 문제에 대해서 더 많은 이야기를 하게 될 테지만 워낙 중요하니 짚고 넘어가려 한다. 이미 알고 있을 수도 있겠지만 내가 지닌 내 몸에 대한 권리에 관해서 세상에서는 온갖 빌어먹을

일들이 일어나고 있다. 안타깝게도 피임과 낙태에 접근할 방법이 없는 여성들이 너무나 많다. 그런 일이 있어선 안 된다. 생식권과 관련해서는 다양한 선택권이 있어야 하고, 그렇게 하기 위해 학교에서, 지역 사회에서, 싸울 수 있으면 싸워서 내 권리를 지켜야 한다.

다른 여성들에 대해 책임감 갖기

– 이 문제에 관해서는 우리 모두 한 편이다. 여성 동지들이여. 그러니 동료 여성들을 도와주자. 친구가 피임약을 살 때 같이 가도 되고, 누군가 커밍아웃을 할 때 도와줄 수도 있고, 다른 여자 친구들 뒤에서 욕을 하지 않는 것일 수도 있다. 이것만으로도 큰 변화를 만들 수 있다.

3장

대중 문화와
섹슈얼리티

페미니스트들에게 대중문화만큼 다루기 좋은 소재도 별로 없다. 대중문화는 나쁠 때가 있고 (인정하자면 아주 자주 끔찍하게 나쁘다) 그럴 때마다 우리가 나서서 분석할 수 있기 때문이다! 지난 5년 동안 페미니즘에 일어난 가장 신나는 일이라면 페미니즘과 대중문화의 관계를 다루는 사이트들, 대중 매체와 상품들을 페미니스트 관점에서 분석하는 사이트들이 급증했다는 점이다. 디즈니에 관심이 있다면, 페미니즘과 디즈니 공주 캐릭터만 집중적으로 분석한 텀블러 사이트를 찾아가면 된다. 인종 문제 관점으로 보는 대중문화가 궁금하다면 알찬 내용으로 가득한 '레이셜리셔스(Racialicious)'라는 사이트가 있다. 페미니스트와 페미니스트가 아닌 이들에게도 소중한 정보와 서비스를 제공하는 이런 사이트들은 한때는 무시당했던 대중 매체 분석이 페미니스트 운동가들에게 매우 중요한 도구라는 사실을 재확인해준다. 우리가 대중문화와 페미니즘의 교차 방식을 살펴보지 않았다면 어떻게 영화 〈버피〉와 〈스캔들〉 같은 작품을 더 많이 볼 수 있었겠는가?

대중문화는 언제나 섹스에 관한 것이었다. 난생 처음 듣는 말은
아닐 것이다. 하지만 문제는 그냥 단순히 '섹스'가 아니라는 점이
다. 대중문화가 다루는 건 늘 우리 여자들이다. 대중문화 속 섹스
는 애교와 팜파탈과 가슴골과 뒤태에 관한 것이다. 이 문화에서는
섹슈얼리티 자체가 항상 여성적인 무엇으로만 정의된다. 물론 옥외
광고와 잡지 광고는 남성에게 돈을 뜯어내야 하고 섹시함을 구현
하는 것은 대체로 여자니까.

또한 대중문화 속 섹스는 그냥 일반적인 섹스가 아니다. 이성애
섹스이다. 이 나라의 대중문화는 점점 더 '포르노화'[1]되어 가고 있
다. 포르노가 문화적으로 당연하게 받아들여질수록, 우리가 성적
메시지에 무차별적으로 둘러싸이게 될수록, 대개 어린 여성을 중심
으로 내세우는 이 메시지들은 점점 더 수위가 높아질 수밖에 없다.
나도 잘 안다. 성은 팔린다. 언제나 그래 왔다. 하지만 적어도 20년
전에는 10대 소녀들이 '플레이보이' 필통을 학교에 가져가거나 대
학생들이 그저 찰나의 '유명세'를 위해 너도나도 티셔츠와 속옷을
벗으려 하진 않았다.

일부 페미니스트들은 젊은 여성들이 '외설 문화'[2]를 점점 더 당연
하게 받아들이는 것은 매우 해롭고 이 외설 문화가 여자들에게 잘
못된 가짜 권력을 준다고 주장한다. 그들의 분석은 정확하고 예리
하다. 결국 그저 남자를 흥분시키는 것을 목표로 삼을 뿐이면서도
여성 '해방'이라는 구실을 내세워 상품화된 성을 여성에게 들이미

는 것은 상당히 짜증나고 열 받을 뿐이다.

하지만 나는 섹슈얼리티에 초점을 맞추는 것이 젊은 여성들에게 잠재적으로 위험할 수 있지만 전부 다 해롭지는 않다고 생각한다. 진짜 문제는 젊은 여성들 앞에 너무 적은 선택지가 있고 너무 많은 '하지 말아라'가 있다는 것이다. 그렇다고 내가 정말로 털 뽑기와 털 밀기와 옷 벗어던지기가 근본적으로 페미니즘적이라고 생각할까? 당연히 아니다. 하지만 그것이 근본적으로 잘못되었다든가 페미니즘과 거리가 멀다고 생각하지도 않는다. 우리 모두 우리 앞에 펼쳐진 너무 편협한 섹슈얼리티에 갇혀 있다. 남자의 취향에 맞추고 남자의 욕구에 응하는 섹슈얼리티만 우리 앞에 있다. 그런데 우리는 이 안에서 할 수 있는 한 최선을 다한다. 나를 정말 열 받게 하는 것은 젊은 여성이 내리는 결정은 전부 잘못되었거나 현명하지 못하다는 가정이다.

여성의 유일한 가치가 얼마나 섹시해질 수 있는지에 달려 있다고 말하는 포르노 문화에 동의하지 않으면 우리는 내숭 떠는 여자가 되고, 받아들이고 그대로 따르면 난잡한 여자가 된다. 우리에게 중간은 없다. 너무나 익숙한 패턴 아닌가.

결국 결론은 하나, 사람들은 젊은 여자들을 신뢰하지 않는다는 사실이다. 그렇다. 우리는 실수를 한다. 나도 수없이 실수를 저질렀다. 하지만 어린 여자들을 무조건 꾸짖고 잘못된 판단을 내리고 있다고 말하는 것 또한 크게 도움이 되지 않는다. 우리가 '왜' 이런 결정들을 내렸고 그 결정들이 우리 주변에서 보는 것들과 어떻게 관련되어 있는지 이해하는 것이 중요하다. 이를테면, 우리는 '정말' 가슴을 보여주고 싶어서 보여주는 걸까?(그렇다면 멋진 것이고.) 다른 사람을 기쁘게 해주고 싶다는 욕구 때문에 나온 행동일 뿐일까? 그냥 솔직히 말하자.

확실히 젊은 여성의 섹슈얼리티에 대해 기대하는 것이 있고, 대중문화의 아주 많은 부분이 그 기대를 바탕으로 삼는다. 안타깝지만 그런 기대는 참으로 역사가 오랜 가짜 오르가슴과 같다고 할 수 있다. 다른 사람을 위해 진심이 아닌 연기를 펼치는 것이고, 그렇게 할수록 진짜 내가 원하는 것은 점점 더 얻기 힘들어진다.

그런데도 나는 젊은 여성들이 대중문화를 보고 그것을 자신에게 긍정적인 방식으로 분석하고 적용할 수 있다고 믿는다. 덜 떨어진 포르노·팝 문화를 완전히 피하며 살 수는 없을지 몰라도 이것을 이용해 좀 더 현실적인, 우리에게 맞는 성문화를 만들어 갈 수는 있다.

나에게 맞는 섹슈얼리티를 찾아서

남들 눈에 예쁘고 섹시하길 원한다는 생각은 여자들에게 당연한 듯 자리 잡고 있다. 그러니까 어릴 적부터 '얼마나 예쁘냐'가 자신의 전체 가치에서 가장 큰 부분을 차지한다고 생각하게 되며, 빌어먹게도 예뻐지는 것이 지나치게 중요해진다는 말이다. 나도 꽉 막힌 사람은 아니다. 누군가가 날 원하고 좋아해주었으면 하는 마음 정도는 충분히 이해할 수 있다. 아무도 원치 않는 사람이 되길 바라는 이가 어디 있겠나? 문제는 대체 누가 '예쁨'을 정의하느냐, 누

가 '만나고 싶은 여자'를 정의하는가이다. 힌트를 하나 줄까. 여자
는 아니다.

도달할 수 없는 미의 기준이 새로 탄생한 현상은 아니다. 지난
수십 년 동안 잡지, TV 쇼, 영화는 언제나 특정한 외모의 여성만
아름답다는 생각을 주입하려 했다. 흰 피부, 가는 허리, 커다란 가
슴, 긴 다리, 부풀린 입술, 풍성한 헤어 스타일 등등 각각 다른 사
람의 신체 부분을 모아 붙여 이 '완벽한' 여자를 만든 다음에 우리
가 그렇게 되어야 한다고 말한다. 그렇지 못하면 못난이 취급받고
무시당한다. 세상에 못생긴 여자보다 더 흉한 것은 없으니까.

하지만 대중문화 속 '섹시녀'가 되기 위해 매력적인 외모만 갖추
어야 하는 것은 아니다. 미의 기준은 완전히 다른 영역의 담론이
다. 여기서 중요한 건 우리 여자들은 접근 가능하고 이용 가능해야
한다는 것이다. 누구에게? 남자들에게 말이다. 절대 다다를 수 없
는 큰 가슴과 넓은 골반이라는 네버랜드 안에서도 정말 제대로 섹
시한 여자가 되기 위해서 우리는 언제나 그들 곁에 있어주어야 한
다. 우리를 볼 수 있고, 만질 수 있고, 섹스할 수 있어야 한다. 우리
는 예뻐야 할 뿐만 아니라 남자들에게 얼마든지 '쇼'를 해줄 의사
가 있어야 한다.

'쇼'는 어디에나 있다. 가장 먼저 〈맥심〉이나 〈플레이보이〉에 있다.
정신 나간 프로그램 〈걸스 곤 와일드〉에서 빠지지 않는 것이 10대 여
성들의 가짜 레즈비언 애무 시간이다. 이것을 해야 남자들이 섹시
하다고 생각하기 때문이다. 우리는 언제 어디서나 전시되고 있다.
전시를 피하고 싶어도 피할 수 없다.(피하고 싶어 하지 않는 이들도

있다. 이는 조금 더 나중에 이야기하겠다.)

예쁘고 섹시하고 이용 가능한 여자들은 어디에나 있다. 〈플레이보이〉보다 옷을 한 겹 더 걸친 버전인 〈맥심〉은 미국 내 판매량 1위인 남성 잡지이며 (당신이 어떻게 점수를 얻는지 잊어버렸을지에 대비해) 매년 '가장 섹시한 여성 순위'를 선정할 뿐만 아니라 뮤직비디오 채널 VH1과 연합한 섹시녀 스페셜도 보유하고 있고, 맥심 호텔과 라운지 운영을 시작하는 이야기도 진행 중이다.

〈플레이보이〉는 최악이다. 동네 쇼핑몰에만 가면 〈플레이보이〉가 미국 문화에 얼마나 깊이 스며들어 있는지 알게 된다. 가슴이 나오지도 않은 소녀들이 〈플레이보이〉 셔츠를 산다. 리얼리티쇼 〈걸 넥스트 도어〉는 〈플레이보이〉 버니들, 즉 이 잡지의 창립자인 휴 헤프너와 같이 사는 '여자 친구'들의 생활을 보여주는 프로그램이다. MTV는 〈플레이보이〉 버니들처럼 보이기 위해(되기 위해) 성형 수술을 하는 10대를 내세운 프로그램을 방영하기도 한다. 앞에서 말했지만 〈플레이보이〉 필통도 있다. 이 정도면 말 다한 것 아닌가.

하지만 대중문화에서 대표적인 예는 눈만 돌리면 나오는 〈걸스 곤 와일드〉일 것이다. 원래 이 프로그램의 시초는 뉴올리언스의 마디 그라 축제나 봄방학 때 여학생들이 카메라를 향해 가슴을 보여주는 가벼운 관음증 성인물이었으나 이제는 하나의 방송 왕국이 되었다.

사람들 또한 최근 몇 년간 포르노 문화가 주류 문화로 슬며시 편입되었다는 것을 알고 있으며 그들 머릿속에 가장 먼저 떠오르는 이미지는 역시 〈걸스 곤 와일드〉이다. 〈걸스 곤 와일드〉는 포르노가 일상과 만나는 지점이다. 이 영상에 등장하기 위해 포르노 스타가 될 필요도 없다. 의지만 약간 있으면 된다.

늦은 밤 처음으로 보았던 〈걸스 곤 와일드〉 광고를 아직도 기억한다. 젊은 여자들이 티셔츠를 들어 올려 마디 그라 축제에서 걸고 다닌 비즈 목걸이와 그 외의 것을 보여주었다. 유두에 그려진 〈걸스 곤 와일드〉의 로고였던가? (수준 높다. 그렇지 않은가?) 이때만 해도 20대 초반인 이 여자들은 자기들 가슴 사진이 인터넷을 떠돌게 될 거라곤 생각하지 못했다. 축제를 즐기다 보니 술에 취해 그 순간 카메라에 '잡혔을' 뿐이지 먼저 카메라를 찾아서 가슴을 보여주었던 것은 아니었다. 그 친구들이 안쓰러웠다. 그중에는 내가 아는 얼굴도 있었다. 나는 1학년만 뉴올리언스 툴레인 대학에 다녔는데 그때 우리 과 친구들이 술에 취해서 버번 스트리트에서 가슴을 보여주기도 했다. 당시에는 그건 그렇게까지 특별하고 이상한 일도 아니었다. 주변에 관광객들이 있었고, 가끔씩 카메라 플래시가 터졌지만 나는 순간적인 취기로 인한 노출이 앞으로도 영원히 영상 속에 박제되어 전국적으로 팔리는 이미지로 남을 것이라고는 전혀 예상치 못했다.

하지만 이제 소녀들은 〈걸스 곤 와일드〉에 출연하려고 줄을 선다. 셔츠를 벗고 가슴을 보여주는 것은 (가슴 이상일 때도 있다) 물론이고 카메라 앞에서 자위도 하고 여자와 사랑을 나누는 척하기도 한다. 무엇을 위해서? 15분 동안 얼굴을 알리기 위해서, 〈걸스 곤 와일드〉 모자나 티팬티를 받기 위해서 한다. 거짓말하지는 않겠다. 난 여자들이 이러는 것이 너무 싫고 분노가 인다. 대체 왜 한 1분 정도 어떤 남자들 앞에서 섹시하게 보이기 위해 어쩌면 평생이 될지 모르는 인생을 망치려 할까?

아리엘 레비는 화제가 된 책《여자 쇼비니스트 피그: 여성과 저속한 문화의 부상》에서 신세대 페미니스트들은 〈걸스 곤 와일드〉 같은 프로에 참여하면서 자기 자신은 물론 서로를 대상화한다고 주장한다.

진지한 페미니스트 학자인 레비는 신세대 페미니스트들의 모든 생각에 동의하지 않는 편이다. 젊은 페미니스트들 중에는 성노동이나 옷 벗기가 여성에게 힘을 준다고 말하는 이들도 있다. 그 주장은 전복적이다. 그리고 또 뭐 어때? 재미있지 않나. 타인의 강요가 아니라 내가 내 의지로 결정해서 한 일이기 때문에 힘이 있다고 말한다. 하지만 레비는 그것들이 전부 좋지 않은 결과로 되돌아온다고, 우리는 그저 우리 자신을 속이고 있을 뿐이라고 말한다. 어쩌면 그럴지도 모른다.

왜 〈걸스 곤 와일드〉가 이렇게 논란이 되는지 충분히 이해한다.(같은 맥락에서 〈맥심〉과 〈플레이보이〉도 그렇다.) 앞서 말한 대로 이런 프로그램은 나를 정말 열 받게 한다. 하지만 이 '쇼'를 즐기는 모든 여자들이 멍청하거나 속고 있다고 판단하는 것 또한 나를 열 받게 한다. 여자들이 성 정체성을 어떻게 키워 갈 수 있을까. 성 정체성을 키워 가려면 과정이 필요하다.

레비의 책이 나온 후에 제3의 물결 페미니즘의 아이콘이자《매니페스타(Manifesta)》의 저자인 제니퍼 바움가드너는 다음과 같이 지적혔는데, 나는 많은 여성들이 공감할 것이라 생각한다.

나 또한 지난 성경험의 적어도 반 이상이 지금에 와서는 '이불을 차게' 한다는 사실을 말해야만 하겠다. 그중 최고는 20대 초반에 여자 친구들과 바에서 돌아가며 키스했던 경험이다. 일종의 통과 의례이지만 레비가 이 책 전체에서 계속 거세게 비판하고 있는 면이기도 하다. 한 모임에서 이 사람 저 사람과 키스한 일은 부끄럽긴 하지만 그러지 않았다면 내가 지금 만나고 있는, 내게 가장 맞는 안정적인 연애 상대를 찾을 수 없었을 것이다. 왜 나의 성경험과 성적 행위는 계속 발전해야만 하고, 계속 상호적이어야 하고, 혁명적이어야 하나? 그랬다면 나는 섹스를 할 수조차 없었을 것이다.[3]

내 생각에는 이 글이 진실이다. 나 또한 내 인생에서 몇 번의 낯 부끄러운 순간과 흑역사가 있지만 바로 그런 것들이 지금의 나를 만들었다. 어린 시절에는 누구나 가끔 한심하고 멍청하며 기운 빠지고 성적으로 무의미한 짓거리들을 한다. 그런 과정을 거쳐야 결국 좋은 것을 알아보게 된다.

결국 내가 내리고 싶은 결론이자 나에게 효과가 있었던 방법은, 당신만의 절충안을 찾으면 된다는 것이다. 너무 빡빡하게 굴지 말고 젊은 여자들에게 자신의 섹슈얼리티를 찾을 여유를 주어야 한다. 무엇이 자기에게 맞는지 아닌지 스스로 찾아내고 알아내야 한다. 그리고 대부분의 젊은 여성들은 내버려 둬도 스스로 잘해낸다.

최근 〈살롱〉에 이성애자 소녀들이 남자들의 관심을 끌기 위해서 여자들끼리 애무하는 유행에 관한 글이 올라왔다. 그때 한 20대 여성이 기자 휘트니 조이너에게 이야기를 하다가 깨달음을 경험한다.

"제 친구들도 오래 사귈 수 있는 남자 친구를 원하지만 아마도 눈 맞는 사람과 키스를 하거나 원나잇을 하게 될 거예요. 이 또한 잠깐 이지만 애정을 얻고 누군가와 가까워지는 기분을 느낄 수 있는 방법 이니까요." 줄리가 말했다. "그런데 그 결과가 약간 서글프긴 하죠. 남자들이 자꾸 기준을 올리고 여자들은 그 기준을 맞추려고 안달하 거든요. 여자들은 이렇게 해서라도 남자들이 자기와 사랑에 빠지게 하려면 어떻게 해야 하는지 알고 싶어 해요. 남자들이 여자와 키스한 후 집으로 데려 가기도 하는데, 그래도 집에 혼자 가는 것보다는 나 으니까 따라가죠." 그녀는 잠깐 말을 멈추었다. "제가 창피한 줄도 모르고 이렇게 솔직히 말하고 있네요. 흠. 슬프지만 인정할 건 인정해 야죠."[4]

어떤가? 대중문화가 주입하는 생각들을 뛰어넘는 것이 그렇게 힘이 드는 일도 아니다. 우리의 감정을 솔직히 털어놓으면 된다. 상 대 남자에게 말할 수도 있고 같은 경험을 했던 여자들과 이를 공유 할 수도 있다. 어쩌면 그렇게 쉽지 않을 수도 있다. 하지만 이렇게 시작해야 한다. 서로를 헐뜯는 것보다는 더 나은 대안이다. 이것만 큼은 확실하다.

'라이크 어 버진'

가짜 오르가슴 대중문화 속에서 나만의 진짜 섹슈얼리티를 찾는 것까지 가지도 말자. 대중문화에서 말이 되는 것을 찾기란 거의 불가능하다. 포르노·팝 문화에는 항상 모순만 가득하기에 젊은 여성들이 진짜 섹슈얼리티를 찾는 건 점점 더 어려워지고 있다. 이것을 이야기하는 것만으로도 머리가 아프지만 그런데도 자꾸 이야기를 꺼내야 여성들에게 무엇이 요구되는지 이해할 수 있다. 즉 불가능함 말이다.

우리는 이미 우리가 처녀처럼 보여야 한다는 (우리의 순결함을 손상시키지 않기 위해서) 사실을 잘 안다. 하지만 처녀성에 관한 문제들은 점점 더 난감해지고 있다. 너무 늙다리처럼 보일 테니 마돈나의 노래 〈라이크 어 버진〉까지는 가지도 않겠다. 브리트니 스피어스(전 남편 케빈 페더라인과 만나기 전 시절)와 제시카 심슨('밀착 취재: 스타의 신혼' 전 시절)을 생각해보자. 그들 모두 결혼을 하면서 '구원받았다고' 주장했으며 공식적으로는 혼전 성관계에 반대했다.(물론 그러면서도 가능한 한 가장 섹시하게 자신을 드러냈다.) 나중에 자연스럽게 스피어스가 (두 번의 결혼 전에) 섹스를 했다는 사실이 밝혀졌다. 심슨은 결혼 전날 밤까지 어찌어찌 기다렸다는 소문도 있긴 하다. 섹시하되 섹스를 하지 않아야 하는 소녀들에 관해 이보다 더 적절한 사례를 본 적이 있는가? 사람들이 열광하는 건 현실에서 순결한 상태가 아니라 처녀성이라는 개념이다. "섹시하게 보이고 마치 섹스를 하고 있는 것처럼 행동해. 하지만 정말 하면 말이야……
너는 창녀야!" 최근에 '처녀막 재생 수술'이 유명해지고 있다. 처녀
막을 다시 '보수'하여 넣는 것이다. 자신이 처녀라고 거짓말을 하는
것이다. 정말 이해할 수 없다. 그리고 처녀막을 다시 만든다는 것이
가능하기는 할까. 새로운 처녀막이 생겼다는 것이 온몸으로 느껴
지기라도 하나.

앞서 말했듯이 여자의 섹시함에서 중요한 점은 접근 가능성과 이
용 가능성이다. 우리는 남자들에게 접근 가능해야 한다. 그러면서
도 '신비로움'이라는 여지를 남겨 두어야 한다. 섹시해야 하지만 몸
을 주지는 않아야 하는 것과 거의 비슷한 맥락이라 할 수 있다. 〈맥
심〉 표지 모델을 생각해보자. 남자들은 모델을 직접 만나거나 만질
수는 없으나 그녀를 소비할 수는 있다. 잡지를 읽는 남자 중 어느
누구도 그녀와 대면하거나 그녀에게 말을 걸 수 없을 것이다. 그러
나 그 남자는 그녀가 반쯤 벗은 모습을 보고 원한다면 자위 행위
를 할 수도 있다. 그가 매일매일 만나는 친구나 동료한테서는 얻을
수 없는 사진이다. 그러니 그 표지 모델은 이런 방식으로 '완벽한'
여자가 된다. 다시 말하지만 현실의 어떤 여자도 이 기준에 도달할
수 없다.

포르노가 만연하면서 미국 사회는 젊은 여성의 성적 이상향이
포르노 스타가 되는 것이라는 미친 수준까지 가버렸다. 인터넷 '야
한 동영상'과 '포르노물'의 일상화는 '포르노' 속 섹스가 곧 정상

적인 섹스라고 생각하며 자라는 젊은 남자 세대를 양산하고 말았다. 또 이 시대의 소녀들은 '포르노' 속 섹스가 남자를 기쁘게 해주는 유일한 방법이라고 생각하기도 한다. 그래서 우리는 다시 한 번 '쇼'를 해야 한다는 의무감을 품는다. 신음 소리를 내고, 야한 이야기를 하고, 섹스가 좋아 미치겠다는 흉내를 낸다. 하지만 문제는 우리가 연기 행위를 또 다시 연기해야 한다는 것이다. '포르노'에 나오는 대부분의 여자들은 진짜 흥분하지 않는다. 최고의 섹스는 가짜 섹스라는 말이 되려나? 이것이 자신의 섹슈얼리티를 발전시키고자 하는 젊은 남녀에게 어떤 영향을 끼칠지 생각해보라. 끔찍하다.

레즈비언이 된다는 건 얼마든지 괜찮고 받아들일 수 있다. 주변에 남자들이 구경하고 있는 한 얼마든지 레즈비언이 되어라. 물론 젊고 '섹시'해야만 한다. 대중문화 속 레즈비언의 진짜 이미지는 과연 어디에 있는가? 쇼타임 채널의 〈L 워드〉에는 섹시한 레즈비언 무리가 쏟아져 나오고 이 쇼의 줄거리는 언제나 여자/여자 섹스 장면이 남성 판타지에 맞춰서 돌아가는 것이다. 물론 주류 사회에 아웃팅을 한 여성이 없다고 말하려는 것은 아니다. 분명 있다. 하지만 대중문화를 통치하는 레즈비언들은 오로지 섹스에 집중하는 유형의 레즈비언이다. 이성애 남자의 포르노적인 시각으로 레즈비언이 어떤 사람들인지 표현된다. 앞서 말했지만 이미 수많은 젊은 페미니스트들이 정치적인 프레임으로 이 주제를 관찰하고 글을 발표해 왔다. 그러한 사고 과정을 거쳐 포르노·팝 문화를 걸러서 보면 결국 어떤 것들은 엉망진창이지만 그중에 재미있으면서도 강력한 것들을 찾아낼 수도 있다. 레즈비언의 섹스 장면이 몇몇에게는 가짜 욕망의 표출일 수도 있지만 어떤 이들에게는 멋지고, 진짜 같은 경험이 될 수도 있다. 실제로 여자와 그런 식으로 하고 싶다면 그렇게 하면 된다. 그것을 하기로 결정하기 전에 내가 그것을 좋아한다고 의식하기만 하면 된다. 많은 젊은 여성들이 자신이 원하는 것을 잘 '알고' 한다. 그에 대해 부끄러워할 필요가 전혀 없다. 하지만 내가 진정 원치 않는 무언가를 하고 있다면, 혹은 무언가 섹시한 척하고 있긴 하지만 그 이면에 '제발 이 남자가 나를 좋아하게 해주세요'라는 생각밖에 없다면 위험에 처할지도 모른다.

백인이 아닌 여성들(적어도 백인 쪽에 가깝지 않은 여성들)은 대중 문화에서 사실 자주 보이지도 않고, 그나마 보일 때는 치사하고 비열한 인종적 편견에 갇혀 있을 뿐이다. 〈맥심〉이나 〈플레이보이〉는 가끔씩 비백인 인종 여성 화보를 넣긴 하지만 그들이 원하는 비백인 인종 여성이란 대체로 흑발에 몸매가 풍만한 외모이다. 지루하고 낡고 뻔한 고정 관념을 찾으러 멀리 갈 것도 없다. 흑인 여성들은 '싸가지'가 없다! 뚱뚱한 흑인 여성이 있다면 그녀는 반드시 말발이 세고 건방질 것이다. 아시아계 여성은 순종적이고 머리 숙여 인사한다! 라틴계 여자들은 까칠하면서도 섹시하고 섹시하고 섹시하다! 비백인 인종 여성에 대한 성적 고정 관념이 잡지에만 등장하는 것이 아니다. 텔레비전 드라마, 영화, 때로는 포르노 목록에서도 그렇다. 이런 경향이 어떻게 실현되는지 예를 보고 싶다면, 지역 신문 가장 뒤 페이지 접대 서비스 광고를 보면 된다. 흑인 여성들은 언제나 엉덩이 사진을 보여주는 광고 ('완전 큰 엉덩이!') 속에 있을 것이고 아시아 여성들은 언제나 수줍어하고 있을 것이다('연꽃 같은 여자'). 백인 여성들의 광고 속에는 언제나 대학생이 있다('미국적인 여자!'). 고정 관념은 많고, 이것에 대해 이야기할 시간은 적다. 하지만 비백인 인종이 대중문화에서 거의 잘 보이지 않는 것만으로도 매우 중대한 이야기를 하고 있다.

이 모든 현실과 상반되고 모순되는 점들이 여성들을 힘겹게 하는 이유는 비정상일 정도로 어렵고 불가능한 기대 때문이다.(물론 대중문화 속 남성들에게도 기대하는 바가 있다는 것을 잘 안다. 하지만 아무리 그렇다 해도 여성만큼은 아니다.) 이렇게 당황스러운 기대와 요구는 곧 나를 있는 그대로 표현하는 것이 거의 불가능하다는 사실을 의미한다. 내가 계속해서 쇼를 할 수밖에 없는 상황에서 어떻게 나답게 행동할 수 있겠는가?

섹슈얼리티 연기하기

현실과의 모순도 모순이지만, 포르노·대중문화가 또 하나 공유하고 있는 것은 연기적인 측면이다. 섹슈얼리티에 관해서라면 가끔은 연기가 멋진 것이 될 수도 있다.

〈빌리지 보이스〉의 섹스 칼럼니스트인 레이첼 크레이머 버셸은 젊은 여성들이 섹슈얼리티를 마음껏 펼치고 실험할 수 있는 장소를 달라고 주장하고 있다.

너무나 단순화된 '주도권 쥐기' 혹은 '이용당함' 논쟁에서 우리는 한걸음 더 나아가야 한다. 우리가 우리의 육체를 '저 바깥 세상에' 내놓을 때의 의도는 특정 소비자들이 우리의 육체를 빼앗아 가버린 의도와 같지 않을 수도 있다. 하지만 우리는 늘 모순을 대면하고 모순과 씨름할 수밖에 없다. 어떤 여성이 어떤 선택을 했다고 해서 무조건 공격할 것이 아니라 성적 다양성의 가치를 인정하고 환영하는 문화적 분위기부터 조성해야 한다. 젊은 세대에서 조금 더 평등하고 개방적이고 정직한 성문화가 꽃피고 성장하고 있으며 그 안에서 매우 긍정적인 징후를 발견하고 있다. 인디 포르노 잡지인 〈스위트 액션〉도 있고 대학 내 각종 섹스 잡지와 칼럼도 있으며, 풍만한 몸매의 여성과 스트립쇼와 이중 의미 함축(double entendre, 성적인 뜻과 일반적인 뜻 두 가지로 해석되는 말)과 섹슈얼리티를 예찬하는 행사와 작품들이 전국 곳곳에서 쏟아지고 있다. 남자 댄서들로 이루어진 풍자극을 통해 '섹시함'이 '이용당함'과 동일하지 않다는 것을 보여주기도 한다. 섹시함은 공격적일 수 있고, 유혹적일 수도 있고, 재미있을 수도 있고, 때로는 기존 사고의 틀을 벗어나게도 해준다.[5]

레이첼이 이야기하는 성적 자유와 〈걸스 곤 와일드〉 같은 프로그램의 차이는 어떤 연기들은 충분한 사고 후에 이루어진 것이고 어떤 것들은 그렇지 않다는 점이 아닐까 싶다.

연기가 나의 섹슈얼리티를 갖고 노는 체제 전복적인 방식이 될수도 있을까? 물론 그럴 수 있다. 하지만 나는 이것은 개개인에 따라 다르고 이 사회가 주입하는 섹시함의 기준에 대한 생각들을 받아들이느냐 받아들이지 않느냐에 달려 있다고 생각한다. 레이첼은 확실히 후자 쪽인 것 같다.

다시 말하지만, 그냥 순수하게 재미로 가슴을 보여주고 싶다면, 얼마든지 그렇게 해라. 하지만 나는 어떤 일을 '왜' 하고 싶은지는 스스로 인식하는 것이 정말로 중요하다고 생각한다.

그렇다면 여자들은 무엇을 해야 할까?

자신만의 진짜 섹슈얼리티를 발전시키는 것이 그렇게까지 힘들 필요는 없다. 나라는 인간을 조금씩 알아 가는 것이 그렇게까지 힘들지 않아야 하는 것과 마찬가지다. 하지만 포르노·대중문화의 지나친 확산 때문에 나쁜 연기와 좋은 연기를 구분하는 것이 갈수록 어려워지고 있고, 대중문화에 말리지 않고 나만의 정체성을 개발하는 것 또한 어려워지고 있다.

나에게 도움이 되었던 몇 가지 방법은 이것들이다.

너무 술에 취하지 않기

나도 밤에 친구들을 만나러 나가 술을 진탕 마시고 노는 것이 얼마나 재미있는지 정도는 아주 잘 안다. 이 글을 쓰는 지금도 숙취에 시달리고 있다. 하지만 나는 대학 생활을 하면서 술과 성적 행위(실제 섹스, 몸 보여주기, 키스 애무 타임 등등 무엇이든 포함된다)의 상관관계에 대해서 배울 만큼 배웠다. 말짱한 정신으로 할 수 있는 것이 아니라면 술 취했을 때도 하지 말자. 내가 보증하는데, 만약 어떤 것이 당신을 정말 흥분시킨다면 사실 술에 안 취했을 때 하면 더 재미있을 것이다. 게다가 취하지 않으면 술에 핑계를 댈 수 없다. 만약 그것이 재미있고 확실히 내가 하고 싶은 것이라면 핑계 같은 건 필요 없지 않나. 절대 핑계는 대지 말기로 하자.(솔직히 필름 끊길 때까지 마시는 건 정말 별로니까.)

정말 재미있어서 하는 걸까?

진짜, 진짜 재미있느냐는 말이다. '남들도 하니까 재미있을 것 같은' 재미여서는 안 된다. 그리고 '자꾸 부추기니까 어쩔 수 없이' 하는 것이라면 절대 안 된다. '좋아해야 할 것만 같은' 것에 사로잡혀버리면 나의 진짜 모습과 성격이 나오지 않고, 알겠지만 그럴 때면 편안하지도 않다. 너무 섹시하려 하면, 너무 순결해지려 하면, 너무 접근 가능하면서도 그렇지 않은 척하려 하면, 적당하게 레즈비언 같지만 실제로 이성애자인 척하면, 섹시한 척 따위를 하다 보면 어느 순간 인생이 하나도 재미가 없어진다. 대중문화 속 캐릭터로 남아 있으려면 억지로 아주 많은 노력을 기울여야 한다. 그냥 편하고 느긋하게 나 자신으로 있어야 한다. 진심으로 재미가 없다면 관둬라.

내가 왜 원하는지 생각해보기

우리가 하는 모든 행동은 사회적 규준이나 대중문화의 요구에 어느 정도 영향을 받게 되어 있다. 어느 정도까지는 그것들을 따라도 크게 문제가 되지는 않는다고 생각한다. 내가 무엇을 하고 있는지를 언제나 의식한다면 그렇다. 예를 들어, 나 같은 경우 화장을 즐겨 한다. 미치게 좋아한다. 하지만 내가 화장을 이렇게까지 좋아하는 이유가 이 세상이 나에게 예뻐야 한다고 말하고 있기 때문이라는 사실은 인지하고 있다. 내가 가진 화장품을 전부 내다 버리는 것이 혁명적일까? 물론 그럴 것이다. 하지만 난 그렇게 하고 싶지 않다. 나는 화장을 열심히 하지만 내가 왜 하는지는 잘 알고 있다.

여성들만 비난받는다

안타깝게도 우리를 향한 이 모든 기대와 요구를 우리 스스로 해석해 최선의 노력을 다해 헤쳐 나간다 해도 우리는 언제나 판단의 대상이 될 것이다. 내가 편안한 방식으로 행동을 했다 해도 포르노·대중문화의 기준을 따르면 무조건 문란하다는 딱지가 붙는다. 이런 상황이 우울하지 않다고는 말하지 않겠다. 그저 우리에게 어떤 기준을 강요했던 바로 그 사회가 틈만 보이면 다시 그 기준으로 우리를 공격한다는 사실을 인식하는 것이 중요하다고 말하고 싶다. 가끔은 그 방식이 치명적이다.

캘리포니아에서는 이런 사건이 있었다. 뒤에서 더 자세히 다룰 텐데 강간범들이 10대 소녀를 집단 성폭행하고 영상으로 찍었다. 피고 측은 자기들이 이 일을 시작한 것이 아니라고, 소녀가 먼저 '포르노' 비디오를 찍고 싶어 했다고 주장했다. 기가 막히게도 이 논리가 통했다. 왜냐하면 근래에는 젊은 여자가 '쇼'에 등장하는 일이 너무나 흔하기 때문이다. 여자들은 '와일드'해지고 싶어 하고

동영상 속에서 강간당하며 싫은 척하지만 좋아하니까.[6]

이런 종류의 비난은 언제나 '여자들이 너무 막 나간다'는 생각과 얽히곤 한다. 봄방학에 밤에 나가 놀다가 남자와 눈 맞는 것처럼 우리가 재미있는 통과 의례라고 배워 온 그 모든 것들이 다시 우리를 공격한다. 2006년 미국의학협회에서 대학생 봄방학 실태 조사를 실시하며 대학생들의 성교 횟수와 폭음 횟수 따위를 설문 조사했다.[7] 재미있는 점은 여학생들만 대상으로 조사한 것이다. 우리 여성들이 술을 마시고 처음 만난 남자와 눈이 맞아 잠을 자는 유일한 사람들이기 때문인가 보다.

젊은 여성(17세에서 35세)들만 대상으로 한 설문 조사 결과 전체 83퍼센트의 여학생이 봄방학에는 거의 매일 술을 마셨다고 했다. 74퍼센트는 봄방학에 성행위가 늘어났다고 답했다.(이게 정말 뉴스거리이기는 한가?) 나야 본인이 원한다면 필름 끊길 때까지 마시는 것도 찬성이고, 본인이 원한다면 저 멍청한 프로그램 〈걸스 곤 와일드〉에 나오는 것까지 모두 다 찬성하는 사람이지만 비난의 눈초리가 오직 젊은 여성들에게만 향했다는 점에는 화가 났다. 미국의학협회는 20대 여자들이 섹스를 너무 많이 하고 있어서 무척 근심스러운 듯했다. 보수 단체들은 이 연구를 너무나 사랑한 나머지 외출하고 파티를 가는 여자들은 자기를 강간해 달라고 요청한다는 주장까지 펴고 있다. '미국을 걱정하는 여성들'의 재니스 크루즈는 인터뷰에서 진지하게 이렇게 말했다.

이 문화는 소녀들에게 거칠게 행동해도 된다고 말합니다. 아시는 것처럼 〈플레이보이〉는 여자가 제멋대로 행동해도 된다고, 더 넓은 세상에서 자신을 노출해도 된다고, 남자들과 똑같이 놀아도 괜찮다고 하죠. 몸가짐이 얌전하고, 조신하고, 보수적인 여자는 최악이라고 합니다. 이제 미국의학협회와 정부가 젊은 여성들에게 경고를 해야 할 시점이라고 생각합니다. 그런 방탕한 생활은 건강을 해칠 뿐만 아니라 인생도 망칩니다.[8]

기본적으로 여자들이 밖으로 나가 사람들과 어울리고 재미있게 놀면 스스로 자신을 위험에 빠뜨린다는 말이다. 사회가 우리 여자들에게 해야 한다고 말하는 것을 그대로 했더니 이제 우리가 강간당하고 살해당하도록 세상에 스스로 방치했다고 말한다.

문제는 이것을 여성을 대상으로 한 폭력의 원인으로 악용하는 사람들이 있다는 것이다. 그렇다면 우리가 대중문화의 기준을 따르지 않는 척할 때 모든 것이 괜찮고 차분해지고 안전해지는 것일까. 그 또한 말도 안 되는 소리다.

대중 매체 속에서 여성을 편협한 시각으로 표현했던 이 사회는 이제 와서 우리가 소모용이라고, 우리가 단 한 가지에만 유용하다고 생각한다. 바로 남자의 즐거움 말이다.

4장

———

피해자 비난 게임

나는 이 장을 꼭 수정하거나 내용을 추가하고 싶었고 성폭행과 피해자 비난하기는 이제 도도새처럼 오래전에 멸종해버렸다고 말할 수 있기를 바랐다. 하지만 그렇게 하지 못한다. 페미니스트들과 반폭력 운동가들의 열렬한 성폭력 추방 운동에도 불구하고 아직 폭력 근절 사회로 가지 못했기 때문이다. 2010년도만 해도 60만 명의 미국 성인 여성들이(18세 이하까지 합하면 그 숫자는 더 늘어난다) 성폭행을 당하는 세상에서 살아가고 있고, 성폭행 피해자들을 비난하는 관습은 여전히 남아 있다.

사실 지난 몇 년은 미국에 강간 문맹(내가 〈네이션〉에 쓴 칼럼에서 만들어낸 용어다)이 얼마나 많은지 보여주었다고 할 수 있다. 2012년 대선 몇 개월 전에 적지 않은 남성 정치인들이 경악을 금치 못할 강간 관련 막말을 쏟아내었다. 인디애나주 상원 후보 토론에서 공화당 후보 리처드 머독은 예외 사유 없는 낙태 전면 금지를 주장하며 성폭행 임신 또한 '신의 뜻'이기 때문에 중절 수술을 금지해야 한다고 말했다. 그 전에 미주리주 공화당 상원 의원 토드 아킨은 지역 방송과 한 인터뷰에서 '진짜(legitimate, 합법적) 강간'(가짜 강간도 있을까?)이라면 임신으로 이어질 수 없다고 말했다. 왜냐하면 "여성의 신체는 이런 강간의 경우 (임신이 불가능하게끔) 설계되어 있기 때문"이다. 2011년 위스콘신주 공화당 소속 하원 의원 로저 리바드는 기자에게 "어떤 소녀들은 강간당하기 쉽다."라고 말했다. 이들의 망언은 단순한 말실수가 아니다. 이 문화에서는 강간이 바로 이렇게 여겨지고 있고, 여기에 여성 혐오를 한 뭉치 더하면 너무 많은 사람들이 강간은 어떤 면에서 여자의 잘못이라고 생각하게 되는 것이다.

다행스럽게도 페미니스트들이 나서서 이런 남자들이 — 그리고 이 문화가 — 사회 전반에서 다양한 방식으로 지속되고 있는 강간 문화에 책임이 있다는 사실을 알리고 있다. 하지만 강간이 진정 무엇을 의미하는지 완전히 이해할 때까지는 — 사회 구조적 불평등까지 고려한 강간의 정의를 보편적으로, 문화적으로 이해하기까지는 — 우리는 앞으로 같은 일들을 계속 보고 겪게 될 것이다.

미국에서 여성을 대상으로 한 폭력은 위태로운 수준으로 확대되고 있다. 많은 여성들에게 성폭행, 애인이나 남편의 폭행, 성희롱, 스토킹 따위는 생활의 일부처럼 되어버렸다. 어리거나 젊은 여성들은 특히 더 폭력에 민감한 영향을 받는다. 폭행을 당할 확률은 높고 도움을 받을 확률은 낮다. 그러니 우리가 어떻게 치를 떨지 않을 수 있겠는가?

여성을 대상으로 한 폭력은 너무나 빈번하게 일어나 일상의 한 부분이 되려고까지 한다. 더구나 이런 폭력은 '보통' 사람들이 저지른다. 당신이 성폭행을 당했다면 가해자 남성은 갑자기 전봇대나 나무 뒤에서 튀어나온 이름도 얼굴도 모르는 미친놈이 아닐 가능성이 높다. 친구, 학교에서 마주쳤던 남학생, 친구의 오빠, 파티에서 만나 인사한 남자일 것이다. 이것이 내가 강간범에 관해 가장 소름 끼치는 점이다. 다른 면에서는 지극히 정상적으로 보이는 보통 남자인데 그들 중 일부는 본인들이 지금 하고 있는 짓이 잘못되었다는 사실을 이해하지 못하고, 그렇다 해도 개뿔도 신경 쓰지 않는다. 미국의 젊은 남성들은 자기들이 여성의 몸과 섹슈얼리티에 얼마든지 접근할 권한이 있다고 생각하면서 자란다. 미국 문화의 모든 것이 남자들에게 여자들은 그들을 위해 존재하고, 섹스를 위해 존재하니 언제 어디서나 여자들을 손에 넣을 수 있다고 말한다. 이런 문화는 강간이 예상되고 실질적으로 괜찮다고 여겨지는 사회를 낳는다. 폭력과 성폭행이 괜찮다고 생각하면서 자라는 남성들이 있는 한 이것은 절대 여성만의 문제가 될 수 없다.

　나도 안다. 갑자기 이 장에서 내 말투가 너무나 진지해져버렸다. 이것은 나의 급소를 찌르는 문제이기에 농담이 끼어들 수가 없다. 나는 성폭행과 가정 폭력 생존자들을 위한 응급실에서 대략 1년 동안 자원봉사 활동을 했다.(그것이 내가 할 수 있는 전부였다.) 내가 맡은 임무는 폭행을 당한 후에 응급실에 온 환자—여성뿐만 아니라 남성과 어린이도 있다.—의 병실로 들어가 함께 있어주면서 입원 시간을 가능한 한 편안하게 만들어주는 것이었다. 이는 지나가다

한두 번씩 성폭행 통계를 듣는 것이나 가정 폭력을 나와는 먼 다른 세상에서 일어나는 일로만 이야기하는 것과는 전혀 다른 경험이었다. 그 사건이 실제로 당신 눈앞에서 일어났을 때, 혹은 당신 삶에서 일어났을 때 폭력의 실체는 지옥보다 더 끔찍하다. 이것은 오후 간담회에서 전문가들이 각자 떠들기만 하다 아무런 사회적 인식의 변화나 제도적 장치 마련 없이 끝나버리는 이슈의 하나가 되어서는 절대 안 되는 문제이다.

여성을 대상으로 한 폭력은 우리가 항상 보고 듣는 일 중 하나이지만 우리는 이것의 실체를 얼마나 알고 있으며 과연 해결책을 모색하고 있을까? 우리는 TV에서 거의 매주 성폭행이나 가정 폭력에 희생되는 여자 배우나 출연자를 만난다. 성범죄의 공포만을 소재로 삼는 〈로 앤 오더: 성범죄 전담반〉 같은 프로그램도 있다. 우리에게는 밸런타인데이를 재해석한 'V-day'라는 날도 있다. 밸런타인데이에 여성을 대상으로 한 폭력 이슈에 관해 사람들의 관심을 불러일으키기 위한 다양한 행사를 개최한다. 학교에서도 성폭력을 배운다. 가정 폭력은 모두가 잘 알고 있는 문제이다. 사람들이 태어나서 처음 듣는 범죄 용어가 전혀 아니라는 말이다. 따라서 이렇게 다들 잘 알고 있으니 지금쯤이면 여성 폭력을 근절할 방법쯤은 찾아냈을 거라 생각할 수도 있을 것이다. 하지만 오히려 그 반대다. 우리는 여성 폭력에 너무나 익숙해지다 못해 정상으로 참작하는 수준까지 가버렸다. 회피할 수 없는 삶의 요소로 체념하며 받아들이지 더 큰 틀에서 싸워야 하는 사회 병리 현상으로 받아들이지 않는다. 이것은 전혀 괜찮지 않다.

성폭행과 성폭력

대학교 때 한 교수님이 모든 여성들은 '강간 스케줄'에 맞춰 살게 된다는 이야기를 한 적이 있다. 처음 들을 때에는 무슨 말인가 했지만 이어지는 교수님의 설명을 듣던 나는 기겁하고 말았다. 나는 사실 교수님이 무슨 이야기를 하려는지 정확히 알고 있었다. 아마 당신도 알 것이다. 우리는 (의식하건 아니건) 늘 성폭행을 두려워하기 때문에 우리 자신을 보호하기 위해 하루의 일정을 짜서 일상생활을 수행한다. 집으로 걸어갈 때 손에 열쇠를 쥐고 있기도 하고, 차를 타자마자 문을 잠그기도 하고, 어떤 길은 걷지 않는 것처럼 언제나 미리미리 주의한다. 물론 예방 조치를 취하는 것이 나쁘다는 말은 아니지만 우리 여성들이 답답한 굴레 속에서 자기 일상을 구성한다는 사실이 상당히 속상하고 열불이 난다. 평생 동안 감옥에서 사는 것과 근본적으로 뭐가 다른가. 우리는 언제 어디서나 안전하다고 생각하며 마음 놓고 살 수가 없다. 길에서는 물론이고 때로는 집에서도 그렇다. 안전하지 않다는 느낌에 너무 익숙해져서 여기에 정말 짜증 나는 부분이 있다는 사실조차 보지 못한다.

어쩌면 '강간 스케줄'에 맞춰 사는 여성들에게 가장 열 받는 사실은 이 생활이 효율과는 거리가 멀다는 것이다. 우리는 언제든 공격받을 수 있다고 가정하고 살고 있으며 나무 뒤에 숨어 있는 어떤 미친놈에게 당할 수도 있다는 사실도 알고 있다. 하지만 앞서 말했듯이 꼭 나무 뒤 미친놈의 짓만은 아니다. 2004년 미국 범죄 희생자 조사에 따르면 모든 성범죄의 3분의 2는 피해자가 아는 사람이 저지른다. 친척, 지인, 친구, 때로는 연인도 강간을 한다.[1] 어쩌면 이 이야기도 전에 다 들었을지 모르지만 아주 중요하기 때문에 여기서 반복한다. 이런 통계는 미국에서 강간이 얼마나 '일반화'되었는지를 보여준다. 스스로 안전하다고 생각하는 것과 지하철이나 나무 뒤에 숨어 있는 변태만 조심하면 괜찮을 것이라는 생각은 우리를 기분 좋게 만든다. 이 세상 어느 곳도 안전하지 않다는 사실을 인정하는 것은 너무 괴로운 일일지 모른다. 그렇다. 나는 지금 우울해 미치겠는 소리를 하고 있다. 그런데 아직 반도 안 했다.

똑같은 정부 연구 조사에서는 미국에서 2분 30초당 한 번씩 성폭력 피해자가 생기고, 여성 여섯 명 중 한 명은 성범죄 피해자가 될 뻔하거나 강간을 당한 경험이 있다고 말한다.(여기서 강간은 가장 신고를 안 하는 범죄라는 사실을 기억하자. 따라서 이 통계의 숫자 또한 실제보다 낮을 가능성이 높다.) 아동이나 청소년의 상황은 더 나쁘다. 성폭행 피해자의 80퍼센트가 30세 이하 여성들이고 44퍼센트가 18세 이하이다. 최악은 10대 소녀들은 폭행을 당해도 도움을 받을 가능성이 훨씬 낮다는 것이다.

어떤 여성들은 자신이 강간을 당했다는 사실조차 깨닫지 못하곤 한다. 무슨 말도 안 되는 소리냐고 할 수 있지만 사실이다. 우리 여자들은 남자들이 얼마든지 우리 몸에 접근해도 된다고 믿는 사회에서 자랐다. 어떤 여성들은 강제적인 힘이 사용되지 않았다면 강간이 아니라고 생각하기도 한다. 때로는 '당해도 싸서' 당했다고 생각하기도 한다. 혹은 남자에게 '빚진 기분이라' 그랬다고 생각하기도 한다. 왜냐면 남자가 저녁을 사주거나 무언가를 해주었기 때문이다. 당신은 제발 그렇게 생각하지 말기를 바란다.

그렇다면 대체 강간이란 무엇인가? 너무 기술적이거나 교육적으로 들어가지는 말기로 하자. 많은 여성들이 이미 잘 알고 있기도 하니까. 하지만 다시 한 번 복습해보는 것도 좋겠다.

미국의 각 주마다 법적 정의는 다르지만 일반적으로 받아들여지는 정의는 강압적 성교이다.(질, 항문, 혹은 오럴도 포함한다.) 신체적인 힘이 동반되었을 수도 있고 심리적으로 강제적이었을 수도 있다. 남자도 강간당할 수 있다. 강간이 언제나 이성애적인 것은 아니다. 여성도 여성을 강간할 수 있고 남성도 남성을 강간할 수 있다.

성폭력(sexual assault)은 다르다. 이것은 원치 않는 성적 접촉을 말한다. 손으로 잡거나 끌어안는 것과 모든 성적으로 지저분한 짓을 다 포함한다.(나는 지금 고등학교 때 지하철에서 내 몸에 자기 몸을 비비던 미친 변태를 떠올리고 있다. 썩을 놈.)

강간과 성폭력에 대해 가장 이해하기 어려운 점은, 우리가 이렇게 멀리까지 왔는데도 이 일이 아직까지 일어나고 있고, 다들 이 문제를 너무나 빨리 잊거나 핑계를 댄다는 것이다. 몇 년 동안 법이 다시 제정되고, 의식이 바뀌고, 적극적인 운동이 일어났지만 여성들은 아직도 성폭력을 당하고 난 뒤 왜 당했냐고 비난받고 있다.

왜 피해자가 비난받는가

아마도 지금 시대라면 피해자 비난하기 같은 건 완전히 멸종해버렸으리라 생각했을 수도 있다. 실제로는 운이 아주 좋을 때만 그렇다. 여기에서 자주 등장하는 강간 피해자 비난 책략을 몇 가지 미리 소개하니 반드시 기억했다가 참고하기 바란다.(강간 사건 재판에서 아주 편리하게 사용되는 기술이기도 하다.)

치마를 입는다는 것? 가게 문을 열어놓은 것과 같다

의상 논란은 절대로 늙어 죽지 않을 모양이다. 아주 오래전부터 있었지만 여전히 살아 있는 이 기술은 그 모든 피해자에게 화살을 돌리는 기술 중에서도 가장 기이한 것이 아닐까 싶다. 바로 이런 이야기다. 만약 '야한 옷', 이를테면 (여기서 잠깐 숨 쉬시고!) 치마 같은 것을 입고 있었다면 당신은 성폭행을 해도 된다고 말한 것이나 마찬가지다. 혹은 자제하지 못하는 이 불쌍한 남자들을 약 올린 것이 된다.(남자들도 금욕을 강조하는 성교육을 받았으면서 왜 이러시나?) 여러 가지 면에서 이것은 내가 앞으로도 절대 이해하지 못할 일이 될 것이다. 하지만 남자들 또한 이런 논리를 상당히 모욕적으로 받아들일 것이라 생각한다. 말하자면 기본적으로 남자란 30미터 범위 안에 있는 미니스커트에도 욕구를 느끼는 덩치만 커다란, 이성이라고는 없는 야만적인 동물이란 뜻이 아닌가. 당신은 어떨지 모르지만 나는 남자들을 이렇게까지 인간 이하로 매도하고 싶지는 않다. 강간의 위험 없이 입고 싶은 건 뭐든 입어야 한다는 것은 당연하고 당연하다. 더 황당한 이야기를 들려드릴까? 노출이 심하지 않은 옷을 입어도 얼마든지 비난을 받게 되어 있다. 이탈리아 대법원은 피해자가 청바지를 입고 있었다는 이유로 강간 판결을 뒤집은 적도 있었다. 청바지는 너무 딱 붙어서 피해자의 도움 없이는

벗기기 어려웠을 테니 섹스에 동의했으리라는 것이다.[2]

소녀들은 그저 재미를 원해

또 하나 사랑받는 기술은 '허위 진술' 주장이다. 그러니 당신이 술에 취했거나 어떤 일 때문에 정신을 놓고 있었다면 당신의 말은 신뢰받지 못한다. 범죄가 일어나리라는 것을 눈치 채고 미리 경계했어야 했다는 말이다. 예전에 아마도 대마초일 가능성이 높은 약물 남용 TV 공익 광고를 본 적이 있다. 어느 하우스 파티에서 어린 10대 소녀들이 대마초를 피우고 있다. 소녀 한 명이 소파에서 서서히 의식을 잃자 소름 끼치게 생긴 사내가 다가와 그녀 옆에 앉는다. 그는 주변을 살펴보더니 손을 슬며시 여자의 셔츠 안으로 넣기 시작한다. 화면이 흐려지며 한 소녀가 속삭이듯 말한다. "안 돼요." 이제부터가 하이라이트다. 영상이 흐려지면서 자막이 흐른다. "대마초는 당신의 자제력을 약하게 합니다." 지금 대마초를 피운 건 여자 아닌가. 그러니까 여자의 자제력이 약해지고 의식이 흐려져 성추행을 당했다는 말인가? 이런 식의 피해자 비난하기가 정부 예산으로 만드는 공익 광고에 당당히 등장한다.

〈월 스트리트 저널〉의 기자인 나오미 셰퍼 라일리는 뉴욕대 학생인 이메트 세인트기엔의 강간과 살인 사건에 관해 이런 식으로 기사를 썼다. 라일리는 이 학생이 "마지막으로 바에서, 혼자 새벽 3시에 술을 마시고 있는 것"이 목격되었다고 쓰면서 "24세 여성은 그보다는 더 처신을 잘했어야 한다."[3]라고 했다. 아마도 세인트기엔은 여성에게만 해당되는 통행 금지 시간과 금주 정책을 모르고 있었나 보다. 당신은 어떤가. 바에 가서 술을 마셨다는 이유로 강간을 당했을 때(그리고 살인까지 당했는데도!) 비난을 받게 될 세상에서 살고 싶은가? 여자가 술과 마약이 신체에 어떤 영향을 끼칠지 생각하지 않아야 한다거나 안 해도 된다는 뜻은 아니다. 물론 우리는 가능한 한 안전을 위해 노력해야 한다. 하지만 초점은 명백히 범인에게 맞춰져야 한다. 피해자인 여자가 아니다.

정액이 없으면 강간이 아니다

처녀가 아닌데 강간을 당했다면 앞으로 신의 가호가 있길 빈다. 왜냐하면 당신이 한 남자와 자본 적이 있다면, 모든 남자와 자고 싶을 것이 분명하기 때문이다. 전 사우스다코타주 공화당 상원 의원 빌 나폴리가 낙태를 할 수 있는 유일한 여자가 어떤 여자라고 했는지 기억하는가? 항문 섹스를 당한 처녀만 낙태를 할 수 있다고 그랬단다. 이탈리아 법원은 2006년 2월에 피해자가 처녀가 아니라면 성폭력의 죄질이 줄어든다고 판결했다.[4] 진지하게 그렇게 말했다. 과거의 성생활과 성폭력은 당연히 관련이 없어야 하는데 어찌된 일인지 과거 성경험이 법정에 등장한다. 영국의 한 설문 조사에서는 응답자 3분의 1이 여성이 '유혹적이었다면' 강간당했다 해도 부분적으로, 혹은 완전히 여자의 책임이라고 생각한다는 결과가 나왔다. 다섯 명 중 한 명은 여자가 과거에 '많은' 섹스 파트너가 있었다면 강간에 책임이 있다고 생각한다고 했다.[5] 캘리포니아주에서 10대 소녀의 집단 성폭행 동영상이 촬영되었고 피고 측은 피해자를 '쓰레기' 혹은 '포르노' 비디오를 만들고 싶었던 창녀라고 불렀다.[6] 피해자가 의식을 잃은 상태였다는 말도 하지 말자. 그녀가 당구 큐대, 담배 꽁초, 캔, 음료수 병으로 강간을 당했다는 것은 잊어버리자. 피해자가 강간을 당하던 중에 기절을 했고 무의식 상태에서 소변까지 보았다는 점은 잊어버리자. 그리고 1차 마지막 공판에서 이 재판은 불일치 배심으로 인해 판결이 미루어지기도 했다.[7] 이래도 '창녀 프레임'이 통하지 않는다고 말할 셈인가? 피해자가 '정숙한 여자'의 기준에 들어맞지 않으면, 혹은 다른 사람들에게 그녀가 정숙하지 않다고 설득할 수만 있다면 피해자는 심각한 상황에 처한다. 스트리퍼인 여자의 말은 안 믿는 것이 기본이다. 만약 여자가 성매매 종사자라면 끝났다고 보면 된다.

처신을 잘 했어야지

이것은 피해자 비난하기의 최고봉이라 할 수 있다. "자기가 처신을 잘 했어야지."라는 말은 온갖 상황을 포함한다. 밤거리를 혼자서 걷지 않아야 한다는 것은 알았어야지. 술 마시지 않아야 한다는 것은 알았어야지. 남자와 단둘이 있지 않아야 한다는 것 정도는 알았어야지. 이 거짓말의 가장 위험한 점은 실제로 강간 피해자가 죄책감을 느끼도록 조장한다는 것이다. 이런 식으로 성폭행범은 슬쩍 사라져버린다. 성폭행은 피할 수 없는 일이라 가정하고 자신을 보호하지 못한 여성이 책임을 져야 한다고 말한다. 아니, 도대체 강간을 한 그 인간들은 어디로 갔나? 지금 빠져나가서 다행이라며 한숨 쉬고 있을까? 피해자가 강간을 당해도 싸다는 근거 같은 건 아무것도 없다. 발가벗고 있었건, 술에 취했건, 정신을 잃은 창녀이건 상관없다. 이것은 아무 문제가 없다.

다행히 성폭력 비율은 감소하고 있다.(페미니스트들이 상정한 법안들 덕분이기도 하다.) 하지만 우리가 살고 있는 이 강간 문화는 굴하지 않고 우리 곁에 남아 있으려 한다. 이것이 우리에게 페미니즘이 간절히 필요한 이유이기도 하다. 성폭력은 그저 무작위적인 폭력 행위가 아니다. 젊은 남자가 여성을 인간보다 못한 존재로 보며 자라는 것에 관한 이야기다. 인격 말살이야말로 인간들이 서로에게 폭력을 행하는 이유이다.

위에 언급한 캘리포니아주 강간 사건의 결말은 어떠했을까? 다행히 배심원들은 유죄 판결이 적힌 쪽지를 판사에게 전했다. 하지만 이 소녀에게 가해진 신체적·정신적 피해는 영원히 복구되지 않았다. 그 소녀는 성폭행과 이 법률 시스템으로 인해 끔찍한 인격 말살을 경험했다. 판사 앞에서 한 소녀의 발언을 보자.

제가 그 비디오를 보았을 때 느꼈던 감정을 앞으로 절대 묘사할 수 없고 그럴 수 있으리라 생각할 수도 없습니다. 저는 제 자신에게 이렇게 물었습니다. 내가 언제 이 남자들에게 인간이 아니라 고깃덩어리가 되었지? 그들은 야만적인 동물들도 하지 않을 짓을 했습니다 …… 남자들은 저를 생명이 없고 감정이 없는 인형으로 생각했고 그들이 원하는 대로 무참하게 학대했습니다.[8]

화내는 것은 쉽다. 듣기만 해도 너무나 끔찍한 이야기니까. 하지만 우리는 분노를 넘어서야 하고 어려운 질문을 해야 한다. 이 소녀를 강간한 젊은 남자들은 그녀가 친구라고 생각했던 남자들이다. 그들은 10대 청소년들이었다. 우리가 사는 문화는 대체 어떤 문화이기에 이런 행동을 이해하고, 때로는 멋지다고까지 생각하는 청소년들을 낳는단 말인가?

무엇을 해야 할까

페미니스트들을 비롯한 많은 사람들이 이 빌어먹을 상황을 묘사하기 위해 자주 사용하는 단어가 바로 '강간 문화'다. 우리는 기본적으로 강간을 용납하는 문화에서 살고 있다. 그렇다, 물론 강간은 불법이다. 하지만 사회적·정치적 조건에서는 암암리에 강간을 '허용'하고 있다. 실제로 얼마나 많은 남자들이 강간죄로 감옥에 가는 것일까? 얼마나 많은 여성들이 아직도 비난을 받고 있을까? 여성 여섯 명 중 한 명이 강간 미수나 강간의 희생자가 되는 상황인데도 이것이 문화의 문제라고 말하지 못한다! 여섯 명 중 한 명이라니 절대 적은 숫자가 아니다. 너무나 거대한 사회 병리학적인 문제이며, 우리는 이 문제를 무겁게 다루어야 한다.

하지만 또 하나의 문제는 너무나 많은 '해결책'들이 여성들이 먼저 변화해야 한다고 말한다는 점이다. 이를테면 안전 조치 같은 것이다. 실례로 남아프리카공화국의 한 여성은 남아프리카의 높은 성범죄 비율을 낮추기 위해 반(反) 강간 기구를 발명했다. 일종의 여자용 콘돔인데(질 안에 넣어야 한다) 강간범의 성기를 감싼 다음에 성기에 극히 미세한 고리가 들러붙게 한다.[9] 이것은 의료 기관의 도움을 받아야만 제거할 수 있다. 강간범들에게 퍽 적절한 조치처럼 들린다. 나도 안다. 하지만 문제가 있다. 강간범들에게서 우리를 보호하는 책임이 왜 전적으로 우리 여자에게만 있어야 할까. 강간당하지 않도록 하는 것은 우리의 책임이고 우리의 일이다. 여자를 공격하지 않아야 하는 남자들의 책임이 아니다.(물론 여성은 오럴 섹스나 애널 섹스로도 성폭행을 당할 수 있기 때문에 논란이 되었고, 나는 남자의 성기에 고리를 끼우는 건 그 남자를 더 폭력적으로 만들 수 있을 것이라고 생각한다.) 미국 여성들은 계속해서 호신술 수업을 들을 것이고 안전 호루라기를 들고 다닐 것이다. 가방에는 후추 스프레이가 들어 있을 것이고 주차장 옆을 지나갈 때는 재빠르게 걸을 것이다. 물론 모두 좋은 일이다. 그런 것 같다. 하지만 이렇게 계속 도망 다닐 수는 없다. 폭력을 두려워하지 않고 거리를 걸을 수 있어야 한다. 집에서도 편안히 있을 수 있어야 한다.

친밀한 관계에서 발생하는 폭력

많은 사람들이 가정 폭력이라는 단어에 익숙하겠지만 친밀한 관계에서 발생하는 폭력이라는 단어는 낯설 것이다. 가정 폭력을 생각할 때 보통 남자 친구와 여자 친구, 남편과 아내를 떠올린다. 하지만 폭력은 모든 종류의 관계에서 일어날 수 있다. 친밀한 관계에서 발생하는 폭력은 가정 폭력의 정의를 확장한 것이며 파트너, 아내, 남편, 남자 친구, 여자 친구, 전 애인, 데이트 상태가 가하는 신체적 혹은 정신적 학대를 말한다.

친밀한 관계에서 발생하는 폭력은 남성과 여성 모두에게 영향을 끼치지만 폭력의 희생자는 여성이 일방적으로 많다. 여성이 희생자의 85퍼센트를 차지하고 미국 여성 중 3분의 1은 파트너(남편, 남자 친구 등등)에게 물리적·성적 폭행을 당했다고 보고되었다. 다시 말하지만 젊은 여성들에게 이 숫자는 굉장히 무시무시하게 들릴 수밖에 없다. 한 조사에서는 10대 소녀의 40퍼센트가 남자 친구에게 맞은 적이 있는 또래 친구를 안다고 대답했다. 이건 심해도 너무 심한 수준이다.

친밀한 관계에서 발생하는 폭력의 무서운 점은 각각의 사건이 하나의 특수한 개별직 사건이 아니라는 점이다. 관계 속 폭력에는 일정하게 흐르는 비슷한 양상이 있는데, 바로 학대의 악순환이다. 무슨 기술적인 말처럼 들린다는 것은 안다. 많은 이들이 가정 폭력을 말할 때 전형적인 그림을 상상한다. 이를테면 남자 친구가 술을 너무 많이 마시고 여자 친구 뺨을 때리는 식이다. 하지만 실상은 그보다 훨씬 더 복잡하다.

이 악순환은 가장 먼저 '긴장 유발 시기'로 시작된다. 당연히 커플 사이에는 긴장이 형성되고 이 시기에 감정적·언어적·신체적 학대가 이루어질 수 있다. 이 긴장이 절정에 다다르면 조금 더 심각한 형태의 신체적 폭력 사건이 일어난다. 이 시점에는 극도의 긴장이 형성되기 때문에 어떤 일도 계기가 될 수 있다. 사건 이후, 때린 사람은 '허니문' 단계로 들어가는데 여기에서 사과와 변명이 나타난다. "다음엔 절대 안 할게. 내가 변할게." 그리고 똑같은 사이클이 반복된다. 또 한 번 반복된다. 다음 폭력은 이전보다 강도가 더 심해진다.

파트너를 학대하는 사람들에게 공통적으로 나타나는 양상도 있다. 굉장히 확실한 경고 신호이기도 하다. 잠재적 폭력 가해자는 처음에는 거의 '완벽한' 남자로 등장한다. 당신을 보자마자 로맨스의 화신이 되어 당신과 모든 시간을 함께 나누고 싶어 한다. 이는 자기와의 연애가 여자의 인생에서 가장 중요한 것이라는 분위기를 형성해 관계를 제압하는 무대를 만드는 단계이며, 그렇게 하여 여성이 이 남자를 떠나는 것을 어렵게 만든다.

잠재적 폭력 가해자에게는 다음과 같은 행동 양상이 나타난다.

소외: 당신이 친구나 가족과 시간을 보내는 것을 좋아하지 않는데 당신과 모든 시간을 함께하고 싶기 때문이라고 말한다. 그러다 교통수단에 대한 접근을 막는 단계까지 나아간다.(차를 망가뜨린다.) 때로는 일까지 못 하게 한다.(일부러 지각하게 만든다.) 그 관계 외에 다른 사람들과의 의사소통 수단까지 차단한다.

질투: 가끔 약간의 질투는 여자를 소중히 여기는 것으로 느껴지기도 한다. 하지만 학대자들의 질투는 보통 수준을 넘어선다. 그들은 아주 사소한 일에도 질투를 느끼고 자신 외의 다른 사람과 함께 있는 것, 때로는 가족과 함께 있는 것조차 못 견딘다.

통제: 이것이 열쇠다. 이 모든 것은 지배에 관한 것이다. 학대 가해자는 파트너의 이동 방식을 지배하고 소비하는 방식과 결정하는 방

식까지 지배한다. 그들은 모든 것을 통제한다.

또 다른 학대 신호·학대 행동에는 심할 정도로 전통적인 젠더
역할을 주입하는 것(남자는 여성 파트너가 모든 양육과 돌봄을 담당하
고 남자의 모든 필요와 욕구를 챙겨야 한다고 믿는다), 언어 학대, 섹
스 중 강압적으로 굴거나 성적으로 조종하기, 파트너의 행동을 통
제하기 위한 수단으로 동물이나 아이들에게 잔인한 모습을 보이는
것 따위가 있다.

여기서 내가 하고 싶은 말은, 폭력적인 관계 속에는 단지 두 사
람 사이의 일 이상의 것이 있다는 점이다. 어떤 학대 가해자들은 희
생자에게 물리적인 학대 흔적을 남기지 않는다. 한 간호사에게 들
은 이야기인데, 아내에게 강제로 타바스코 소스를 마시게 한 남편
도 있다고 한다. 이것은 통제와 공포에 관한 이야기이며 폭력은 그
목적을 달성하기 위한 수단일 뿐이다.

피해자는 왜 떠나지 못하는가?

관계에서 발생하는 폭력에서도 피해자 비난하기가 지속적으로
일어나는데 대체로 한 가지 질문으로 귀결된다. 대체 피해자는 왜
가해자를 떠나지 않았는가? 이 질문에 대한 답은 사실 단순하지
않다. 피해자들이 학대가 계속되는 관계에 머무는 이유는 다음과
같다.

가난: 많은 여성들이 경제적 자원이 없어서 떠나지 못한다. 사실

여성 기초 수급 대상자의 60퍼센트는 폭력의 희생자들이다. 그들은 갈 곳도 없고 아이가 있는 경우가 많다. 파트너는 은행 계좌를 통제하고 있으며 모든 재산이 그의 명의로 되어 있기도 하다. 내 계좌에 1만 원도 없을 때 집을 나가기는 쉽지 않다.

소외: 여성이 친구와 가족에게서 한번 소외되면 그 후로 지원 체계를 얻지 못할 수 있다.

더 큰 폭력/죽음에 대한 공포: 파트너에게 살해당하는 대부분의 여성은 떠날 계획을 세우거나 떠나는 과정에서 피해를 입는다. 여성들도 이별을 시도했다가 실패했을 때의 결과가 치명적이라는 사실을 알고 있다.

문화적/종교적 신념: 특정 문화나 종교에서는 이혼은 절대 있을 수 없거나 폭력도 참아야 한다. 가족이나 지역 사회에서 손가락질당할까 봐 겁을 내는 것이다.

다시 말하지만 이유는 단순하지 않다. 그래서 나는 이것을 한 번더 강조하고 싶다. 폭력이 우리에게 일어나지 않아야 하며 폭력 발생이 우리의 책임이라는 사고에서 벗어나야만 한다. 우리는 관계 속에서 안전할 권리가 있다.

길거리 성추행

당신은 아마 당신이 가장 좋아하는 길거리 성희롱 이야기를 알고 있을 것이다.(직장 내 성추행도 있고 다른 사례도 많은데 그 주제는 다른 장에서 다룰 것이다.)

내가 남자의 성기를 처음 본 건 지하철 승강장에서 어떤 미친놈이 자기 것을 꺼내서 흔들며 내 앞으로 다가왔을 때였다. 더럽게 멋지지 않은가? 우리 다 같이 눈이 썩을 것 같았던 경험을 이야기해보자. 나 같은 경우 그냥 온몸이 얼어붙었는데 다행스럽게도 그때 마침 지하철이 와서 그는 아무 일 없다는 듯이 걸어가버렸다. 한번은 어떤 남자가 다가와 내 엉덩이가 너무 예뻐서 자기 저녁으로 먹고 싶다고도 했다.(작업 멘트일까 뭘까?) 최근에는 뉴욕 도서관 앞을 지나가고 있는데 한 남자가 내게 가까이 다가오더니 말을 걸었다. "너 따먹고 싶다." 내 귀에 대고 한 말이다. 실제로 그의 숨결을 피부로 느끼기까지 했다. 구역질 났다.

당신도 당신만의 구역질 나는 이야기들이 있을 것이다. 없는 사람은 거의 없다. 어떤 이유인지 몰라도 남자들은 여자에게는 무슨 말이든 할 권리가 있다고 생각한다. 아니면 엉덩이를 움켜잡을 권리, 여자가 오직 자기들의 눈요기와 희롱을 위해 존재한다고 여길 권리 말이다. 앤드리아 미디아와 캐슬린 톰프슨은 에세이 《작은 강간, 성희롱(The Little Rapes, Sexual Harassment)》에서 길거리 성희롱과 성폭행이 상관 관계가 있다고 주장했다.[10] 둘 다 당신의 공간을 침해하고, 당신이 마음 편히 세상에 존재할 권리를 빼앗는다. 성희롱과 강간 모두 남성들에게 여성이 오직 그들을 위해, 그들의 욕망을 위해 존재한다고 가르치는 문화의 결과이다.

그들이 당신에게 이야기하지 않은 것들

여성 대상 폭력은 너무나 자주 굉장히 흔하고 뻔한 장면으로 표현되곤 한다. 백인 여성이 인간 쓰레기 주정뱅이 남편에게 얻어맞는 식이다. 화면 위에 '이 주의 주말 드라마'라고 써 있는 것만 같다. 하지만 미디어에서(이 문제에 관해서라면 어디에서든) 여성 대상 폭력이 백인, 중산층, 이성애자 여자들의 삶에만 있는 이야기가 아니라는 사실은 잘 드러나지 않는다. 실제로 이 문제는 여성의 인종, 계층, 성적 지향에 관계없이 모든 여성에게 일어날 수 있고 특정 여성들이 불균형적으로 더 많은 영향을 받기도 한다.

이를테면 아프리카계 미국인 여성은 강간을 신고하는 경우가 적다. 미국 원주민 여성은 백인 가해자에게 성폭행당하는 사례가 많다. 여군의 61퍼센트가 군대에서 성희롱을 당했다고 말했다. 퀴어 여성들은 이성애자 여성보다 공격당할 확률이 높다. 복지 혜택을 받는 여성들은 가정 폭력의 희생자가 될 가능성이 높다.

인종, 계층, 성적 지향성 혹은 직업이나 커리어에 따라 폭력이 끼치는 영향이 더 커질 수 있다.

여성 폭력 방지법 대 동성 결혼 금지법

미국이 여성 대상 폭력에 관해 상당히 훌륭한 법과 완전 형편없는 법을 동시에 갖고 있다는 사실이 놀랍기만 하다.

관련 법안 중에서 가장 주목할 만한 법은 여성 폭력 방지법

(Violence Against Women Act, VAWA)일 것이다. 정부는 수조 원의 예산을 들여 성폭행 피해자, 친밀한 관계에서 발생하는 폭력 피해자, 스토킹 피해자와 생존자들을 돕고 있다. 정말 이상한 점은 사람들이 이 법에 대해 잘 모르고 있다는 것이다. 이 법안은 1994년에 통과되었고 2000년, 2005년, 2006년에 재승인되었다. 2012년에는 여성 폭력 방지법을 5년 더 연장하고 예산도 늘리기로 결정했고 각 주와 연방 정부 프로그램에 390억 달러를 책정했다. 대단하지 않은가? 하지만 안타깝게도 이 법안을 폐기하려는 사람들도 있다. 부시는 여성 폭력 방지법 예산을 상당 부분 깎으려고 애를 썼고 스스로 '남성 권리 연대'라고 부르는 여러 조직들이 이 법안이 남성을 역차별한다고 주장하며 반대한다.(그들의 주장은 전혀 사실이 아니다. 이 법은 남성을 구제하기도 한다.) 정말 선한 일을 하는 이 법은 공격을 받고 있다.

반면 폭력 피해 여성들의 인생을 더 망치려고 작정한 법들이 있다. 대부분이 주 법인데, 2015년 미국 전역에 동성 결혼이 허용되기 전에 오하이오주의 동성 결혼 금지법은 우리의 모든 권리가 어떤 식으로 연결되어 있는지 알려주는 대표적인 예라고 할 수 있다. 한쪽의 권리가 보장되지 못하면 연쇄적으로 우리 모두 망하게 되어 있다. 결국 학대자들이 빠져나갈 틈을 만들어주기 때문이다.

동성 결혼 금지법은 기본적으로 결혼한 것처럼 살지만 결혼은 하지 않은 커플, 즉 "정식 결혼과 목표, 본질, 중요성, 영향력과 상응하는 동거 커플"의 법적 권리를 제한하기 때문에 가정 폭력 방지법 또한 결혼하지 않은 동거 커플에게는 적용되지 않는다. 그러니 기본적으로 같이 사는 남자 친구에게 맞아도 고소할 수 없고 가정 폭력으로 신고하려면 그 학대자와 일단 결혼부터 해야 된다는 말을 듣는다는 이야기다.

어떤 정치인들은 가톨릭 병원이 강간 피해자에게 사후 피임약 처방을 하지 않아도 되는 법을 만들려 한다. 피임은 가톨릭의 교리에 맞지 않기 때문이라 주장한다. 여기서 강간범의 아이를 임신하고 싶지 않다는 여성의 호소는 중요치 않다.

테네시주에서는 남편이 "무기를 사용하거나 치명적인 신체적 부상을 입히거나 별거 중이거나 이혼 상태가 아니라면" 아내를 강간하는 것이 불법이 아니다. 부부 강간은 범죄로 여겨지기는 하지만 다른 여성을 강간하는 것보다는 덜 심각한 범죄로 취급된다.

내가 무슨 이야기를 하려는지 알 것이다. 아직 싸움은 끝나지 않았다.

어떻게 폭력과 싸울 것인가

이 모든 이야기를 듣다 보면 상당히 기운이 빠지긴 한다. 나도 잘 안다. 하지만 이 문화가 여성 대상 폭력을 근절하기 위해 마땅히 해야 할 일을 게을리 하고 있다 해도 우리 여자들까지 손 놓고 있을 수는 없다. 전국의 여성들(그리고 남성들)은 오늘도 열심히 발 벗고 뛰면서 '가정 폭력 방지 펀드(Family Violence Prevention Fund)', '강간, 폭력, 근친상간 전국 네트워크(Rape, Abuse & Incest National Network)', '인사이트! 비백인 인종 여성 폭력 방지

(INCITE! Women of Color Against Violence)', 그리고 '리걸 모멘텀 (Legal Momentum)' 등 다양한 단체를 조직해 활동하고 있다. 전국에 수없이 많은 성폭행 긴급 대피 센터와 가정 폭력 쉼터가 마련되어 있기도 하다.

여성 단체에서 일하는 성인 여성들만 세상을 바꾸기 위해 일하는 것은 아니다. 청소년들과 대학생들도 바쁜 학교 생활 중에 시간을 내어 굉장히 혁신적인 일들을 하고 있다.

뉴욕에 본부를 둔 한 웹사이트인 '홀라 백(Holla Back)'은 거리에서 성추행하는 사람의 사진을 찍어 온라인에 올리고 있다. 네티즌들은 '바바리맨'이나 성추행범들을 휴대폰 카메라로 찍어서 어떤 일이 있었는지에 대한 설명과 함께 올린다.("그들을 찍어 누를 수 없다면 사진으로 찍어라."가 '홀라 백'의 목표다. 완벽하다.)[11]

1장에서 소개한 '라이트라이드'는 주말에 외출했다가 귀가가 늦어지는 여성들을 무료로 집까지 태워다준다.

이것은 몇 가지 예일 뿐이다. 전국적으로 10대와 20대 여성들은 폭력과의 전쟁에서 직접 싸워서 이길 수 있는 새로운 방법들을 고안하고 있다. 당신도 할 수 있다. 당신도 해야 한다.

5장

나의 몸은 나의 것

지난 몇 년간 생식권 문제는 가장 논란이 큰 정치 이슈였다. 미국가족계획연맹의 예산을 삭감하려는 시도가 있었고, 낙태 클리닉 영업을 정지시키거나 축소하려는 움직임도 끝이 없었으며, 각 주에서는 생식권을 제한해 과거로 역행하려는 법안을 상정하려 했다. 많은 일이 있었고 살펴보면 대개 비슷비슷하다. 미국의 모든 주에서 여성을 1950년대로 보내려는 목적을 품고 발의되는 입법안을 수없이 보아 왔기에 우리에게는 매우 익숙하다. 사우스다코타주에서는 낙태 시술 제공자를 죽이는 것도 합법이라는 법안이 발의되었다. 거짓말이 아니다. 정말이다. 이 법안에서는 태아를 보호하기 위해 살인을 하는 것 또한 정당방위로 인정해야 한다고 했고 그렇게 되면 이 주에서는 누구나 낙태 시술 제공자를 살해할 수 있게 된다.(물론 감사하게도 이 법안은 통과되지는 않았다.) 애리조나주와 캔자스시티의 공화당 의원들은 여성들의 낙태를 막을 수만 있다면 의사가 태아 검사 결과에 관해 거짓말을 해도 되는 법안을 통과시키려 했다. 의사들은 생명에 치명적일지도 모르는 정보를 환자에게 숨길 수 있다. 고위험 임신이어도, 태아 염색체에 이상이 있어도 환자에게 사실을 말하지 않을 수 있고 법적으로 빠져나갈 수 있다. 애리조나주에서는 피임약을 복용하는 여직원을 해고할 수 있고, 피임약을 사용하는 의료상의 이유를 의무적으로 증명하는 법안을 통과시키려 했다. 연방법에는 '생명 보호법'이라고 하는 HR358법이 있는데 이는 병원이나 의사나 간호사가 낙태를 해야만 생명을 구할 수 있는 임신한 환자를 거부할 수 있게 하는 것이다. 산모의 생명을 구하려면 낙태를 해야 하는 상황에서 병원은 낙태 시술을 거부할 수 있을 뿐만 아니라 낙태를 해줄 다른 병원으로 이송하는 것도 거부할 수 있다.

이런 악랄한 행태들은 몇 년 동안이나 예사로 이루어졌다. 그래도 그동안 뚜렷한 변화가 있었으니 바로 온라인 운동이 활발해지고 있다는 점이다. 여성 유방암 지원 단체인 수전 G. 코멘 재단이 가족계획연맹에 자금 지원을 중지하려 했을 때 화난 네티즌들은 이 재단 홈페이지를 마비시켜 그 결정을 무효로 만들었다. 버지니아주에서 낙태를 원하는 여성은 의무적으로 질 초음파를 실시해야 한다는, 페미니스트들이 트위터에서 '국가적 강간'이라고 비난한 법안이 발의되었다가 네티즌의 거센 항의를 받아 수정되어야 했다. 생식권을 향한 공격은 점점 더 거세지지만 우리가 그에 대응하는 방식에는 변화가 있다. 그리고 미국의 시민들도 대체로 우리와 같은 뜻이다. 선거 바로 전에 실시한 갤럽 조사에서 스윙 스테이트(정치적 성향이 뚜렷하지 않은 경합 주) 여성 유권자의 40퍼센트는 낙태가 선거에서 가장 중요한 여성 이슈라고 답했다. 또 다른 설문 조사에서는 과반수인 54퍼센트가 임신 중절 합법화를 찬성한다는 결과가 나왔다. 그래서 나는 여성 생식권을 겨냥한 공격이 끊이지 않고 있지만 페미니스트들 또한 앞으로 계속 싸우리라는 점에서 낙관적이다. 우리는 뛰어들 것이고 이길 것이다.

여성의 생식권을 향한 공격은 어제오늘 일어난 일이 아니다. 지금 이 문장을 다 썼을 즈음에 또 다른 주가 낙태를 불법화하려고 꼼수를 쓰고 있을지도 모른다. 그리고 페미니즘과 가장 밀접하게 관련된 사회 이슈가 있다면 그것은 두말할 것 없이 낙태다. 왜냐하면 페미니스트들은 아기를 잡아먹기 때문이다.(죄송하다. 참을 수가 없었다.)

페미니스트가 아기를 잡아먹는다는 이야기는 잠시 미뤄 두었다 다음에 하기로 하자. 생식권은 그저 임신 중절과 피임에 관한 것만은 절대 아니다. 생식권은 우리가 원할 때 섹스를 하는 권리다. 비싸지 않고 쉽게 살 수 있는 피임약에 관한 것이다. 아직 운전을 하거나 투표를 하지 못한다 해도 내 몸은 내가 관리할 권리이다. 부모가 되고 싶을 때 아이를 가질 권리이다. 하지만 안타깝게도, 이렇게 누가 봐도 당연하고 이치에 맞는 일들이 마땅히 그래야 하는 것보다 훨씬 더 복잡하다. 어린 여성에게는 더욱 더 그렇다.

생식권이 소녀들과 어린 여성들에게 얼마나 중요한 문제인지에 관한 말은 거의 안 나온다. 아니, 우리가 바로 가임기 여성이란 말이다. 아닌가? 젊은 여성들은 임신할 가능성이 높지만 피임 선택이나 임신 여부에 제한을 받을 가능성 또한 가장 높다. 그래서 우리가 이 골치 아픈 문제를 장악해야 한다. 생식권은 미국의 주류 여성 단체들이 매우 오랜 시간 동안 집중해 온 분야이다. 하지만 이 전쟁의 중심에는 젊은 여성들이 있어야 하고, 이제 우리가 나서서 가장 가운데 자리를 차지해야 한다.

여성의 생식권 문제에서 자주 언급되지 않는 또 하나의 이야기가 있다. 낙태 반대, 피임 반대라는 헛소리 뒤에 감춰져 있는 진짜 이유 말이다. 핵심으로 들어가면 결국 이것은 섹스를 증오하는 것에 관한 이야기이다. 적어도 섹스를 하는 여자들을 증오하는 것과 관련이 깊다. 생명의 소중함이니 윤리이니 온갖 그럴싸한 말들이 나오지만 다 헛소리다. 당신의 선택을 제한하고 싶어 하는 사람들에게 이것은 결국 몸을 함부로 굴린 여자를 벌주는 이야기일 뿐이다. 그 사람들은 소녀와 젊은 여자들이 섹스를 한다는 것에 완전히 병적일 정도로 두려움에 떨고 있다. 따라서 그들은 우리가 안전한 섹스를 할 도구를 얻는 것보다 차라리 임신을 하고 있거나 성병에 걸려 있기를 더 바란다. 그들은 피임이 쉬워지면 10대들이 이상한 섹스 종교를 만들어 활동한다는 괴상한 이야기를 지어내서 퍼뜨리고 있기까지 하다.(농담이 아니다.)

우리가 무엇이든 변화시키고 싶다면 이 사실을 잊어서는 안 된다. 게다가 우리는 엄숙한 척하는 그들을 얼마든지 놀려 먹을 수도 있다.

피임에 대한 오해

섹스 반대자들의 진짜 동기를 정확히 드러내는 예로 피임에 대한 그들의 입장만 한 것이 없다. 그들은 낙태가 얼마나 나쁜 죄악인지 이러쿵저러쿵 떠드는 것을 참으로 즐기는데 이상하게도 피임에 관해서는 굉장히 말을 아낀다. 그들은 자기들이 정말로 어떤 생각을 하는지 사람들에게 들키고 싶지 않아 한다. 그들은 사실 피임이 나쁜 것이라 생각한다. 당신이 피임하지 않기를 바란다. 항상 그랬다. 이제 대체 왜 낙태를 그리도 증오하는 사람들이 임신을 하지 않게 막아주는 그 단 한 가지 일을 못하게 하려는지 알겠는가?

좋은 것만 취하고 대가는 치르려 하지 않는다

왜냐하면 피임은 몸 굴리는 여자를 위한 것이니까. 미주리주 의원이었던 신시아 데이비스(성교육에 피임 교육을 포함해야 한다는 의무 사항을 없애려 했다)에 따르면 피임은 "모든 좋은 것만 취하고 대가를 치르지 않으려는 방법"이라고 말했다. 여기서의 "대가"는 물론 임신을 말한다. 몸으로 쾌락을 얻었으니 이제 임신이라는 벌을 받으라는 소리다.

무슨 말을 하고 싶은 것일까? 피임을 하려는 여자는 오직 자기 몸을 함부로 굴리는 여자뿐이라는 것이다. 그런 여자들만이 혼전 섹스를 하는 것일 테니. 결혼한 후에 섹스를 해라. 그리고 그 다음부터는 아기를 팡팡 낳아야 한다. 그러니 그때도 피임은 필요 없지 않겠나?

기본적으로 '섹스는 나쁘고 부끄러운 것'이라는 헛소리와 같은 종류의 말이다. 쾌락과 재미를 위한 섹스는 해선 안 된다. 그러니 섹스를 쉽게 하도록 만들지 말자.

핵심은 무엇일까? 그들은 우리의 건강 따위에는 관심이 없다. 임신 중절 수술이 늘어 가는 것 또한 아무 관심이 없다.(사실 피임에 대한 접근을 차단하면 피할 수 없는 일이다.) 그들 머릿속에 들어 있는 생각은 딱 하나, 여자들이 섹스를 하지 못하게 하는 것이다. 우리는 섹스를 하면 '벌을 받는다'. 더는 말할 것도 없다. 하지만 그들은 이런 속내를 인정하지 않을 것이다.

부시 전 대통령은 피임에 관한 찬반 입장을 끝까지 밝히지 않았다. 2005년 전 백악관 언론 대변인인 스콧 매클렐런은 피임에 관한 부시의 입장을 전달하기를 거부했다. 그때부터 의회 의원들은 네 차례 성명서를 보내 대통령이 피임을 찬성하는지 반대하는지 확실히 밝혀 달라고 요구했다. 대답은 없었다. 부시와 다른 섹스 반대주의자들은 피임에 대한 솔직한 생각들을 발설하면 너무 많은 사람들이 그들의 어젠다를 간파하리라는 사실을 알고 있다.

그들은 미국인 대다수가 피임에 찬성한다는 사실 또한 잘 알고 있다. 피임을 한다는 것은 진보적인 개념이 아니라 지극히 평범한 일이다. 사실 99퍼센트의 여성들이 일생의 어떤 시점에는 피임을 하게 된다.

바로 이 지점을 낙태 반대자들이 못마땅해한다. 대다수가 피임은 괜찮고 좋고 당연한 것이라 생각하고 있는 반면 입법자, 영향력 있는 단체들, 때로는 대통령까지도 일상생활에서 피임을 우리에게서 멀리 떨어뜨려놓을 참신한 방법들을 열심히 고안하고 있다.

이건 어떤가? 이 책이 처음 출간되던 시기에 위스콘신주의 입법자인 대니얼 르메이유 의원은 주립 대학에서 피임약이나 도구를 유통하지 못하게 하는 법을 거의 통과시킬 뻔했다. 다시 말하지만 이모든 것은 섹스에 관한 것이고, 이 경우에는 봄방학 공포 때문이었다.(무시무시한 배경 음악을 깔아주시길.) 르메이유는 어느 날 위스콘신대학 교내 신문에서 봄방학 여행을 가기 전에 사후 피임약을 챙기라고 조언하는 광고를 본 다음부터 심사가 뒤틀리기 시작해 안절부절못했다. 그런데 생각해보면 이건 너무나 현명한 조언이 아닌가? 모두가 봄방학에 더 많은 섹스가 이루어진다는 것쯤은 알고있고, 콘돔이 찢어질 경우를 대비해 사후 피임약을 마련해놓는다니얼마나 준비성이 철저한가. 하지만 르메이유의 눈에는 그렇게 보이지 않았나 보다. "나는 우리의 공공 기관이 여대생들에게 문란한성관계를 돕는 도구를 나누어주고 있다는 사실에, 캠퍼스 안이건수천 킬로미터 떨어진 봄방학 여행지에서 벌어지는 일이건 분노를거둘 수가 없다."[1]

속상하지만 피임약을 살 수 없는 곳이 대학 캠퍼스만은 아니다. 모든 연령의 여성들이 피임약을 살 수 있어야 하는 유일한 장소에서 구매를 거부당한다. 바로 약국이다. 이런 장면을 상상해보자. 한 달에 한 번 동네 약국에 피임약을 사러 간다. 처방전을 약사에게 내밀자 그는 다짜고짜 당신에게 결혼은 했는지, 아니면 생리 주기를 조절하려고 피임약을 원하는 것인지 묻는다. (그의 얼굴에 주먹을 세게 날린 다음 "무슨 상관이세요."라고 말하고 싶지만 꾹 참고) 다른 여성들이 이용하는 그 이유 때문에 피임약을 사고 싶다고 순순히 대답한다. 임신을 피하고 싶어서라고. 결혼은 하지 않았다고 말할 것이다. 약사는 미안하지만 당신에게 약을 줄 수 없다고 말한다. 자신은 혼전 섹스를 찬성하지 않기 때문이라고 한다. 여기서 그가 어떻게 생각하는지는 중요하지 않다고 예의 바르게 일러주어도 그는 여전히 팔기 싫다고 고집을 부린다. 오가는 말이 점점 험악해지고 당신은 경찰을 동반하고 다시 그 약국으로 가 강제로 피임약을 달라고 해야 하는 전혀 웃기지 않은 상황이 연출된다.

무슨 말 같지도 않은 이야기냐고 할 수도 있다.(그리고 이렇게 짜증 나는 일이 실제로 일어나느냐고 묻고 싶을 것이다.) 하지만 이건 소설이 아니라 2004년 위스콘신주에 사는 여대생 어맨다 피에드에게 실제로 일어난 일이다.[2]

전국의 수많은 약사들은 그동안 여성들에게 아주 뻔뻔할 정도로 당당하게 피임약을 팔지 않았다. 직업상 의무인데도 '팔건 안 팔건 내 마음'이라는 태도로 나온다. 이렇게라도 '양심 조항 법' 도입 때문에 빠져나갈 수 있다. 13개 주에서 약사, 간호사, 의료 전문가들이 자신들의 도덕, 윤리, 종교적 신념에 반한다면 의약품 제공 요구를 거부할 수 있는 법이 현재 시행 중이다. 기본적으로 이런 이야기이다. 어떤 약사가 혼전 섹스가 잘못되었다고 생각한다면 손님에게 피임약을 주지 않아도 된다. 피임이 그들의 종교 교리에 맞지 않기 때문에 손님에게 꼭 필요한 약을 주지 않겠다고 할 수도 있다. 다른 사람들은 어떨지 모르지만 나 같은 경우 약국에 가면 그냥 내가 원하는 약을 사고 싶지 어떤 이의 윤리와 도덕에 관한 일장 연설을 듣고 싶지는 않다.

어쨌건 이 점도 한번 생각해보자. 약사가 남자들에게 콘돔을 팔지 않겠다고 선언하거나 그들의 결혼 여부를 꼬치꼬치 캐물은 적이 있는가? 섹스 반대자들은 항상 여성에게만 집중한다.(왜냐하면 우리가 그 성스럽고 고결한 처녀막의 수호자들이니까.)

물론 농담도 섞어 말하고 있지만 이 문제는 정말 심각하다. 처음에는 피임약을 거부하겠지만 그 다음 단계에는 어떤 일이 일어날까. 간호사들이 자기의 종교적 신념에 부합하지 않는다는 이유로 게이 환자 치료를 거부하는 일이 일어나고 있다. 정말 무시무시하고 반인권적이지 않은가.

몇몇 주에서 약사와 의료 업계 종사자들의 피임약 판매를 의무화하는 법을 만들고 있기도 하지만(여러분도 알다시피 이것이 그들의 직업이니까 말이다) 섹스 반대자들의 괴상한 머리에서 나오는 참신한 아이디어를 막을 방도가 없어 큰일이다.

댄 그랜싱어는 애리조나주 스코츠데일의 K-마트에서 일하는 약사다. 그는 〈애리조나 리퍼블릭〉이라는 공화당 잡지 편집장에게 편지를 썼다. 자기처럼 다른 약사들도 여자 손님들에게 사후 피임약을 팔기 싫으면 그냥 없다고 거짓말을 하라는 것이다.

사후 피임약을 원하는 손님들에게 지금 약국에 그 약이 떨어졌고 주문을 해야 한다고 말하면 된다. 약이 들어오는 데 일주일이 걸린다고 한다. 손님은 어쩔 수 없이 다른 약국에 가게 될 터인데 사후 피임약은 관계한 지 72시간 전에 복용해야만 효과가 있다. 문제는 간단히

해결된다.[3]

그렇다. 실제로 그는 신문에 이런 독자 편지를 썼다. 어쩌면 저렇게 태연하게 거짓말을 고백하는지 그 태도가 존경스러울 지경이다. 약사가 환자에게 거짓말하는 것이 아무것도 아니라는 저 위풍당당한 태도. 위법이라 해도 신경 쓰지 않겠다는 저 당당함과 태평함.

우리 여자들에게는 피임약을 살 수 있는 당연한 법적 권리가 있고 그 권리를 누구도 함부로 빼앗을 수 없다! 약사들이 직업상의 의무를 실행하도록 명시하는 주 법들이 새로 도입되고 있지만 우리 주변에 그랜싱어 같은 머저리들이 어디 숨어 있을지 모른다. 법만으로는 충분하지 않다. 당신이 사는 동네 약국의 피임약 정책을 알아보고, 여성들이 피임약을 살 권리를 부정당하고 있지는 않은지 확인해보자.

사후 피임 논란

사후 피임약에 대해 너무나 많은 혼란이 야기되고 있다.(이 혼란은 사실 일부러 퍼뜨린 것이란 사실을 명심하길 바란다.) 이 약은 낙태약일까? 피임약일까? 이 논쟁을 끝내기 위해 마지막으로 한 번만 더 확실히 짚고 넘어가겠다. 사후 피임은 '절대로' 낙태가 아니다.

이제까지 몰랐다고 해서 스스로 무식하다는 생각은 단 1초도 하지 않길 바란다. 피임약을 어떻게든 쉽게 주지 않으려고 잔머리를 굴리는 사람들이 일부러 헷갈리게 했을 뿐이다. 그들이 너무나 영악하고 주도면밀하게 임무를 수행하고 있어서 걸려든 것뿐이다. 많은 이들이 피임은 인정하지만 낙태는 반대한다. 그렇다면 명백한 피임약을 약간이라도 낙태의 일종처럼 보이게 만들 수만 있다면 모든 피임약을 금지하려는 목표에 한 발이라도 더 가까워지지 않을까. 먹히건 안 먹히건 일단 시도는 해보자는 것이다.

사후 피임약은 기본적으로 일반 피임약보다 호르몬 함량이 높은 고용량 피임약이다. 이것은 임신을 막아준다. 이미 되어버린 임신을 끝내는 약이 절대로 아니다. 사후 피임약은 난자가 난소를 나오지 못하게 해 정자와 난자가 만나지 못하게 하거나, 수정란의 자궁 착상을 방해한다. 시중에 난무하는 온갖 헛소리들과는 달리 사후 피임약은 임신을 종결하지 않는다. 애초에 임신이 일어나지 못하게 하는 약이다. 의료적인 임신 중절 수술과는—이는 이 장의 마지막에서 더 자세히 이야기할 것이다.—완전히 다른 차원이다. 이 약 덕분에 그 수술을 하지 않아도 되는 것이 얼마나 다행인가.

사후 피임약을 낙태와 헷갈리게 하려는 동시에 이 약과 관련해 또 다른 얼토당토않은 거짓말을 퍼뜨리고 있다. 이 약이 마치 피임약과 마찬가지로 여자를 창녀처럼 보이게 한다는 것이다. 특히 10대 소녀들이 이 약을 사용하면 큰일이라도 나는 것처럼 유도한다.(이 약만 안 팔면 여자들을 광란의 밤에서 멀리 떨어뜨려놓을 수 있을 것 같은가?) 바로 그 이유 때문에 우리는 사후 피임약을 처방전 없이 구할 수 없게 되었다. 미국식품의약국은 사후 피임약을 의사의 처방전 없이 약국에서 구입할 수 있는 일반약으로 전환하려는 정책을 차일피일 미루었는데, 그렇게 되면 젊은 여성들의 문란한 성생활이 예상되기 때문이라고 했다. 2006년에야 (얼굴을 잔뜩 구기고 구시렁거리면서) 처방전 없이 구입 가능한 일반 의약품으로 전환했으나 지금도 18세 이상 여성만 살 수 있다. 사실 이 약이 가장 필요한 것은 아마도 그보다 더 어린 소녀가 아닐까. 개인적인 경험으로 말하는데, 사후 피임약은 절대 이 남자 저 남자와 자고 싶고 자도 된다고 생각하게 하는 그런 약이 아니다. 열일곱 살 때 처음 복용해봤는데 그날과 그 다음 날 속이 뒤집어지고 온종일 메스꺼워서 혼났다.

2006년 한 조사 기관이 미국식품의약국이 시행하기로 한 사후 피임약의 일반약 전환이 왜 지연되는지 조사하다가 내부자가 남긴 메모 하나를 발견했다. 메모는 당시 정부가 젊은 여성과 섹스에 얼마나 비정상적으로 집착하고 통제하려 했는지를 보여주었다. 미국식품의약국의 의사가 적은 2004년 메모에 따르면 미국식품의약국의 의약품 평가 센터장을 맡았던 재닛 우드콕 박사가 사후 피임약에 대해 다음과 같은 우려를 나타냈다고 한다. "우리 미국식품의약국은 극단적으로 문란한 성생활을 예측하거나 막을 수가 없다. 이약이 10대 청소년들이 사후 피임약 사용을 전제한 10대 섹스교를 형성하게 만드는 '도시 괴담'에 악용되어서는 안 된다."[4]

10대 섹스교? 형편없는 TV용 영화 제목 같지 않나? 아, 이런 식이겠지. 〈더 모닝 애프터〉라는 영화에서 메러디스 백스터 버니(〈패밀리〉, 〈패밀리 타이즈〉 같은 TV 드라마에서 엄마 역할로 나온 배우)가 말한다. "그 여자는 자기 딸이 지금 '친구들과 놀고 있을 거라' 생각하고 있어. 에이미가 10대 섹스교라는 지저분한 세상에 끌려가는 또 한 명의 10대라는 사실은 꿈도 못 꾸겠지."

황당하고 어이없는 이유이지만 실제로 이것이 바로 여자들이 안전하고 합법적인 피임에 접근하기 어려운 이유다.

2005년 미 소아과 학회에서조차 (성인과 10대 모두를 위해) 사후 피임약 일반 의약품 전환을 지지하는 정책 성명서를 발표하면서 사후 피임약이 문란함을 조장한다는 신화는 근거가 없다는 연구 결과를 밝혔지만 미국식품의약국은 계속해서 명명백백한 사실들을 무시했다.

미국식품의약국은 사후 피임약 일반 의약품 전환이 몇 년간 교착 상태에 있는 이유는 10대 소녀들이 이 약을 적절히 사용하지 못했을 때 나타나는 건강상의 문제를 우려하기 때문이라고 발표했다. 만약 10대 여학생의 건강이 정말 걱정이라면 왜 새로 나온 다이어트 약인 지방 흡수 차단제 오를리스타트(Orlistat)는 일반 의약품으로 허가했단 말인가? 전문가들이 입을 모아 오를리스타트의 부작용이 '요실금, 설사'라고 말하는데도 말이다. 정답. 그들은 피임약보다 바지에 똥을 싸게 할 다이어트 약을 허가한다. 정치인들은 과학과 안전마저도 조작하고 날조하고 있다. 오늘날까지도 미국식품의약국은 섹스 반대 정책 때문에 사후 피임약을 허가하지 않았다는 사실을 인정하지 않는다.

하지만 사후 피임약을 둘러싼 미친 짓거리 중에서도 가장 견디기 고통스러운 것은 아마도 이 약이 가장 필요한 사람—강간 피해자—들에게 조직적으로 거부되는 사례일 것이다. 성폭행을 당한 여성들은 다른 누구보다도 사후 피임약을 쉽게 처방받을 수 있어야 한다. 이 여성들은 이미 지극히 취약한 상태에 놓여 있다. 다시 말하지만, 섹스 반대자들은 이런 이들의 호소에는 연민을 느끼지 않는다.(강간당했다고? 휴. 거짓말 아냐?)

2005년 미국 사법부는 처음으로 성폭행 피해자 치료법에 관한 연방 정부 지침을 제정했다. 하지만 이 지침 어디에도 강간 후에 가장 보편적인 예방 조치가 되어야 할 사후 피임약과 관련한 언급은 찾아볼 수 없었다. 연방 정부의 문서는 주와 지역 단체들이 성폭행 피해자 치료법 지침을 만들 때 기초로 삼는다. 그런데 이 문서에 사후 피임약은 고의적으로 제외되어 있고 현재까지도 빠져 있다. 97명의 의회 의원들이 사법부에 이 사항을 넣으라고 권고해도 쇠귀에 경 읽기다.

진실은 이렇다. 이 지침에 사후 피임약에 대한 내용이 들어가 있다고 해도 성폭행 피해자가 그 이야기를 전해 듣는다는 보장은 없다. 병원들이 성폭행 피해자에게 사후 피임약에 관해 말해야 할 의무를 빠뜨린다는 신고가 너무 자주 들어오고 있다. 가톨릭 병원들은 사후 피임약 구비가 법적 의무 사항인데도 병원 내에 이 약을 비치하는 것을 거부하고 있다. 그들이 내놓는 변명이란 이렇다. 여성들이 정말 사후 피임약을 원한다면 다른 병원에 가면 된다는 것이다. 성폭행을 당하고 다른 병원에 가는 것이 참 쉽다는 듯 말한다.

응급실에 가본 적이 없는 분들에게 말씀드리자면 이 망할 응급실은 기다리다 끝장난다. 피해자들은 병원에서 한참을 기다려야 한다. 상상해보시라. 당신이 성폭행을 당했고 용기를 끌어모아 병원까지 왔다. 몇 시간 동안 기다리고 기다리다 입원을 했다. 마침내 진찰하러 온 의사가 당신에게 강간범에 의해 임신이 되는 것을 막고 싶다면 (그나마 이야기를 해주면 다행이지만) 다른 병원에 가서 같은 과정을 반복하라고 말한다. 이것은 잔인하다는 말로는 부족하다. 인간에게 할 짓이 아니다.

이제까지 내가 여러분을 충분히 울적하게 한 것 같은데 이제 어떻게 해야 할까? 다시 말하지만 여러분이 사는 지역 병원의 정책들을 미리 살펴보도록 하자. 그리고 여러분의 친구, 같은 반 친구, 부모님에게 사후 피임약의 진실을 알려주자. 그것은 낙태가 아니다. 약국에서 살 권리가 있다. 또 한 가지. 이 약을 먹는 즉시 남자에 미친 섹스 중독자가 되는 것은 절대 아니다.

낙태를 둘러싼 법률 전쟁

확실히 낙태 문제는 생식권 문제에서 가장 논란이 되고 있고, 생식권뿐만 아니라 여성 인권 논의에서도 가장 중대한 문제이다. 낙태를 해주었던 의사와 낙태 찬성을 지지하는 자원봉사자들이 살해를 당한 사건도 있었다. 수많은 여성이 불법 낙태 시술을 받다가 목숨을 잃었다. 우리는 지금 옳은 방향으로 가려 하고 있다. 이 문제는 목숨이 달린 문제이지 가벼운 농담거리가 아니다.

낙태를 다룰 때 언제나 등장하는 생명과 윤리 논쟁까지 들어가지는 않을 것이다. 솔직히 전부 시간 낭비다. 사람들은 자신들이 믿고 싶은 것을 믿을 것이고, 그거야 그렇다고 치자. 내가 할 수 있는 말은 나는 낙태에는 잘못된 점이 없다고 생각한다는 것이다. 나의 신체를 통제할 수 있는 권리는 인간의 필수 불가결한 권리 중 하나이고 그 양도할 수 없는 신성한 권리를 빼앗으려는 사람들이 진짜로 걱정하고 있는 것은 '생명의 소중함'이 아니라 타인에 대한 지배권일 뿐이다.

낙태는 이제 새로운 주홍 글씨가 되어 가고 있다. 분명히 정당하고 합법적인 의료 절차인데도 여성들이 반드시 숨겨야 하는 부끄러운 비밀이 되어버렸다. 낙태를 하면 당신은 이기적인 괴물이고, 몸을 함부로 굴린 여자이고, 생명을 죽인 살인자라는 뜻이 된다. 진실을 알고 싶은가? 미국 여성 3분의 1은 평생에 한 번 이상 낙태를 한다. 그런데 이 여성들이 모두 도덕적으로 결함이 있을까? 이들이 모두 이기적인 창녀인가? 나는 그렇게 생각하지 않는다.

여성들은 편의 때문에, 혹은 이기심 때문에 낙태를 하는 것이 아니다. 그러나 낙태 반대 운동 측에서는 그런 식으로 유도하고 그런 믿음을 뿌린다. 낙태가 '문란하고 도덕 관념 없는' 여자가 잘못을 저지르고도 쉽게 빠져나갈 수 있는 방법이라고 생각하게 만들고 싶어 한다.

진실은 무엇일까? 거트마셔 연구소(Guttmacher Institute)에 따르면 여성들이 낙태를 선택하는 데는 여러 이유가 있지만 가장 높은 비율을 차지하는 이유는 이미 있는 아이들의 행복을 우선해서라고 한다. 즉, 자신의 아이들을 걱정해서 그런 결정을 내렸다는 것이다. 로런스 B. 파이너 연구원은 이렇게 말한다.

여성이 임신을 끝내고자 하는 결정을 가볍게 내린다는 것은 오해인데, 이 오해가 너무나 광범위하게 퍼지고 있다. …… 여성이 이 어려운 결정을 내리는 가장 큰 이유는 지금 현재 지고 있는 의무가 무겁고, 한 생명을 책임지기에는 자원이 부족하다는 판단을 내렸기 때문이다. 결정하기까지 보통 한 가지 이상의 이유가 작용하며, 이 이유들은 서로 긴밀히 연결되어 있다.[5]

낙태는 도덕적인 선택이다.(물론 원하지 않는 임신을 미리 막는 것이 낙태권 찬성론자들의 우선순위이다. 우리는 피임할 수 있는 권리와 상식적인 성교육을 위해 싸우는 사람들이지 낙태 반대자들과 싸우는 사람들이 아니다.)

하지만 여성의 낙태 선택 뒤에 어떤 사적인 이유가 놓여 있건 간에 이것은 타인이 떠들어댈 문제가 아니다. 제발 이 말을 입법자들에게 해보자! 그 입법자 양반들은 자신들이 여성에게 무엇이 가장 좋은지 알고 있다고 확신한다. 이것만 기억하자. 저 높은 곳에서 낙태 찬반에 관해 떠들고 있는 양반들은 거의 다 백인 할아버지들이라는 것을. 평생 임신 같은 것은 못 하고 안 할 분들이라는 것을.(물론 아널드 슈워제네거가 나왔던 〈주니어〉라는 영화에서 백인 아저씨가 임신을 하긴 하지만. 내가 평생 본 영화 중에 가장 해괴했다.)

우리는 '로 앤 웨이드 판결(1973년에 낙태를 합법화한 판결)'을 얻기까지 아주 힘들고 먼 길을 걸어왔지만 다시 그 판결이 뒤집어지는 일이 있었다는 것도 기억하자. 지금 현재 더 많은 제한이 생기고 있고 이제 낙태는 미국 어디에서도 거의 불가능에 가까운 시술이 되어버렸다. 미국의 주 87퍼센트에 낙태 클리닉이 없고, 있다고 해도 온갖 어이없는 방해 작전 때문에 하루하루 버티기 어려운 실정이다.

예컨대 가장 흔한 낙태 제한 정책 중에 숙려 기간이라는 것이 있다. 기본적으로 낙태를 원하는 여성에게 2~3일 정도 시간을 주는데 이 기간 동안 충분히 '숙고'해보라는 의미다. 물론 그리 해롭게 들리지는 않지만 생각해보자. 낙태를 하겠다고 그곳까지 제 발로 갔다면 이미 수많은 시간을 홀로 고민하고 숙고해보지 않았을까? 이 외롭고 불쌍한 여성, 어쩌면 지방의 작은 마을에 살고 있을 여성에게는 너무나 큰 짐을 안겨주는 막무가내 식의 자의적인 정책일 뿐이다. 대부분의 사람들은 직장에 하루 이상 병가를 내기 힘들고 낙태 클리닉에서 멀리 살기에 수백 킬로미터를 달려온 사람에게 2~3일 동안 생각해보라는 것은 단순히 짜증 나는 일이 아니라 청천벽력이다. 어쩌면 그렇기 때문에 이런 제한을 두었는지도 모른다. 여성들이 너무 스트레스를 받는 데다가 시간상 다시 오기 불가능해 낙태를 포기하길 바라는 것이다.

11개 주에서는 낙태 전면 금지를 위해 애쓰고 있다. 사우스다코타주에서는 딱 한 번 성공한 적이 있었다. 다행히 적극적인 낙태 찬성 운동 덕분에 이 법은 2006년 투표에서 표를 얻지 못하면서 사라졌다. 하지만 간발의 차였다. 사람들이 이 법의 어떤 점을 참지 못해서 반대표를 던졌을까? 사우스다코타주의 입법자들은 강간 피해자들이나 근친상간 피해자들까지도 낙태를 하지 못하게 하려 했다. 이 말을 들으면 자동적으로 이런 질문을 하게 된다. 그렇다면 대체 어떤 경우에 낙태가 가능한 걸까? 사우스다코타주의 전 상원 의원인 빌 나폴리가 무슨 생각을 하는지 들어보자.(그의 지나친 열정에 거부감이 들 수 있으니 조심하길 바란다.)

나에게 실제 예를 들어보라고 한다면 나는 아마도 강간 피해자, 그것도 아주 야만스럽고 난폭하게 강간을 당한 피해자들만 낙태를 할 수 있다고 말할 것이다. 그 소녀는 처녀였을 것이다. 신앙심도 깊다. 결혼 전까지 처녀성을 지키려 했다. 그런데 난폭하고 잔인하게 강간을 당했고 항문 섹스도 당했고 당신이 상상할 수 있는 가장 끔찍한 방식으로 성적으로 유린당했다. 그리고 임신이 되고 말았다.[6]

여성분들 들으셨는가? 여러분이 사우스다코타주에서 낙태를 하고 싶다면 정말 잔인하고 끔찍하고 심하게 강간을 당해야 한다는 것을 명심해라. 그리고 처녀막이 없으면 국물도 없다. 메스껍고 구역질이 나오는 이 인용문은 낙태 금지를 위해 싸우고 있는 사람들 뒤에 숨어 있는 반 섹스 정서를 그대로 요약한 것이라 할 수 있다.

정말 뒷목을 잡게 되는 부분은 이 사람들이 이런 얼토당토않은 게임을 하면서 부끄러움조차 모른다는 것이다. 나폴리 같은 섹스 반대자, 낙태 반대 운동가들이 낙태를 이야기할 때는 언어를 굉장히 조심스럽게 선택하고 자기들이야말로 '도덕적인' 사람들처럼 보이게끔 말한다. 시종일관 '생명', '종교', '가족' 같은 단어를 들먹이지만 그들이 남몰래 생각하고 있는 것은 처녀가 항문 강간을 당하는 것이다. 참 훌륭하다.

예를 들어 앨라배마주의 입법자들은 사우스다코타주와 비슷한 낙태 금지법을 도입했다. 강간이나 근친상간도 예외 없이 낙태는 무조건 전면 금지였다. 앨라배마주 전 상원 의원 행크 어윈은 말했다. "사우스다코타주가 이 일을 해냈다면 앨라배마주도 이 일을 해야만 한다고 생각합니다. 우리는 가족 친화적인 주니까요."7 그래, 그렇다. 잔인한 강간과 근친상간 피해자보다 '가족 친화적인' 것은 없다. 가족이니 친화니 하는 달콤한 용어들을 사용하면서 여자들에게 강제로 강간범의 아기들을 키우라고 하는 것인가? 정말 수준 높은 이야기이다.

더 극단적인 반대자들이나 낙태 클리닉 바깥에서 농성하는 낙태 반대자들도 결국 똑같은 짓거리를 하고 있다. 그들은 여자들에게 '길거리 상담'을 해준다고 말하지만 실제로 하는 짓은 클리닉에 들어가려는 여성들의 얼굴에 대고 '살인자'라고 소리 지르는 것뿐이다.

단순히 '친밀한' 용어의 도용 문제만이 아니다. 실제로 낙태 반대 운동에서는 뻔뻔한 거짓말들을 대놓고 하고 있다. 문제는 순수한 시민들이 그들의 말을 믿는다는 것이다.

낙태 반대자들의 거짓말

'부분 출산' 낙태라는 신화

다음 말을 반복해보라. "부분 출산 낙태라는 것은 이 세상에 없다." 부분 출산 낙태는 어떤 의학 저널이나 의학 서적에도 정식 용어로 나와 있지 않다. 이것은 모든 낙태를 전면 금지하려는 의도로 낙태 반대자들이 창조해낸 가공의 용어다. 낙태 반대자들은 그들이 통과시키려 하는 법이 무손상 확장 추출술이라 불리는 임신 후기의 낙태 시술만을 금지하는 것이라 주장할 것이다. 이것은 사실 거의 행하지 않는 수술인데, 보통 태아가 자궁 밖에서 살 수 없거나 산모의 생명이 위험에 처해 있을 때만 행해진다. 하지만 부분 출산 낙태 금지(산모의 건강이 위험할 경우에도 예외가 적용되지 않는다)는 이런 정식 의료 수술을 이야기하지 않는다. 그 법안에는 모든 낙태를 금지할 수 있다고 모호하게 쓰여 있을 뿐이다. 물론 이 점이 핵심이다. 낙태 반대자들에게도 쓸모 있는 도구가 있어야 하지 않겠나? 그들은 전략적으로 이 허구의 용어를 만들어냈고, 실제로 사람들이 믿게 만들었다.

낙태는 유방암의 요인이 된다

낙태는 유방암 발병률을 높이지 않는다. 국립암연구소, 미국암학회, 미국산부인과학회가 모두 같은 이야기를 하고 있으며 이는 낙태 반대자들과 섹스 반대자들이 지어낸 영리한 거짓말일 뿐이다. 현실적으로 아기를 낳는 것이 낙태를 하는 것보다 더 위험할 수 있다. 하지만 낙태 반대자들은 잘못된 정보를 퍼뜨리는 것을 멈추지 않으며 낙태를 원하는 여성들에게 낙태를 하면 유방암 발생률이 높아진다고 말해야만 하는 법안을 통과시키려 하고 있다. '공포 수법'도 정도가 있지 않나?

낙태 후 증후군

이것은 또 하나의 가짜 용어이며 과학계나 의학계에서 전혀 증명된 바 없다. 낙태를 한 여성이 시술 후에 정신적 외상을 입어 고통을 받는다는 의견인데 여기에 들어간 '증후군'이란 단어의 진실은 말장난일 뿐이라는 것이다. 이것은 낙태 반대 운동가들이 읽고 싶어 하는 원고일 뿐이다. 많은 사람들은 낙태 반대 운동가들이 증후군을 운운하니 여성과 여성의 건강을 굉장히 아끼는 것처럼 생각할 수 있다.(만약 그들이 정말 여성을 아낀다면 그런 개똥 같은 말을 지어내지 않았을 것이다.) 또다시 강조하지만 여성들이 낙태 후에 정신적으로 고통받지 않는다는 연구 결과가 있다. 당연히 사람마다 다르고 수술 후에 제각각 다른 감정을 경험할 테지만 내가 볼 때 낙태 자체보다 낙태에 붙여진 오명이(그리고 사람들이 당신 얼굴에 대고 살인자라고 소리 지르는 것이) 정신적 상처에 일조할 뿐이다. 사실 미국정신의학회도 "정부의 낙태 규제가 낙태 수술 그 자체보다 여성에게 지속적인 고통과 정신적 피해를 준다."라고 말한다.[8]

위기 임신 상담 센터

아마도 이것이 낙태 반대자들이 일삼는 거짓말 중에서도 최악일 것이다. 전국 방방곡곡에 세워진 '위기 임신 센터'는 낙태 시술을 해주는 의료 클리닉이 아니라 낙태 반대자들이 모여 낙태를 못 하게 하는 방법들을 고안하는 곳이라 할 수 있다. 이들은 이곳이 여성 건강 클리닉이라고 홍보하면서 여성들에게 낙태를 해주고 피임을 도와줄 것처럼 믿게 만든다. 당연히 아니다. 본질적으로 이 기관은 여성을 협박하고 임신 상태로 남아 있도록 수를 쓰기 위해 존재한다. 위기 임신 센터가 애용하는 두 가지 술수가 있다. 때로는 연락한 여성들에게 상담 약속이 밀려 있으니 다시 전화를 달라고 말한다. 그러면서 계속 미루고 미룬다. 낙태 수술 날짜를 잡았다가 취소하기도 한다. 그렇게 시간을 질질 끌면서 합법적인 낙태를 하지 못할 정도의 임신 개월 수가 되도록 만든다. 다른 낙태 반대 긴급 센터도 여성들을 괴롭힌다. 페미니스트 작가이자 블로거 어맨다 마콧이 한 소녀의 이야기를 전한다.

> 최근 가족계획연맹에서 보내 온 이메일에 따르면 17세 소녀가 위기 임신 센터를 바로 옆에 있던 가족계획연맹이라고 착각해 들어갔다고 한다. 이 단체는 소녀의 개인 정보를 받아 적고서는 다음 약속을 잡기 위해 다시 오라고 말했다. 그들이 '다른 사무실'에 있을 거라고 말하면서 차일피일 미루었다.(근처에 있던 진짜 가족계획연맹이다.)
> 소녀가 가짜 약속 날짜에 나타나자 경찰이 기다리고 있었다. 경찰은 미성년자에게 낙태를 강요했다는 잘못된 신고 전화를 받고 찾아온 것이다. 위기 임신 센터 직원은 여기에서 멈추지 않고 이 소녀 집까지 따라가고 아빠의 직장에 전화를 하는가 하면 학교 친구들에게 임신 사실을 퍼뜨리고 그들에게 이 소녀를 괴롭히도록 종용하기까지 했다.[9]

여담이지만 이런 단체들에 국민들이 낸 세금이 쓰이고 있다. 이러한 사실도 조금은 기억해 두길 바란다.

우리는 어린이들을 보호하고 있다!

낙태 반대자들이 하는 또 하나의 번지르르한 거짓말은 어린이들을 끔찍한 아동 성추행범과 낙태 시술자에게서 보호하려 한다는 것이다. 이 참신한 헛소리를 가장 열정적으로 주장한 사람은 전 캔자스주 법무장관 필 클라인인데, 그는 2006년까지 1인 시위대가 되어서 10대들이 섹스를 하지 못하게 하기 위해, 아니 그의 말대로라면 10대들을 보호하는 데 앞장섰다.

클라인은 공직에 있을 때(2006년 선거에서 패하여 물러났다) 낙태 시술을 받은 여성 90명의 기록을 받으려 했다. 의료 기록은 절대 공개해서는 안 되는 것 아니었나? 아마 클라인은 코웃음 칠 듯 하지만 넘어가자. 클라인은 낙태를 한 16세 이하 소녀를 색출하기 위해 신고된 강간(법적 미성년자와 성행위를 하는 것) 사건 파일을 찾으려고도 했다. 그러면서도 그 주에 사는 13세 소녀가 임신을 하고 22세 남성과 결혼했던 사건은 무시했다. 이는 섹스 반대자의 비상식적인 행태이고 아이를 보호한다는 명목으로 자행되는 심각한 사생활 침해일 뿐이다. 또 하나의 예가 있다. 클라인은 16세 이하 청소년 사이에서 어떤 종류이건 성적 행위가 있었던 것을 알게 된 의료 전문가가 그 사실을 신고(정말로 경찰에게 하는 신고 말이다)해야 한다는 법을 통과시키려고까지 했다. 두 사람 다 미성년자이고 동의를 했다고 해도 그렇다. 섹스를 하지 않았다고 해도 신고하라고 한다.(겨우 2루까지 진출한 청소년들이 경찰에 신고당한다니 상상만 해도 너무 웃기고 재밌다. 배꼽 잡겠다.)

하지만 이런 온갖 기가 막힌 짓거리들이 10대와 낙태권과 결부

되기만 하면 아무렇지도 않게 자행되고 있으니 기절초풍할 일이
아닐 수 없다.

왜 부모의 동의를 요구할까?

그래도 나에게 가장 화가 나는 것을 꼽으라고 하면 낙태를 하려
면 부모에게 알리고 허락을 받아야 하는 부모 동의법이다. 이런 법
은 10대 여성들은 자신의 신체에 관한 결정을 스스로 내릴 수 없다
고 가정하는 것일 뿐만 아니라 아이들이 임신했을 경우 부모에게
말을 하지 않을 것이라 멋대로 예측해버린다. 실은 그렇지 않다.

34개 주에는 다양한 형태의 부모 동의법이 있다. 어떤 주에서는
부모에게 반드시 허락을 받아야 하고, 어떤 주에서는 부모가 임신
중절을 허가한다는 내용을 쓴 자필 문서가 있어야 한다. 애리조나
주에서는 10대 청소년에게 공증을 받은 문서를 가져오라고 요구한
다! 이제 다음에 할 일은 무엇일까? 코 위에 스푼을 올려놓고 떨어
뜨리지 않으면서 불타는 후프를 통과하는 것일까?

이 법이 주장하는 논리는 부모가 자녀의 인생에 개입해야 한다
는 것이다. 알겠다. 그 정도는 이해하겠다. 하지만 실상은 대부분
의 10대들이 부모에게 임신을 했다는 사실을 털어놓는다. 그리고
말을 하지 않거나 못하는 청소년들은 그럴 만한 이유가 있다. 근친
상간이거나 학대하는 부모들일 것이다. 법은 이런 개개인의 사정을
고려하지 않는다.

한 10대 소녀가 아버지에게 성폭행을 당했고 임신을 했다. 이 소

녀가 낙태를 하려면 이 아버지란 작자에게 허락을 받아야 한다는 말인가? 물론 대부분의 주에 사법상 예외 조항이 있긴 하다. 소녀는 판사 앞에 서서 왜 부모에게 임신 이야기를 꺼내지 못했는지 설명해야 한다. 다 같이 죽어보자는 이야기나 마찬가지다. 만약 소녀가 집에서 성폭행을 당했다고 이야기하면 경찰들이 집에 들이닥쳐 누군가를 취조할 것이다. 이것은 지금 소녀에게 자기 생명을 걸고 인생이 끝날 각오를 하라는 뜻이다. 보통 사람에게도 판사 앞에서 진술한다는 것은 심장이 떨리는 일이다. 겁에 질리고 임신을 하고 학대당한 10대 소녀에게 할 짓이 아니다.

말만 들어도 공포스러운 일이지만 어떤 10대들은 이런 예외 조항마저 누리고 있지 못하다. 전 유타주 공화당 상원 의원인 크리스 버타스는 이 예외 조항 선택 사항까지 제거하는 법안을 옹호했다. 한 가지 재미있는 점은 그가 자신의 진짜 동기를 숨기려 하지도 않았다는 점이다. 버타스 전 상원 의원은 이렇게 말했다. "낙태는 여성들의 권리가 아닙니다. 그들이 섹스를 하겠다는 결정을 하기 전에는 권리를 갖고 있었죠. …… 이것은 그들이 선택한 행동의 결과입니다. 그 결과란 부모에게 이야기하는 것입니다."[10] 그 대단한 부모 중 하나가 소녀를 임신시켰다 하더라도 말이다. 나 또한 이런 논리를 격하게 아낀다.

결론을 말하자면, 이 법들은 우리 사회의 10대 소녀들을 보호하는 법이 아니다. 10대 소녀들의 운명을 자기 손 안에 넣으려는 법이다. 10대 소녀들은 너무나 순진해서 부모님이나 남편의 허가가 없으면 자기 몸에 관한 결정을 스스로 내리지 못한다는 말일까? 그렇다. 잠깐. 내가 여기에 덧붙인 단어를 들었을 것이다. 바로 남편이다. 부모 관여 법들은 10대가 결혼하지 않았을 때에만 강제력이있다. 결혼한 10대라면 낙태를 할 수 있다. 어찌된 일인지 남편이있는 열여섯 소녀는 자신이 아이를 원하는지 아닌지 결정할 능력이있다.

다시 말하지만, 이것은 그저 혼전 섹스를 한 여자 벌주기일 뿐이다. 결혼을 했다면 정숙한 여자라는 뜻이 아닌가. 혼전 섹스가 아니니 상을 주마, 네 몸은 네게 맡기겠다 이건가. 그런데 너는 비혼인데 임신을 했단 말이야? 흠. 그러면 네가 아닌 다른 누군가가 대신 결정을 내려줘야겠군. 잘됐다. 이 함부로 남자랑 자고 다닌 여자야.

이 끔찍한 동의법이 피임에까지 적용되려 하고 있다. 앞서 언급했듯이 〈걸스 곤 와일드〉에 대한 비이성적인 공포 때문에 모든 젊은 여자들이 피해를 보고 있다. 어떤 주에서는 10대들이 피임약을 사려면 부모에게 허가서를 받아야 하기도 한다.

우리 부모님은 내가 어릴 때 피임 문제는 알아서 하도록 내버려두는 편이었지만 자세히 알고 싶지는 않으셨으리라 생각한다. 나도 엄마가 다이어프램(여성용 피임 기구)을 어떻게 삽입했는지 자세히 알고 싶지 않다.

다른 주에서는 그저 앞뒤가 안 맞는 짓을 한다. 전 뉴욕 지사 조지 퍼타키는 사후 피임약의 약국 판매를 금지했는데 10대 소녀들에게 약을 판매하지 못하게 하기 위해서였다. 그런데 반전이 있다. 뉴욕에서는 10대 소녀들이 부모에게 알리거나 허가를 받지 않아도 낙태를 할 수가 있다. 즉, 임신을 예방하지는 못하게 하고 임신을 끝내는 것은 가능하게 한 것이다. 여러분이 무슨 말을 하고 싶은지 잘 안다.

아무리 이해하려 해도 부모 동의법에 깔린 전제 자체가 말이 되지 않는다. 10대 소녀들은 아직 너무 어려서 아이를 원하는지 아닌지 결정할 수 없는데, 아이를 낳아 키울 수 있을 정도로는 충분히 성숙한 건가?

물론, 이성애자이자 백인이 아니라면 이야기는 또 달라진다.

임신 금지당하는 사람들

아마도 섹스 반대자들이 여자들에게 아이를 갖게 만들기 위해서 한마음 한뜻으로 밀어붙이는 것을 보니 아이를 갖는 것은 모든 사람에게 상당히 쉬운 일일 것이라 생각하기 쉽다. 순결 클럽의 이 한정된 철칙에서는 모든 사람이 아이를 양육하기에 '적합하지는' 않다.

레즈비언은 됐거든

섹스 반대자, 동성애 반대자들이(그들은 항상 손을 잡고 함께 간다) 하는 가장 잔인한 일은 이성애자가 아니거나 비혼인 사람은 절대 부모가 되지 못하게 막는다는 점이다. 인디애나주와 버지니아주는 비혼 여성이 인공 수정이나 임신 촉진 치료 같은 '보조 생식 기술'을 사용하지 못하게 막는 법을 통과시키려 했다. 이 법안은 모든 비혼 여성들에게 영향을 주게 되지만 특별히 레즈비언들에게 적용하기 위해 만들어졌다고 할 수 있다. 입법자들이 생각하기에 가장 결혼하지 않을 것 같은 이들이 바로 레즈비언이고 임신을 하기 위해 가장 도움을 받아야 하는 이들도 레즈비언이니까.

사실 버지니아주에서 제안된 법안은 이 사실을 상당히 명확하게 명시하고 있다. 당신이 이성애 섹스(혼인 섹스)를 하지 않는다면 아이를 가질 수 없다.

의료규제의원회는 체내 수정이건 체외 수정이건 어떤 종류의 보조 생식 기술도, 완진히 혹은 부분적으로 성교를 통하지 않고 임신을 하려는 결혼하지 않은 여성에게는 허가하지 않는다. 이는 정자 제공자에 의한 인공 수정, 배우체 냉동, 난자 냉동, 배아 이식, 생식 세포 자궁관 내 이식, 난관 난자 이식 외 모든 시술을 포함한다.[11]

그러니까 하고 싶은 말은 이 말이다. 남자의 성기가 없으면 꿈도 꾸지 말라는 것이다.

어머니 될 자격?

섹스 반대자들은 젊은 여자들에게 어떻게든 피임약을 주지 않으려고 오만 가지 노력을 하고 있으면서도 특정 사람들에게는 피임을 강요하고 있다. 이건 또 무슨 경우일까? 하지만 우리가 지금 이야기하는 사람들은 바로 10대 섹스교를 운운한 사람들이라는 것을 명심하자.

여성들은 1960년대와 1970년대부터 생식권을 위해 싸워 왔고 모든 관심을 피임과 낙태권 보장 운동에 집중해 왔다. 하지만 아직도 아주 많은 사람들에게 주목받지 못하고, 대체로 무시되고 있는 운동은 특정 여성들에게 강제 불임을 시키려는 정책과의 싸움이다. 정부는 어떤 이들에게 이렇게 말한다. 아기를 낳지 말아라. 절대로.

당시 일부 여성들에게 상당히 자주 강압적인 불임 시술과 (피임 주사나 자궁 내 장치 같은) 강제적인 장기 피임이 강요되곤 했으나 가난한 여성이나 비백인 인종 여성에게 일어난 일이어서 전국적인 관심을 모으지 못했다.

생활 보호 대상자인 여성들이 불임 시술을 받지 않으면 복지 혜택을 받지 못하게끔 유도하기도 했다. 수백 가지 안타까운 사연들이 있었지만 그중 한 가족의 이야기가 세상에 드러났다. 1960년대에 16살, 14살, 12살 소녀였던 세 명의 아프리카계 미국인 자매들은 동의 없이 강제 불임 시술을 받아야 했다. 그것도 정부로부터. 렐프 가족이 저소득층 주택 단지에 입주하려 하자 의회의 한 기관은 이 소녀들에게 가족 계획 서비스라는 혜택을 추천했다. 한 명이 자궁 내 장치를 시술받았고, 다른 두 소녀는 불임 시술을 받았다. 글을 몰랐던 엄마는 딸들이 '간단한 주사'[12]를 맞을 것이라고 적힌 문서에 서명을 했다. 공포 그 이상이 아닌가.

안타깝게도 이러한 인권 말살 정책들은 과거에만 저질러진 것이 아니다. 강제 불임과 장기 피임은 아직까지 여성들을 돕는다는 명목으로 자행되고 있다. 내가 〈미즈〉에서 일할 때 '크랙(Children

Requiring a Caring Kommunity)'이라는 기관에 대한 끔찍한 이야기를 들은 적이 있다. 이 기관은 현재 (훨씬 더 친근하게 들리는) '예방 프로젝트(Project Prevention)'라는 이름으로 바뀌었지만 쓰는 책략은 똑같다. 소개하자면, 의사에 상관없이 여성 약물 중독자들에게 장기 피임과 불임 시술을 가하는 곳이다. 들기만 해도 얼마나 역겨운지 알 수 있지만—이 여자들에게 치료를 해주지 말고 불임시켜 버려!—이 기관이 대놓고 저지르는 인종 차별적이고 계층 차별적인 행태는 비도덕적인 것 이상이다.

사실 이들이 주목하는 대상은 약물 중독자들만이 아니다. 이 기관은 빈곤한 흑인 지역 사회에 이런 광고 문구를 붙여놓는다. '약물 중독이십니까? 200달러가 필요하십니까?' 무료 급식소에 온 여성들에게 접근하여 돈을 주면서 불임 시술을 강요하기도 한다. 아이들 생일 파티에서 코카인을 흡입하거나 자낙스를 사탕 먹듯 삼키는 백인 여성들이 사는 부유한 백인 동네에 이런 광고 문구가 붙을 리 없다.

이 기관의 창립자 바버라 해리스는 자신의 고객들을 동물에 비유한다. "우리는 개들에게 종족 번식을 하라고 하지 않습니다. 난소를 제거하죠. 중성화시킵니다. 개들이 원치 않는 새끼들을 낳지 않도록 하고 있습니다. 그러나 이런 여자들은 말 그대로 아이들을 줄줄이 낳고 있습니다."[13]

'이런 여자들'이라고?

전미임부보호협회(National Advocates for Pregnant Women)의 윈디 앤더슨은 크랙(미안하지만 이것을 예방 프로젝트라는 단어로 부르지 않겠다)은 과거 미국이나 나치 독일에서 우생학적 불임 시술을 정당화하기 위해 이용한 것과 흡사한 경제적인 주장을 하고 있다고 말했다. 앤더슨은 이 여성들을 돕고 싶다면 다른 해결책이 있다고 지적했다.

> 여성과 가족을 돕기 위해 우리가 할 수 있는 일들은 따로 있다. 도움을 요청하는 여성이 본인이 원하는 도움을 받을 수 있는지 확인해야 한다. 중독 치료를 받고 싶어 하는 남녀는 치료 대신 대기자 명단에 오르고 나중에 오라는 이야기를 들으며, 그들의 의사에 반하는 치료를 받으라는 제안을 듣거나 보험이 없기 때문에 치료 대상에서 제외된다는 이야기를 듣는다. 약물 중독 여성들 또한 다른 환자들과 같이 치료할 수 있도록 해야 한다.[14]

하지만 치료해주는 것보다 튜브를 삽입하는 것이 훨씬 쉽다!

생식권 운동은 아마도 우리가 아는 여성 인권 문제 중에서 가장 잘 알려진 이슈일 것이다. 하지만 이 이슈 뒤에 숨겨진 또 다른 면은 자세히 이야기되지 않았다. 생식권과 건강이 낙태나 피임보다 더 중요한 문제임을 잊지 말자.

우울한 소리만 했다는 것을 안다. 아무래도 우리는 망한 것 같다. 그것도 아주 제대로 망한 것 같다.

대법원은 최근 대체로 낙태권 반대측 주장에 손을 들어준다. 머지않은 미래에 로 앤 웨이드 판례가 뒤집힐지도 모른다. 현재의 생식권에 관한 과거 회귀적인 태도와 그 밑바탕에 깔린 반 섹스 기조는 여간해서 사라질 기미를 보이지 않는다.

우울함을 조성하는 사람이 되고 싶지는 않지만 솔직함이 최선이 아닐까. 그렇겠지?

하지만 우리가 매일 지고만 있는 것은 아니다. 여성들은 지금 갖고 있는 권리를 지키고 한때 갖고 있었지만 잃었던 권리를 되찾기 위해 미친 듯이 싸우고 있다. 특히 사우스다코타주의 낙태 찬성 운동가들의 노력은 눈물겹다. 여성들은 (필요한 숫자의 두 배에 달하는) 3만 8천 명의 서명을 받아 낙태 이슈를 투표에 붙였다. (강간과 근친상간은 예외라고) 뻔뻔한 거짓말을 일삼는 낙태 반대 커뮤니티 앞에서도 서명을 받았다. 그들은 자리를 박차고 나갔고, 집마다 찾아다니며 문을 두드렸고, 진실을 알렸다. 그리고 그들의 노력은 빛을 보았다. 전국 각지에서 수많은 젊은 여성들이 생식권에 관한 인식을 높이기 위해 파티와 행사를 열고 모금 행사를 벌이며 행동을 취한다. 브루클린의 한 모임에서는 '선택을 위한 풍자 연극(Burlesque for Choice)' 파티를 연다. 굉장히 재미있다. 그리고 잔인하게 강간을 당한 처녀만 낙태를 할 수 있다고 말했던 소름 끼치는 전 상원의원 빌 나폴리 기억하시는가? 여성 만화가가 올린 그에 관한 만화에 그의 집과 사무실 전화번호가 나와 있었다. 전국의 여성들은 항문 섹스 씨에게 전화를 걸어 그를 어떻게 생각하는지 정확히 알려주었다.

이 모든 일 때문에 망하는 것은 젊은 여성들이고 혁명적인 행동을 하는 것도 젊은 여성들이다. 나이 많은 기존 페미니스트들은 요즘 세대들이 "지금 현재 갖고 있는 권리가 얼마나 좋은지 모른다."
라고 말하거나 우리의 권리를 당연하게 여긴다는 말을 한다. 나는
아무것도 모르는 소리라고 생각한다. 우리는 여기에 무엇이 걸려
있는지 잘 알고, 필요한 일들을 해내고 있다. 내가 젊은 여성들에
게 묻고 싶은 질문은 단 하나이다. 당신은 무엇을 할 계획인가?

6장

일과 여성

여러분, 혹시 이 사실을 아시는지? 성별 임금 격차가 아직도 존재한다는 것 말이다!(아마 굉장히 충격을 받았을 것이라 확신한다.) 그나마 조금씩 나아지고는 있다. 2009년 오바마 대통령은 '릴리 레드베터 공정 임금 반환법(Lilly Ledbetter Fair Pay)'에 서명했고, 이 법 개정 덕분에 성별과 인종을 이유로 삼아 임금 차별을 당한 여성들이 소송을 걸 수 있게 되었다. 여성과 일에 관한 대화들이 점점 늘어나고 있기도 하다. 페이스북 최고운영책임자 셰릴 샌드버그 같은 여성과 앤마리 슬로터의 책 《슈퍼우먼은 없다》(물론 여기에도 약점이 있지만)가 파장을 일으키면서 여성과 일·인생에 관한 이슈는 근래 가장 뜨거운 화제로 떠오르기도 했다. 문제는 여성의 일과 삶을 주제로 한 담론이 주로 연봉은 얼마이고, 야망은 얼마나 크고, 자녀와 일을 어떻게 '조화'시키는지에 관한 것이 대부분이고 주로 특권층 여성들의 이야기에 한정되어 있다는 점이다. 하지만 페미니스트들은 이 또한 변화시키려 하고 있다. 전미가사노동자연맹(Domestic

Workers Alliance) 같은 단체는 인종, 계층, 일, 젠더 사이의 교차 지점에 시선을 집중한다. 94퍼센트의 가사 노동자는 여성이고 주 정부 최저 임금보다 23퍼센트 적게 받는다. 노동과 경제적 평등에서 가장 주변부에 있는 여성에게 모두가 관심을 보일 때까지 우리는 계속 같은 이야기를 반복할 것이다.

여자들은 일한다. 일해야만 한다. 그런데 왜 우리는 지금까지도 우리가 있어야 할 '본래의' 장소는 가정이라는 말을 듣고 있을까? 물론 지금은 1950년대 미국에서 유행한 '맨발로 있다 임신하라'*라는 헛소리까지 듣지는 않는다. 하지만 아직까지도 일하는 여성의 현실을 무시하고 우리의 엉덩이를 부엌으로 밀어넣으려는 조직적인 움직임이 있다. (언론과 정부에서) 구시대적인 메시지를 보내지만 점점 더 많은 여성들이 일을 한다. 하지만 우리는 가난해질 가능성이 남자들보다 40퍼센트 높고 남성보다 훨씬 적은 돈을 번다. 그러면서도 우리는 계속해서 두 번째 교대 근무도 한다. 집에 가면 요리, 청소, 육아라는 또 다른 노동이 기다리고 있다. 그러니 다 좋아지기만 한 것은 절대 아니다.

많은 사람들, 대부분 고임금을 받는 백인 남성들이 여성의 선택 때문에 이런 현상이 계속되고 있다고 주장한다. 우리가 가정에서 더 많은 시간을 보내고 싶어서 돈을 더 적게 벌고 승진을 더 늦게 하게 되었다는 것이다. 허튼 소리다. 미국 여성들의 대다수는 먹

---

* 1950~1960년대에 유행한 말로 여자가 결혼하면 밖에서 일하거나 나다니지 말고(맨발) 아이들만 열심히 낳고 키워야 한다는 가부장적인 가치

고살기 위해 돈을 번다. 선택이라는 것은 있을 수가 없다. 여자들이 돈을 더 '벌고 싶지 않아서' 벌지 않는다는 소리를 하는 남자들이 바로 여자들은 가정에 속한다고 말하는 이들이다. 그들은 보수적인 조직의 리더이자 유명 칼럼니스트이고, 정부의 정책 결정자들이다. 일하는 여성에 대한 보수적인 사고는 아직도 이 세상을 지배하고 있고, 저 바깥세상의 힘 있는 사람들은 자신의 메시지를 이제 직업을 가지려 하는 젊은 당신에게 전하려 애쓰고 있다.

가장 영향을 많이 받는 사람은 역시 젊은 여성들이다. 이들은 이제 막 사회에 첫발을 내디디려 하고 있고 어쩌면 (결혼을 하건 안 하건) 가정을 꾸리려 할 수도 있다. 하지만 우리는 계속해서 엄마와 할머니들이 듣던 말, 비록 조금은 나아졌지만 여전히 낡아 빠진 의견을 강요당한다. '선택'이라는 듣기 좋은 말 저변에 여성은 일을 원치 않는다는 사고가 주입된다.(물론 우리가 선택이라는 말을 상당히 애호하긴 하지만!) 여성 스스로 덜 성취하길 선택하고, 집에 있길 선택하고, 열심히 일하지 않기를 선택했다는 것이다. 실제로 과거에 비해 이런 비상식적인 소리에 넘어가는 사람들은 적겠지만 이런 메시지들이 아직 넘쳐난다는 것만으로도 몹시 기분이 상한다. 그리고 그렇게 강조하던 대로 막상 일을 그만두고 집에 있으면서 아이를 가졌을 때, 우리에게 행복한 주부가 되라고 조언했던 사람들은 어디에도 없다.

내가 특히 우려하는 점이 있다. 젊은 여성들이 토론하고 흥분하는 페미니즘 이슈 중에서 이 문제가 가장 관심을 덜 받는 것 같다. 나에게는 너무나 이상하다. 이것이야말로 우리 미래에 가장 크게 영향을 끼칠 일, 가정, 돈이라는 주제가 아닌가. 그런데 우리는 이런 주제를 가장 사소한 일로 취급하고 미루어 둔다. 이것만큼은 변해야 한다.

유리 천장과 반값 노동

대부분의 여성들이 집밖에서 일하고 생계를 책임진다. 아주 오랫동안 그렇게 해 왔다. 그러니 우리 여자들의 직업 생활이 지금쯤이면 꽤 괜찮아지지 않았을까? 아니면 적어도 많이 나아졌겠지? 애석하게도 별로 그렇지 않다. 몇십 년 전에 우리를 앞으로 나아가지 못하게 했던 장애물과 똑같은 장벽이 아직도 굳건히 서 있다. 여전히 임금 격차, 성희롱, 성차별이 존재하고 일하는 여성의 존재 자체에 대한 어이없는 거짓말들도 있다. 우리는 여전히 수많은 장애물을 만나고 넘으며 일하고 있다.

76센트만 있으면 되지, 왜 1달러가 필요해?

믿을 수 없지만 여성은 여전히 같은 직장에서 동일한 일을 하는 남성보다 현저히 적은 임금을 받는다. 지난 몇 년 동안 크게 나아지지도 못했다. 동일 임금법이 제정된 건 여성이 남성 임금의 60퍼센트를 받던 1963년이다. 1990년에는 70퍼센트가 되었다. 지금은? 76퍼센트다. 이른바 진보의 시기라는 40년의 시간을 생각하면 나아졌다고 할 수 있을까?

임금 격차 문제에서 정말 열 받는 건 그런 것이 존재하지 않는다고 말하는 사람들이다. 더 기가 막히는 것은 정부에서 그런 통계들을 발표하고 있다는 점이다. 그 통계가 언론에서 나왔건, 보수적인 권위자에게서 나왔건, 때로 정부에서 나왔건 그들의 주장은 전부 다 헛소리인데도 이상하게 진실처럼 먹힌다. 그들이 자주 들이미는 주장은, 여성들이 돈을 덜 버는 이유가 아이와 가족을 위해 중간에 일을 쉬었기 때문이라는 것이다. 내가 가장 아끼는 안티 페미니스트 조직인 '독립여성포럼(IWF)'은 실제로 그러한 주장을 하면서 일자리를 만들고 조직을 키우고 있다.

독립여성포럼 전 회장인 낸시 포텐하우어는 말했다. "여성은 남성과는 다른 선택을 합니다. …… 많은 여성들이 기꺼이 탄력 근무와 연봉을 바꾸려 합니다. (그들은) 일부러 시간 여유가 있는 직업을 선택하고 나머지 시간은 가족을 위해 쓰고 싶어 합니다. …… 이것은 여성들이 스스로 내린 결정입니다."[1] 또 다른 보수주의자인 워런 패럴은 임금 차별이 있다고 주장하며 돈을 버는 사람이다. 여성을 도와주는 것처럼 말하며 실은 반대 방향으로 이끌고 있다. 그의 책《왜 남자가 더 버는가: 임금 차별 뒤의 숨겨진 진실과 여성이 해야 할 일》의 요점은 임금 차별은 여성들의 선택 때문에 존재한다는 것이다. 엄마들이 자녀들과 집에 있고 싶어서, 파트타임으로 근무하고 싶어서 그렇다고 말이다. 독립여성포럼과 패럴의 주장이 왜 문제인지 따져볼까? 별거 없다. 아무 근거 따위 없는 헛소리라는 점밖에는. 남성이 1달러를 벌 때 여성은 76센트밖에 벌지 못한다는 통계를 발표했는데 그 자료는 여성과 남성 둘 다 풀타임으로 일했을 때의 수치다. 휴직을 하거나 파트타임으로 일한 여성은 포함되지 않은 자료다. 이것이 진실이다.

이들이 간단히 헛소리로 증명되어버릴 말을 지껄이고 있는데도 사람들은 그 말에 고개를 끄덕인다. 뉴스와 신문이 계속 이 자료를 인용하면서 정부까지 한편으로 끌어들인다.

2004년 미국 노동통계청은 여성의 임금은 이제 정부가 관여할 사항이 아니라고 판단하고는 관련 조사와 개선 방향에 관한 토론을 중단하기로 결정했다. 한 것도 없으면서 무엇을 중단하겠다는 말일까? 하지만 정부가 여성 임금 관련 통계 자료를 더 조사하지 않는다면 앞으로 남성 임금과 여성 임금을 어떻게 비교한다는 걸까? 열 받은 페미니스트들이 이제 임금 격차에 대해 떠들지 못하도록 입을 막으려는 것일까? 다행히 2005년 상원에서 수정안이 통과되어 노동통계청이 여성 임금 관련 자료를 계속 갱신하도록 했다.[2] 하지만 수정안은 간신히 몇 표 차이로 통과되었다.

임금 격차 문제를 어떻게 개선하고 뿌리 뽑을 것인가는 완전히 다른 차원의 이야기이다. 임금 차별이 너무나 당연하게 퍼져 있기 때문에 한 번에 바꾼다는 건 절대 쉽지 않다. 노스캐롤라이나대학 연구에 따르면 고위직까지 승진한 여성들이 많아지면서 남녀 간 임금 격차가 전체적으로 줄어들었다고 하는데 그나마 말이 되는 이야기이긴 하다.[3] 이 조사에 따르면 여성이 고위 임원직에 있을 경우 그 회사 여직원들의 임금이 올라간다. 여자가 다른 여자들을 도와주고 있다는 뜻이다. 그러니 여성 여러분, 윗자리까지 올라가시길! 우리는 그곳에 있는 당신들이 필요하다. 그곳까지 올라가는 과정에서 수시로 부딪치는, 긴장감 넘치는 성차별이란 장애물이 없다면 참으로 좋겠지만.

미친 유리 천장

임금 격차처럼 유리 천장 또한 여전히 건재하고 성업 중이다. 고위직 여성은 남성에 비해 수가 적고 올라가는 길에서 항상 더 많은 장벽들을 만난다. 1980년대에 여성의 승진을 막는 '보이지 않는' 벽을 묘사하기 위해 생겨난 유리 천장이라는 용어는 그 시대에는 아마 더 두드러졌기에 주목받았을 것이다. 지금은 임금 격차와 마찬가지로 유리 천장 자체가 존재하지 않는 척하고 있다.

진실은 이렇다. 여자들이 직장에서 살아남기는 여전히 산 넘어 산이고 끝나지 않는 전쟁이다. 몇 가지 통계 자료를 보여주면 (이 장 마지막에 더 자세히 실었다) 기업의 고위직까지 올라간 여성 숫자는 한 줌밖에 되지 않고 올라가기도 너무나 힘겹다. 비백인 여성의 경우 더욱 힘들다.

그래도 우리가 아주 먼 길을 왔다고 생각했었다. 왜 아니겠는가. 일하는 여성의 삶이 그때 그 시절보다 나아진 것은 누가 뭐래도 확실하지 않을까. 그런데 왜 그 변화가 피부로 느껴지지 않는 것일까? 왜 변한 것이 없는 것만 같을까?

1960년대에 전미여성기구(National Organization for Women)는 임신하거나 35살이 넘으면 해고당하곤 했던 여성 항공사 승무원의 권리를 위해 싸웠다. 또한 항공사가 성별에 따라 차별이 있는 광고를 실은 것도 지적해 수정하도록 했다. 과거에는 이런 한물간 성차별이 있었지, 이제 다 지난 일이겠지. 제발 그렇다고 믿고 싶다.

2004년에는 세계적인 미디어 기업 비아콤이 정부를 담당하는 직원을 모집하며 이런 이메일을 뿌렸다. "주니어 로비스트/정치 활동 위원회(PAC) 관리자 모집. 업무 내용은 첨부. 연봉은 85~90만 달러. 필수 요건: 공화당 남성."[4] 2005년 버진 에어라인은 여성의 외모와 나이에 따라 직원을 고용했다가 고소를 당했다.[5] 이 모든 것들은 수많은 예 중 단 두 가지 사례일 뿐이다.(그래도 여기까지 온 것은 다행이다.)

우울한 이야기를 계속하고 싶지는 않지만 모든 것이 괜찮아진 척하는 것은 현재 계속 일어나고 있는 차별을 무시하는 것일 뿐이다. 우리 힘으로는 어쩔 수 없는 일처럼 생각하는 것이다.

그러니 우리 모두 현 상태를 속속들이 알고 있어야 한다. 이제 아직까지도 여성을 업계의 약자로만 머물게 하는 흔한 장벽들을 거론하려 한다.

성차별

성별(인종, 피부색, 국가 조직, 종교)에 따라 근로자를 차별하는 것은 엄연히 불법이지만 그런 일은 수시로 일어난다. 미국의 유리천장위원회는 차별의 이유 중 하나가 "의식적이며 무의식적인 고정 관념과 편견에 따라 조장되는 '다름'이라는 장벽"[6]이라고 밝혔다. 쉽게 말해서 사람들은 자기와 비슷하게 생긴 사람을 고용하고 싶어 한다는 뜻이다. 그러니 백인 남자들이 고용하는 위치에 있다면…… 여러분은 내가 무슨 말을 하려는지 알 것이다. 성차별은 임금, 인사, 부당 대우와 관련이 깊다. 미국에서 일어난 사상 최대 규모의 성차별 소송 사건은 월마트 여성 노동자들의 집단 소송이었다. 이 초대형 유통업체는 구조적으로 여성 노동자에게 인사에서 불이익을 주고 임금을 차별하여 집단 소송을 당했다. 이 회사 시급 근로자의 70퍼센트가 여성이었으나 관리 부서의 여직원은 3분의 1이 채 되지 않았다.[7]

성희롱

미국고용평등위원회는 성희롱을 "상대방의 의사에 반하는 성적 접근, 성적 호의 요구, 기타 성과 관련된 행위"이자, 직원의 업무 능력에 영향을 끼치며 "불쾌감, 굴욕감을 주고 고용상의 불이익을 주는 것처럼 유무형의 피해를 주는 행위"라 정의한다.[8] 그러니 여직원 엉덩이를 만지는 것은 확실히 아웃이다. 물론 농담이지만, 성희롱은 정말 심각하게 다루어야 하는 문제이다. 성희롱을 당하는 여성에게 직장 생활은 그야말로 고문이다. 자기 직업을 지키고 싶어 하는 여성들에게 (우리 대부분이 그렇지 않나) 이보다 더 불쾌한 상황은 없다. 몇 가지 예를 들어보자. 캘리포니아의 한 여성은 동료 직원들 앞에서 상사에게 손으로 엉덩이를 맞았다고 한다. 정말 말 그대로 직원을 엎어놓고 엉덩이를 때렸다고 한다.[9] 2006년 한 보고서는 군에 입대하려는 여성들이 신병 모집원들에게 수시로 학대를 당하고 성희롱을 당한다고 밝혔다.[10] 아주 근사하지 않은가?

직장/사생활의 조화

많은 사람들이 일을 하면서 부모가 된다. 하지만 부모나 예비 부모 중에서 차별의 대상이 되는 것은 항상 여성이다. 분명 법에 어긋나지만 고용인들은 아무 가책 없이 가까운 미래에 임신을 하게 될 젊은 여성들을 고용하지 않으려 한다. 출산과 육아로 장기 휴가를 내기 때문에 사업장에 피해를 준다는 것이 그들의 주장이다. 출산과 육아는 여성의 경력에도 결정적인 타격이 될 수 있다. 아이가 한 명씩 태어날 때마다 엄마의 임금이 줄어든다는 통계도 있다. '엄마 임금 차별' 세계에 오신 것을 환영한다. 아이를 한 명 낳은 여성과 자녀가 없는 여성의 임금 차는 2퍼센트에서 10퍼센트까지 벌어진다. 둘째 아이를 낳으면 4퍼센트에서 16퍼센트까지 벌어진다. 엄마들이 돈을 적게 받는 이유는 흔히 사람들이 예상하는 데 있지 않다. 코넬대학교의 연구 결과에 따르면 경력과 학위가 동일한 여성 가운데 자녀가 있는 여성이 자녀가 없는 여성보다 44퍼센트 적게 고용될 뿐만 아니라 취직이 되더라도 평균 연봉이 11,000달러가 낮다.[11] 《어머니 선언(The Motherhood Manifesto)》의 공동 저자인 크리스틴 로 핑크바이너는 '페미니스팅닷컴'과 한 인터뷰에서 이렇게 말했다. "자녀가 있는 여성들에게 대단히 실제적인 임금 차별과 부당 대우가 벌어지고 있다. 이들이 뭔가 잘못하거나 일을 잘 못해서가 아니라 같은 조건에서도 편견이 작용하기 때문이다."[12] 엄마 임금 차별은 자녀가 있는 여성들이 육아 휴직을 내거나 휴가를 많이 내거나 일을 열심히 안 해서 존재하는 것이 아니다. 숫자만 보면 알 수 있다.

언론의 거짓말

언론은 여성과 일이라는 주제를 상당히 좋아하고 관련 기사를 쏟아내지만 실제로 여성의 일과 삶에 직접 영향을 끼치는 의미 있는 기사는 찾아보기 힘들다. 그래도 여기에서 이 기사들의 속성을 짚고 넘어가지 않을 수 없는데 이런 기사가 일과 여성의 역할을 보는 우리의 관점에 막대한 영향을 끼치고 있기 때문이다.

'일은 여성의 선택'이라는 논리는 오래전부터 우리 곁에 있었지만 최근 몇 년 동안 언론에서는 지나칠 정도로 이 주장을 확대 재생산하고 있다. 그중 최악을 꼽아볼까? 〈뉴욕 타임스〉의 기자인 리사 벨킨은 근래 여성들 사이에서 회사를 그만두고 전업 주부를 택하는 일명 '발을 빼기(opt out)'가 유행이며 집에서 귀여운 아이들을 직접 키우기를 선택했기 때문이라는 기사를 썼다.[13] 기사의 소제목은 "왜 여성들이 세상을 지배하지 않는가. 그들이 원치 않기 때문이다."였다.

이 소제목은 다시 들어도 치가 떨리지만 확실히 대중의 흥미를 자극했고 일파만파 퍼져 나갔다. 2003년에 나온 이 빌어먹을 기사는 백만 번 가량 비슷한 내용으로 다시 태어났다. 그리고 매번 현실과 먼 소리를 해댔다. 원조가 된 글에서 벨킨은 고학력 여성들이 아이를 키우려고 직장을 그만두고 전업 주부가 되어 훨씬 더 만족스러운 생활을 즐기고 있다고 주장했다. 뭐가 문제냐고? 벨킨의 이론은 미국의 모든 여성들이 자신이 인터뷰한 하버드 MBA 소유자에 집안이 빵빵한 백인 여성들이라고 가정하고 있다. 말할 필요도 없지만 결코 그렇지 않다. 대부분의 여성들에게는 일을 할지 안 할지 여부를 결정할 정도의 재정적인 능력이 없다. 상위 몇 퍼센트의 엘리트 여성이 무언가를 한다고 해서 그것이 사회를 지배하는 흐름이 되지는 않는다. 하지만 벨킨의 기사가 나온 후 이에 동조하는 기사 수백 개가 뒤를 이으면서 황당무계한 '발 빼기' 대잔치를 벌이기 시작했다. 잘못된 기사 몇 개 나온 것이 뭐가 그리 대수냐고 할 수 있겠지만 문제는 이것이 '트렌드'라는 용어를 끌어들였다는 것이다. 트렌드는 실제로 유행이 될 수 있다. 그러나 졸업 후 사회 생활을 하려는 젊은 여성들에게 부자 남편 만나 집에서 주부 놀이, 엄마 놀이 하는 것이 요즘 대유행이라고 말해주는 것은 그다지 진보적이고 훌륭한 메시지라 할 수 없다.

진실은 따로 있다. 요즘 여자들은 가정으로 돌아가지 않는다. 하고 싶어도 못한다! 재정적으로 여유가 있는 여성이더라도 노동 인구에서 일부러 이탈하려 하지 않는다. 경제정책연구센터는 이런 제목의 보고서를 발표했다. "여성들이 정말 가정으로 돌아가고 있을까?"[14] 정답은 길게 울려 퍼지는 "아니거든요오오."였다. "2000년대 초반 경기 불황으로 모든 여성의 일자리가 급격히 줄어들었다. 자녀가 있는 기혼 여성이건 비혼 여성이건 구별이 없었다." 그리고 이어진 문장이다. "2000년과 2004년 사이에 자녀가 있는 고학력 30대 주부의 경제 활동 참여 비율은 자녀의 유무에 따라 통계적으로 유의미한 변화를 보이지 않았다."[15] 사실 자녀 양육의 책임 때문에 일을 그만두는 여성들이 있다 해도 그들이 그럴 수밖에 없었던 이유는 앞에서 말한 엄마 임금 차별 때문이었다!

물론 스스로 전업 주부를 택해 아이를 키우고 가정에서 만족과 행복감을 찾는 여성들이 아주 없다는 말이 아니다. 많은 여성이 그렇게 하고 있다. 하지만 경제 상황과 다른 여러 요소를 바탕으로 삼아 분석하면 이것은 사람들이 흔하게 생각하는 이유 때문에 일어나는 현상이 아니다. 여성이 집에 있게 된다 해도 완전히 다른 종류의 걱정거리들이 따라온다.

'세상에서 가장 위대한' 무급 노동

안타깝기 그지없으나 그리 충격적이라 할 수는 없는 소식을 알려주려 한다. 현대 여성들은 대부분의 가사 노동을 담당하고 있다. 오늘도 변기 청소나 이불 빨래 같은 그 모든 신명나는 일을 다 하고 있다는 말이다. 전업 주부만 가사 노동을 전담하는 것이 절대 아니며 맞벌이 기혼 여성들도 거의 모든 집안 살림을 도맡아 한다. 최근 노동부 연구에 따르면 여성이 집안일과 육아에 할애하는 시간은 남성의 두 배가 넘는다. 물론 이들은 바깥에서 일하며 돈까지 버는 주부들이다. 더 재미있는 통계는 2006년 〈뉴욕 타임스〉에 실렸는데, 풀타임으로 일하는 아내가 무직자 남편보다 집안일을 더 많이 한다는 점이다.[16] 아주 공평해 미치겠다.

따로 직업이 없는 전업 주부라 할지라도 그들의 노동은 (충격적으로) 과소평가되고 있다. '샐러리닷컴'의 조사에서는 전업 주부가 하는 모든 일을 임금으로 계산하면 일년 연봉이 134,121달러가 된다는 결과가 나왔다.[17] 꽤 많은 액수다.

전업 주부 관련 주제는 페미니스트 모임의 단골 토론 메뉴이기도 하다. 특히 이 모든 가정 복귀 말잔치가 시작된 후 더욱 심해졌다. 어떤 여성들은 페미니즘을 떠받치는 중요한 이론은 여성들이 자기 앞에 놓인 선택을 적극 활용할 수 있는 것이며, 일부 여성들이 직업을 갖기보다 주부가 되고 싶다면 그들의 선택 또한 존중되어야 한다고 말한다.

하지만 작가 린다 허시먼처럼 다른 주장을 펼치는 이들도 있다. 그녀는 일하지 않는 것은 절대 좋을 게 없다고 단정한다. 허시먼은 《일하러 가라》라는 책에서 여성들이 가정으로 돌아가는 것은 자기 인생을 과소평가하는 것이라며, 가정과의 관계에만 집중하는 것보다 더 넓은 세상으로 나가 관계를 맺는 것이 꼭 필요하다고 말했다.[18] 특히 아이를 키우는 것이 "세상에서 가장 위대한 직업"이라는 어른들의 말은 더는 듣고 싶지 않다고 말한다.

만약 육아가 인간이 할 수 있는 가장 위대하고 중요한 일이라면 왜 남자들은 하지 않을까? 왜 남자들은 집에서 애를 키우기보다는 전쟁을 일으키거나 외교 정책을 만들거나 핵무기를 개발하거나 DNA를 분석하거나 〈마지막 만찬〉을 그리거나 성 베드로 성당 위에 돔을 올리고 있었나? 그들은 왜 아기 보기보다 훨씬 덜 위대한 이런 일들을 하려 했을까?[19]

허시먼의 말에 일리가 있다는 점은 인정해야 하지 않을까. 하지만 너무 과민반응 하지 않길 바란다. 허시먼은 논의가 시작되도록 의도적으로 강하게 말한 것이다. 나 또한 동의할 수밖에 없다. 죽어라 공부해 박사 학위까지 받은 똑똑한 여자들이 온종일 기저귀를 가는 것이 얼마나 근사한 일인지 떠드는 건 뭔가 확실히 잘못되었다.

낳아야 하나, 말아야 하나

그래도 엄마의 길을 가고 싶을 수 있다. 이 사회와 정치인들이 당신에게 결혼해서 아기를 낳으라 졸라댔으니 아마도 아이 키우기 또한 쉽게 만들어놓았으리라 예상했을 수도 있다. 어디 한번 보자. 2016년 4월 샌프란시스코에서 아기를 출산하거나 입양한 부부가 6주간 봉급 전액을 받고 출산 휴가를 갈 수 있는 내용이 담긴 조례가 통과되기 전까지, 미국은 전 세계 산업 국가 가운데 출산 유급 휴가가 없는 단 두 국가 중 하나였다.[20] 그리고 미국인들은 보육비로 월급의 50퍼센트를 쓰고 있다. 뭘 어떻게 하라는 걸까.

보육 지원 단체인 '패밀리이니셔티브(The Family Initiative)'에 따르면 미국의 6세 이하 어린이의 63퍼센트가 부모 아닌 다른 사람이나 기관에서 양육과 교육을 받는다.[21] 한 살 아이에게 들어가는 평균 보육비를 계산해보니 최고 비용은 보스턴의 1만 2천 달러였고 최저 비용은 녹스빌의 3천 달러였다. 누구에게나 큰 돈이지만 한 부모 가정이나 저임금을 받는 부모에게는 너무도 큰 부담이다. 저소득 가정(한 달 소득 1,200달러 미만)의 60퍼센트가 보육에 수입의 37퍼센트를 지출한다고 했다.[22] 기가 막힐 뿐이다.

뒷목 잡을 이야기가 더 있다. 저소득 부모의 보육비 절감 입법안에 반대표를 던졌던 정치인들이 자기 아이를 위해 뒷돈을 챙기고 있었다! 〈워싱턴 포스트〉는 몇몇 의원들이 선거 자금을 자기 아이들의 교육비로 썼다고 보도했다. 전 공화당 대표이자 캘리포니아 주 상원의원 존 T. 둘리틀은 보육, 헤드 스타트*, 방과 후 프로그램에 반대표를 던져 아동보호기금에서 가장 낮은 점수를 받았는데, 그는 자신이 속한 재선 위원회와 리더십 정치 위원회 경비를 빼내 자기 딸 교육비로 5천 달러를 썼다.[23] 이런 짓을 한 것은 이 사람만이 아닐 것이다.

내가 하고 싶은 말은 정부는 우리가 아이를 낳길 원하는 것 같긴 한데 일단 아이가 자궁 밖으로 나오는 순간부터 하나도 도움이 안 되게 행동한다는 것이다. 대체 국공립 유치원은 어디에 있나? 다른 나라에는 전부 다 있는 것들이다. 우리를 그렇게 애 엄마로 만들고 싶다면 아주 약간이라도 인센티브를 주어야 우리가 생각이라도 해볼 것이 아닌가.

진지하게 말하는데 생식권 같은 이슈를 생각할 때는 보육까지 고려해야 한다! 여성 대상 폭력이나 생식권 문제 앞에서 다 같이 일어나 싸우는 것은 어찌 보면 쉽다. 그 일이 바로 내 눈앞에서 일어난다. 하지만 보육 문제는 너무나 크고 여성의 삶에 지속적인 영향을 끼친다. 다만 지금 당장 눈앞에 보이지 않을 뿐이다.

아기를 갖는 것은 대찬성이다. 하지만 이것만은 기억하시길. 한 연구에서 20대 여성이 아이를 갖는 것을 1년 미룰 때마다 그 여성이 평생 벌게 될 소득이 10퍼센트씩 증가한다고 했다. 그냥 그렇다

헤드 스타트(Head Start) 1965년 미국 연방 정부에서 경제적·문화적으로 도움이 필요한 아이들을 위해 만든 유아 교육 프로그램.

는 이야기다.

돈과 여성

정말 짜증 나고 열 받지만 여성은 가난할 확률이 더 높다. 페미니스트들은 이 현상을 '빈곤의 여성화'라 부른다. 기본적으로 여성은 임금이 더 낮은, 이를테면 서비스 직종(웨이트리스, 비서) 직업을 가질 가능성이 높다. 많은 페미니스트들이 묻는다. 이런 직종이 특히 임금이 낮은 이유는 여성들이 많이 종사하기 때문에, 말하자면 여자 직업이기 때문인 걸까? 만약 많은 남성들이 교사가 되고 싶어 했다면 갑자기 교사가 고소득 전문 직종이 되지 않았을까? 한번 생각해보길 바란다.

집을 지키고 있는 행복한 주부에 대한 집착이 언론이나 대중문화에서만 나타나는 것은 아니다. 이런 생각이 실제로 여성을 가난하게 만든다. 여자가 결혼을 안 하면 어떻게든 더 가난하게 만들려 한다. 심각하다.

미국에서 여자는 남자보다 가난할 확률이 40퍼센트 높다. 사회복지 대상자의 90퍼센트가 여성이다. 하지만 정부는 구직자 훈련이나 교육 프로그램에 투자하는 대신 엄청난 국비를 끌어 모아 여기에 쏟아붓고 있다. 바로 결혼 장려 프로그램이다.

2006년 3월 부시 대통령은 1년에 1억 달러라는 막대한 국가 예산을 복지 예산에서 끌어와 5년 동안 '건강한 결혼 촉진 프로그램'이라는 정책에 투자했다. 여성의 교육, 보육, 직업 훈련에 쓰일 수도 있었던 이 돈은 모든 여성들에게 가난에서 벗어날 최고의 방법은 결혼이라고 이야기하는 종교적 프로그램으로 들어갔다.(남자가 있는데 직업이 왜 필요해?)

정부 부처 사람들은 이 프로그램이 매우 상식적이라며 최대한 강한 어조로 설득하려 했다. 미국 보건복지부 아동·가정 부서의 차관보였던 웨이드 혼은 결혼 장려 프로그램은 "결혼을 선택한 커플들이 자발적으로 주변에서 찾을 수 있는, 건강한 결혼을 만들고 유지하는 데 필요한 기술과 정보를 배우는 서비스 프로그램이다."[24]라고 말했다.

하지만 그들이 말하는 '건강한 결혼'은 '전통적인 결혼'(물론 이성애 결혼)이다. 지금의 권력자 남성들에게 전통적인 결혼이란 곧 여자가 일을 하지 않는 결혼을 말한다.

이 부서에서 실제로 무엇을 했는지 확인해보기 바란다. 2004년에 시작된 첫 번째 결혼 장려 프로그램은 오로지 성차별로 가득하다. 펜실베이니아주의 앨런 타운 '가족 형성 발전 프로젝트'의 12주 결혼 교육 과정은 자녀는 있으나 결혼하지 않은 커플의 구직을 도와주기도 한다. 물론 남자만 해당된다.[25] 대단하지 않은가? 또 다른 프로그램인 '결혼 구원자'는 결혼을 장려하기 위해 1950년대 요리책에서나 나왔을 법한 논리를 들이민다. "결혼한 남자가 숙취 때문에 피곤한 상태로 회사에 지각하는 일은 없다. 독신 시절의 습관이 없어졌기 때문이며 이는 모두 그의 아내 덕분이다. 아내는 직업에 관련된 결정을 내릴 때 좋은 상담자이고 남편을 가사의 의무에서 해방시켜서 그가 더 능력 있는 일꾼이 되게 한다."[26]

이건 또 어느 시대에서 들려오는 구닥다리 소리인가? 남자는 언제나 집안의 가장이 되어야 하고 여자들은 그에게 의지해야 한다. 정부는 행복한 주부를 원한다. 재정적으로 여성을 보호해주고 싶은 것보다 주부를 더 원하는 건 확실하다.

어떤 것은 약간 우습기도 하다. 전미여성기구에 속한 여성 법적 권리 조직인 '법률공조교육재단'에서 일할 때 내가 했던 많은 일은 비전통적인 직군에서 일하는 여성, 이를테면 건설 현장, 기계, 소방 같은 분야에서 일하는 여성에 관련된 일이었다. 이런 종류의 직업은 저소득 여성이나 대학 졸업장이 없는 여성들이 높은 연봉을 받을 수 있는 매우 훌륭한 직종이다. 시간대는 조절 가능하고(특히 자녀가 있는 여성에게 이 조건은 필수다), 연봉도 높고, 승진하거나 성장할 가능성도 충분하다.

여성을 위한 직업 훈련은 가난과 결혼에 대한 지겨운 성차별적 고정 관념을 밀어붙이는데, 사실 비전통적인 직업은 '핑크 컬러' 직업(다시 말해 서비스 직종)보다 임금이 더 높다. 1996년 계산원, 웨이트리스, 미용사의 평균 주급은 200달러에서 300달러였고 여성 철도 노동자나 여성 전기 기술자의 평균 주급은 각각 700달러와 800달러였다.[27] 이런 직업이 여성이 가난에서 빠져나오게 하는 훌륭한 방법인데도 정부는 비전통적인 고용 프로그램에는 투자하지 않는다. 적어도 여성 구직자들의 눈에 뜨이게 하지는 않는다. 왜냐하면 하느님은 지갑에는 넉넉한 돈이 있고 안전모를 쓴 여자는 거부하기 때문에. 그보다는 텅텅 빈 은행 잔고를 안고 집에 있는 아내를 더 좋아하기 때문에.

위기의 여성 노동

내가 너무 두서없이 많은 이야기를 한다고 생각할 수도 있다. 돈 이야기를 했다가 아이 이야기를 했다가 또 직업 이야기까지 한다고 할 수도 있다. 그렇지만 내가 더 파고들지 못하는 분야에도 많은 일이 일어나고 있다. 다루어야 할 분야가 너무 많아 다 소화할 수가 없다. 하지만 여기서 꼭 짚고 넘어가고 싶은 것은 이 모든 것들이 아주 무시무시한 방법으로 긴밀히 연결되어 있다는 점이다.

좋은 예가 있다. 내가 이 장을 마무리 할 즈음에 〈포브스〉―아마도 가장 명성 있는 경제 전문 매체―는 "일하는 여성과 결혼하지 마라."라는 기사를 발표했다.[28] 그래, 안다 알아.

이 기사를 쓴 기자인 마이클 노어(알고 보니 아내와 창녀의 경제적 생존 능력을 비교한 기사를 쓴 그 기자)는 남자들에게 직업이 있는 여성과 결혼하려면 평생 고난을 감수할 준비를 하라 말한다. 그는 내가 지금껏 이야기한 온갖 엉터리 기사와 연구를 들먹이면서 남자가 일하는 여자와 결혼하면 온갖 성가신 상황과 맞닥뜨리게 될 거라 말한다. 아내는 바람을 피울 것이고, 부부가 이혼할 확률도 높을 것이며, 아이도 적게 낳고 더 지저분한 집에서 살게 될 거라고 한다! 이런 주장은 끝도 없이 이어진다.

〈포브스〉가 결국 이 기사 관련 사과문을 발표하긴 했지만, 이 기사는 몰상식한 주장이 어떻게 점점 더 일상적이 되는지 보여주는 완벽한 예라고 할 수 있다. 언론의 메시지, 통계, 모든 목소리들은 전통적인 젠더 역할을 다시 강화하려는 더 큰 어젠다의 일부이다.

세상 모두가 전통적인 젠더 역할을 원하는 것은 아니지만 권력자의 위치에 있는 사람들은 그렇다.(그리고 난 그 사람들이 〈포브스〉를 읽을 거라는 데 돈을 걸 수도 있다. 당연하다.) 일을 안 하고 집에서 살림하고 애를 키우는 것이 새로운 유행이라고 설득하려는 사람들은 임금 차별, 보육, 빈곤 문제에서도 여성들을 골탕 먹이려는 사람들과 동일하다는 사실을 기억하자. 그러니까 이런 개 풀 뜯어 먹는 소리에 속지 말자.

진실은 무엇일까? 일터 내 성차별은 아직도 존재하고 남성과 여성의 임금 격차는 여전히 벌어져 있고 여자들은 집에 머물기를 선택하지 않았고 우리는 여성과 가난의 문제 앞에서 위기에 처해 있다. 하지만 이 사회는 성차별과, 일과 삶의 갈등이라는 진짜 문제를 해결할 의지가 없고, 오직 여자들이 정신을 딴 데 팔게 하는 미끼를 주어 이 문제에 집중하지 못하게 할 뿐이다.

7장

사랑과 연애의 환상

이 책이 출간될 즈음 나는 드디어 나의 남편이 될 남자를 만났고 우리는 2009년에 결혼했다. 결혼을 하면서 페미니스트가 결혼한다는 사실에 사람들이 얼마나 다양한 반응을 보이는지 알 수 있었다. 어떤 염려와 고민들은 충분히 근거가 있었고 나도 공감했다. 나 또한 모든 사람에게 결혼할 권리가 주어지지 않은 이 시대에 결혼을 한다는 사실에 죄책감을 느끼고 깊이 고민하기도 했다. 지난 2015년 미국의 모든 주에서 동성 결혼이 합법화되어서 기쁘다. 하지만 아직 충분하지 않다. 결혼식 자체에 관한 비판도 많이 만났다. 요즘처럼 사치와 허세를 조장하는 결혼 풍조 속에서 페미니스트 결혼식이라는 것이 있다면 과연 어떤 모습일까? 내가 그에 대한 해답을 쥐고 있는지는 모르겠지만 우리는 이런 식으로 대처했다. 우리는 결혼식을 우리가 원하는 결혼이라는 제도의 견본으로 만들고 싶었다. 나는 흰 웨딩드레스를 입지 않았고 아버지 어머니 두 분과 나란히 입장했고(남편도 그렇게 했다), 결혼 후에도 내 성을 지켰다. 우리는 선서를 하면서 평등 결혼(동성 결혼)을 이야기했고 하객들에게는 평등 결혼을 지지하는 단체에 기부하는 방법을 알렸다. 이런 것들이 결혼이 역사적으로 성차별적인 제도라는 사실을 변화시키거나 수백만 명이 결혼할 권리를 박탈당하는 현실을 나아지게 만들 수 있을까? 물론 아닐 것이다. 하지만 우리 결혼식은 제도로서의 결혼을 지금과 다른 방식으로 상상할 수 있게 하는 계기가 되지 않았을까. 결국 결혼의 중심은 사랑, 동등한 동반자 관계를 만들고 지역 사회의 일부가 되는 일이다. 결혼을 문화적·정치적으로 변화시켜야 하지만 개개인에게 결혼이 어떤 의미를 지니는지도 다시 생각해보아야 한다.

관계의 열정이 여성을 압도하는 방식에는 어딘가 두렵고 찝찝한 면이 있다. 적어도 연애가 우리를 압도하리라고 생각하는 그 방식이 이상하다. 우리는 어렸을 때 당연히 남자애들을 좋아해야 한다는 기대 속에서 자라다가(레즈비언 같은 건 존재하지 않는다) 어른이 되면 결혼식을 앞두고 성격과 행동이 점점 까탈스러워지는 예비 신부가 되어도 당연하다는 기대를 받는다. 남자에게 정착하는 것은 아주 당연하고, 가장 중요한 인생 유일의 목표이며 그것이 다른 어떤 욕망보다 앞서야 하는 것처럼 말한다. 물론 사랑과 연애는 누구도 해치지 않지만 여자는 오로지 연애와 사랑에만 집중한다는 생각은 전략적인 안티 페미니스트의 목적에 부합할 뿐이다. 우리 모두가 오직 남자를 차지하는 것만 생각한다면 직장에서 임금을 적게 받거나 생식권을 빼앗기는 사실에 대해서는 그만큼 관심을 덜 기울일 수밖에 없다.

이제 당신은 이런 말을 하게 될 것이다. 봤지? 페미니스트들은 다 한통속이야. 남성 혐오주의자에다 인생의 재미를 모르는 인간일 뿐이라고! 워워. 제발 진정하시길. 모든 낭만적인 것들에 도끼눈을 뜨고 독설을 내뱉으려는 의도는 없다. 내가 얼마나 꽃에 환장하는 사람인지 몰라서 하는 소리다. 모두가 사랑에 빠지고, 사랑하고 싶어 한다. 물론 당신이 욕망하는 대상이 나쁜 자식이거나 당신을 좋아해주지 않을 경우는 빼자. 하지만 이런 이야기들은 연애 심리서에 더 자세히 나오니 찾아보기 바란다. 사랑과 섹스에 문제가 있다고 말하려는 것이 아니다. 전혀 문제없다. 모든 여성들이 여기에만 신경을 쓴다는 전제에 한 번쯤 의문을 품어보자는 이야기다. 절대 그렇지 않다고 말하겠지만 우리 모두 알고 있다. 이번 달 여성 잡지의 표지 기사가 무엇인가? TV 프로그램들은? 팝 음악이나 드라마 속에서 여자는 남자를 찾고 있거나, 남자와 사귀는 중이거나, 남자와의 이별을 극복하는 중이다.

어쩌면 우리가 종속되어 있는 이 미친 사랑 중독에서 가장 거슬리는 부분은 사랑이 점점 더 물질적이 되어 간다는 점일 것이다. 무언가를 사지 않으면 사랑에 빠진 것이 아니다. 낭만적인 눈빛 교환과 화학 반응 이야기는 그만하자. 이제 사랑은 선물, 데이트, 웨딩드레스, 결혼 반지에 관한 것이 되었다. 점점 더 젊은 여성들이 사랑을 돈으로 계산하도록 배우고 있다. 이는 여자와 남자 모두에게 위험하다.

사랑하는 사람과의 관계나 일생을 함께하는 파트너 찾기는 우리의 삶에서 굉장히 중요한 부분이라고 생각한다. 하지만 우리 인생에 그것만 있는 것은 아니다. 아주 어릴 때부터 여자들의 가치는 남자들이 우리를 어떻게 생각하는지에 달려 있다고 배운다. 특히 소녀들에게 위험한 이런 세뇌는 매우 일찍부터 시작되는 만큼 우리 머리에서 제거해버리는 데 상당히 오랜 시간이 걸린다. 어렸을 때부터 우리 중 가장 멋진 아이는 남자들에게 인기가 많은 아이라는 말을 듣게 되면 남자들의 인기와 사랑을 얻기 위해 할 수 있는 모든 것을 하게 된다. 정말 그렇다.

로맨스가 달콤할지는 몰라도 우리 인생 전부를 비현실적인 행복을 찾는 데 허비하게 만드는 덫에는 걸리지 않도록 해야 한다. 사랑에 빠지는 것은 짜릿하고 황홀한 일이지만 그것이 인생의 전부는 아니고, 불만스러운 삶을 단번에 바꾸어줄 마법도 아니다. 로맨스 영화는 그렇게 말한다 해도 다 믿지는 말자.

우리 중에 가장 페미니스트다운 사람들도 그 덫에 걸려 넘어질 수 있다. 대학 시절 오래 사귀었던 남자 친구와 헤어지고 나는 데이트 세계에 다시 진출할 준비가 되어 있었다. 사실 그 안으로 사납게 돌진했다고 할 수 있다. 나는 아주 많은 남자들을 만났고, 거기에 완전 중독되어버렸다. 대학원 진학 준비를 해야 했고 매일 해야 할 일이 산더미였지만 남자 문제가 그 어떤 것보다 중요했다. 여자 친구들과 머리를 맞대고 그 남자가 보낸 이메일의 의미를 분석하기도 했다. 우리가 '발전 단계'에 있다는데 그게 무슨 말일까? 그 남자는 왜 밤 12시 넘어서만 전화할까? 세상에, 나 내일 뭐 입지? 내 할 일은 했지만 '그 남자'가 전화하면 당장 내팽개치고 달려

나갈 준비가 되어 있었다. 안타까운 남자 찾기 상태였다. 나중에야 깨달았다. 내가 그 시절 남자에 집착한 에너지의 반만 내 경력과 학교 공부에 쏟았더라면 지금쯤 미합중국 대통령이 되어 있을 것이다. 적어도 내 두 번째 책은 완성했을 것이다.

상상해보라. 남자를 만나러 갈 때 입을 옷 때문에 야단법석을 떨고 전화가 오지 않을 때마다 공황 발작을 일으킨 그 시간을 직업적 성취와 개인적 발전을 위해 썼다면 어땠을까. 물론 다 지나서 하는 한심한 소리긴 하지만 분명히 많은 부분에서 달라졌을 것이다. 어떤 면에서 연애에 거는 기대를 거부하는 것만으로도, 다들 하는 뻔한 행동들을 하지 않는 것만으로도 혁명적이라 할 수 있다.

내가 연애에서는 계속 서투른 실수를 했을지 모르지만 더 중요한 목표를 희생하면서까지 남자의 전화만 기다리는 큰 실수는 저지르지 않았을 것이다.

다시 말하지만 나를 오해하지 말고, 삐죽거리지 말고, 사랑에 빠진 당신을 무시하는 것이라 생각하지 않으면 좋겠다. 나도 그 감정을 백 번 천 번 이해한다. 하지만 내 말도 들어주시라. 인정할 건 인정하자. 우리가 조금만 더 시간을 잘 배분했다면 더 많은 것을 해낼 수 있었을 때 엄청나게 많은 시간을 다른 사람에게 쏟고 있었다는 사실을.

우리 곁의 로맨스 산업

로맨스 산업은 어디에나 있다. 밸런타인 데이가 있고 데이트 세계가 있고(데이트 리얼리티 쇼도 그 자체로 충분히 많다), 어떻게 내 남자를 만나고 그 남자를 내 옆에 잡아놓고 그 남자를 기쁘게 해줄지 말해주는 잡지들도 많다. 물론 이것들은 재미나다. 나도 그 정도는 인정한다. 나도 한때 리얼리티 쇼 〈블라인드 데이트〉의 애청자였다. 하지만 내가 팬이었다고 해서 그 프로가 지루하고 통속적인 쇼였다는 사실을 부정할 수는 없다. 사실 심하게 그렇다. 이런 쇼들은 남자를 찾는 것이야말로 모든 여성들의 주요 관심사라고 전제한다. 그것만큼은 허튼 소리가 아닐까.

대중문화도 내 의견을 고려해준다면 얼마나 좋을까. 맙소사, 〈배철러(The Bachelor)〉를 보신 적 있으신지? 그 리얼리티 쇼는 여자의 머릿속에 들어 있는 건 오직 결혼밖에 없다는 잘못된 가정의 완벽한 예이다. 물론 부자 미녀들은 결혼을 조금 더 선호할 수도 있겠다. 아직 이 쇼를 보지 못했거나 비슷한 부류의 프로그램도 본 적이 없다면 내가 짧게 요약해주겠다. 젊고 아리따운 여성들 한 무더기가(대략 20명 정도 된다) 잘생긴 남자 한 명을 놓고 겨룬다. 최종 목표는 이 쇼의 마지막 회에 그 남자가 자신에게 청혼하게 만드는 것. 대부분의 방송 시간은 이 여자들이 남자를 놓고 싸우다 서로 음해 공작을 펴고, 사치스러운 데이트를 한 후에 그 데이트를 곱씹어보고 이국적인 배경에서 남자에게 온갖 아양을 떨다가 중간중간 자신들의 '진짜 색깔'을 보여주는 장면으로 채워진다. 여러분도 알다시피 그런 것 있지 않은가. 자신들이 — 숨 한 번 쉬고! — 사랑에만 매달리는 사람이 아니라 진짜 매력적인 사람이라는 것을 보여주고 싶다고.

여자들의 노골적이고 필사적인 '돈 많은 남자 물기' 경쟁과 서로를 향한 반목 외에도 이 쇼의 이상한 점은 오직 주인공인 독신남에게만 거부권이 있다는 것이다. 이 세계에 들어간 모든 여자는 자연스럽게 이 남자를 좋아하게 되었다고 고백한다. 단 한 명도 이 남자가 마음에 안 차는 구석이 있다거나 자기와 안 맞을 것 같다는 말을 하지 않는다. 화학 반응과 개인 취향 따위는 잊어버리자. 이 남자는 부자고 잘생겼으니까 모든 여자는 이 남자를 자기 남편으로 만들어야 마땅하다. 남자 출연자는 '진정한 사랑'에 상당히 집중하는 반면 여자 출연자는 진짜 중요한 것에는 손톱만큼의 관심도 안 보인다. 그들은 남자에게 두둑한 현금과 괜찮은 외모만 있다면 무조건 잡아 결혼하고 싶어 한다.

물론 여자 버전인 〈배철러레트(The Bachelorette)〉도 있다. 하지만 솔직히 인정하자. 매커니즘이 다르다. 주인공인 여자는 부유하진 않다. 미인이기만 하면 된다. 출연한 남자들 또한 여자의 관심을 얻기 위해 필사적으로 치고 박고 싸우는 바보 멍텅구리로 그려지지 않는다. 〈배철러〉의 여성들과는 달리 그들은 머리에 든 것 없는 깡통으로 묘사되지 않는다. 비참하게 매달리는 쪽은 항상 여자들인가 보다. 남자건, 여자건, 누가 매달리고 누가 거부하는 입장에 있건, 그 쇼에서 여성에 대한 끔찍한 고정 관념을 강조하는 건 언제나 여자들이다.(제발 이 쇼가 '리얼리티'라고 말하지 말아주시길. 제발 리얼리티라는 단어만 빼자.)

물론 단 하나의 예일 뿐이다. 특정 쇼가 어쩌다 보니 내 레이더에 걸려서 문제인 것이다. 하지만 이런 메시지는 어디에나 있지 않은가. 여자는 (누군가의 뒤통수를 치면서까지) 결혼에 목을 매고 남자는 결혼을 회피하며 가능한 한 많은 여자들과 자고 싶어 한다. 말하자면 잡지 〈코스모폴리탄〉 대 〈플레이보이〉다. 소름 끼친다. 앞으로 잡지에서 그 남자의 애정 지수를 알려주는 퀴즈를 한 번만 더 본다면 난 아마 미쳐버릴 것이다.

하지만 나는 과거에 약간 잡지광이었고 그래서 앞으로 사람들이 잡지 〈글래머〉를 절대 안 보게 될 거라고 말할 수는 없다. 그래서 나는 약간만 차별화된 잡지를 읽어보라는 제안을 해보려 한다. 〈버스트(Bust)〉도 있고, 〈비치(Bitch)〉도 있고 〈미즈(MS.)〉도 있다. 내가 보장하는데 이 잡지들도 끝내주게 재미있다. 꼴같잖은 퀴즈 같은 건 없다.

불쑥불쑥 짜증이 이는 건 또 있다. 우리가 사랑과 로맨스에 목을 맨다고 치자. 그렇다면 적어도 연애하는 커플을 정확하게 그릴 수는 없는 걸까? 왜냐하면 이런 판타지 연애가 우리에게 말하는 것은—백마 탄 왕자와 공주는 그 후로도 행복하게 살았다는 이야기를 제외하고라도—게이들은 어디에도 없다는 점이다. 아예 없다. 하나도 없다. 물론 동성들의 사랑을 묘사한 케이블 프로그램이 없지는 않지만 주류 로맨스에 동성은 없다. 〈윌 앤 그레이스〉 이야기는 하지 마시길. 그냥 하지 마시라. 시트콤 한 편이 사회 변화를 만들지는 못한다. 우리는 미약하나마 한 걸음씩 나아가고 있다. 그건 확실하다. 하지만 여성 잡지들이 당신의 '남자'뿐만 아니라 '여자'에게 정착하는 법을 알려주는 퀴즈를 내기 전까지 우리는 여전히 우리만의 환상의 나라에 있을 뿐이다. 우리 모두 이 정도는 인식할 수 있다.

아직도 (이성애 규범적인) 사랑만이 거리에 넘쳐난다는 사실을 확신할 수 없다면 밸런타인데이를 생각해보자. 그것만으로도 충분하지 않은가. 판지로 만든 작은 하트들이 슈퍼에 나타나기 시작하면 굉장히 익숙한, 지겨운 느낌이 되살아난다. 알겠지만, 누구와 데이트를 하고 있건 아니건 2월 14일은 그냥 스트레스가 넘치는 날일 뿐이다.

당신에게 중요한 한 사람(이성)이 없다면, 혹은 비현실적인 로맨스에 대한 기대가 없다면 당신은 불가촉천민이다. 무슨 말을 하는지 잘 알 것이다. 마치 12월 31일과 마찬가지다. 그 대단하신 날에 너무나 많이 기대를 거는 바람에 무한대로 실망스러운 날이 되어버리지 않았나. 말했지만 나는 아직도 꽃을 사랑한다. 그래서 나는 밸런타인데이에 나를 위한 선물로 난초를 사주곤 한다.

어쩌면 우리는 로맨스 산업을 피할 수 없을지도 모른다. 텔레비전, 잡지, 영화까지 이 세상의 모든 재미있는 것을 포기하지 않는 한 로맨스 산업은 우리 곁에 있다. 하지만 내 연애 생활을 어떻게 만들어 나갈지는 내가 결정할 수 있다. 믿거나 말거나 우리는 세상이 강요하는 한심한 기대에 대항하는 식으로 행동할 수도 있다. 쉽지는 않지만 해볼 만한 가치는 있다. 현재 이 상태에 머무르지 말고 반대되는 것만 해도 옳은 방향으로 나아가는 첫 걸음이 될 수 있다. 여기서 가장 중요한 것은 무엇일까? 다른 사람들이 하는 대로 하지 말고 내 마음이 옳다고 느끼는 대로 하는 것이다.

페미니스트가 데이트하는 법

　나와 친구는 종종 '페미니스트 데이트 에티켓의 하나부터 열까지'를 이야기한다. 솔직히 페미니스트가 데이트를 하는 것이 아주 쉽지는 않다! 누가 밥값을 낼지 결정해야 하고, 누가 누구에게 먼저 전화할지도 고민되고, 하필 내가 좋아하는 사람이 마초일 수도 있다. 페미니스트들이 사랑을 찾아 떠나는 길에는 온갖 장애물이 놓여 있다. 어쩌면 페미니스트가 아닌 이들의 데이트와 마찬가지로 연애에는 두려움과 반전이 존재할 것이다. 하지만 적어도 데이트를 하면서 내가 페미니스트임을 잊지 않다 보면 결국 나 자신을 존중하게 되고, 끝내주게 괜찮은 애인과 사귈 가능성도 높아진다. 내가 사귄 남자들 중에서 가장 괜찮은 남자는 페미니스트 친화적인 남자들, 때로는 스스로 페미니스트라 공표한 남자들이었다.

　내 여동생(이런 말을 하면 충격일 테지만 역시 페미니스트이다)과 나는 언제나 사귈 만한 남자를 알아보는 가장 좋은 '판별법'은 첫 만남에서 그의 면전에 대고 내가 페미니스트라는 말부터 꺼내는 것이라 농담하곤 했다. 그 말을 듣고 "페미니스트는 겨드랑이 털을 안 깎는다면서요?" 같은 농담을 하면 당장 끝이다. 신기해하고 재미있어하고 혹은 긍정적인 인상을 받은 것 같으면 일단은 합격이다. 하지만 우리가 가장 자주 만나는 반응은 이것이다. "당신은 페미니스트처럼 안 생겼는데요?" 멍청한 녀석들.

　만나고 있는 사람이나 관심 있는 사람에게 지난 대통령 선거에서 누구에게 투표했냐고 물어보는 방법도 있다.(낙태에 반대하는 정치인을 뽑은 사람과는 처음부터 사귀지 말자.) 나는 종종 '나는 공화당 지지자와는 자지 않습니다'라고 써 있는 셔츠를 입곤 했다. 잡초를 걸러내는 데 최고다. 특히 선거 기간에는 더 그렇다. 하지만 이 모든 마초적 관습을 뛰어넘는 사람을 찾는 것이 그리 쉬운 과제는 아니다. 또한 페미니스트라는 이름에 붙어 있는 각종 편견에 속지 않는 사람들을 걸러내는 것 또한 쉽지 않다. 그들은 우리를 예비 남성 혐오주의자라 생각하기도 하고(혹은 이미 남성 혐오자라 생각하기도 하고), 주장이 너무 세고, 말이 너무 많을 것이라 생각할 수도 있다. 이런 사람들은 곧바로 걷어차버리면 된다. 벽장 속 여성 혐오주의자들에게 낭비할 시간은 없다.

페미니스트와 데이트하는 것은 괜찮고 재밌다고 생각하는 사람들이 있다. 처음에는 그렇다. 이 가짜 페미니스트 애호가들은 자기 주장이 강한 여자와 만나는 것이 얼마나 즐거운지 떠들어댈 것이다. 당신과 페미니즘 관련 행사에 같이 갈지도 모른다. 그러다 몇 달 후 '쿨'한 여자와 데이트하던 신선함은 잊고 저녁은 언제 차려줄 거냐고 물을지도 모른다.

하지만 인내하며 찾아보자. 곧 얼마 가지 않아 당신 말을 용케 알아듣는 사람을 찾게 될 것이다. 그 일이 일어나면 나에게 감사하게 될 것이다. 내 말을 믿으시라.

그러면 이제 현실의 에티켓으로 들어가볼까? '오늘 밥값은 누가 내나' 논란은 언제나 까다롭긴 하다. '페미니스팅닷컴' 사이트를 종종 뜨겁게 달구는 단골 주제이기도 하다. 그런데 나는 사실 왜 이것이 그렇게까지 논란이 되어야 하는지 모르겠다. 내 입장은 항상 똑같다. 먼저 만나자고 한 사람이 내는 것이다. 연인 사이라면 돈을 더 많이 버는 사람이 내는 법칙을 따른다. 아니면 단순히 번갈아 가며 내면 된다. 별로 복잡할 것도, 어려울 것도 없지 않나? 대학교 다닐 때 남자 친구와 같이 살면서 그가 돈이 없어서 내가 집세를 낸 적이 몇 번 있었다. 그러다 그가 취직해 돈을 벌고 나는 빈털터리였을 때 그가 집세를 해결했다. 남자가 여자에게 돈을 내주어야 한다는 생각은 절대 하지 말길. 물론 나라고 공짜밥 얻어먹기를 안 좋아하겠는가. 하지만 남자가 항상 데이트 비용을 다 내줄 거라 기대하는 것은 당신을 챙겨주고 돌봐줄 누군가가 필요하다는 말과 똑같다. 당신은 그러지 않았으면 좋겠다. 당신은 아기가 아니니까. 무력한 사람이 아니니까. 당신이 먹은 것은 당신이 낼 수 있다. 원한다면 애인의 식사비도 낼 수 있다.

'데이트 비용은 남자 부담' 모델이 나를 열 받게 하는 것은 사실 돈이란 건 쓴 만큼 받게 되어 있다는 데 있다. 남자가 당신에게 사주기만 하면 당신은 결국 남자에게 '부채감'을 느끼게 된다.(우리는 모두 당신이 그에게 무엇을 빚졌는지 정확히 알고 있다.) 물론 남들을 먹이고 사주는 것을 그 자체로 좋아해 대가를 받을 생각이 전혀 없는 남자들도 있다.

남자건 여자건 가끔은 상대에게 근사한 저녁 한 끼 사주는 것이 나쁘다고 말하고 싶지는 않다. 하지만 남자가 계속 데이트 비용을 내다 보면 일종의 권력 관계가 형성되고 그 안에서 여성은 편안할 수 없다.

여자끼리 혹은 혼자 저녁에 외출을 나갔을 때 남자에게 얻어 마시는 술 한 잔도 그렇다. 남자들은 여자에게 술을 사주면 갑자기 여자의 시간까지 샀다고 착각하곤 한다. 남자가 사준 만 원도 안 되는 보드카 토닉을 마셨다는 이유로 지루한 작자 옆에서 재미없는 농담을 참아주어야 했던 적이 얼마나 많은지 모른다. 물론 나 또한 누군가 내게 술 한 잔을 건넨다는 것이 반드시 그날 밤 내내 그와 같이 놀아야 한다는 뜻이 아니라는 것쯤은 알고 내가 알아서 결정한다. 그런데도 술을 산 사람에게 거지발싸개 취급을 당한 경험이 한 번 이상 있다. "이봐, 내가 당신한테 술 샀잖아. 이제부터 어디 못 가. 내 옆에 붙어 있어." 술을 사주고 싶을 만큼 나에게 호의가 있는 사람과 수다를 떨 준비는 언제나 되어 있으나 술 한 잔으로 한 사람을 밤새 소유할 수는 없다. 물론 당신에게 술을 사겠다고 제안하는 것은 분명 괜찮은 태도라고 생각하고 그 호의를 받는 것 또한 문제는 없다.(혹은 거절해도 괜찮다.) 하지만 솔직해지자. 상대가 당연히 술을 살 거라 기대하는 것도, 술 한 잔을 샀으니 밤새 자기와 놀아 달라고 하는 것만큼이나 형편없는 취향이다.

술집에서 주최하는 '여자들만의 밤'에도 주의 사항이 있다. 공짜 음료나 할인 음료를 마시는 것은 언제나 즐겁다. 여자들만의 밤은 내가 주중에 놀러 나갈 수 있었던 젊은 날에 가장 좋아하던 날이었다. 하지만 나이가 들면서, 그리고 술을 덜 마시게 되면서 조금씩 깨닫는 것이 있는데 여자들만의 밤이라는 생각에 본질적으로 소름 끼치는 점이 있다는 것이다. 그런 술집에서는 남자에게만 입장료를 받는데, 남자들에게 입장료를 뜯어낼 수 있는 최상의 방법은 이 술집에 술에 취해 해롱거리는 여자들로 가득하다고 약속하는 것이다. 내가 보기에 이 남자들은 그저 약탈자 같다.

페미니스트의 좋은 점은 (잘난 척하려는 건 절대 아니다) 우리가 성차별적인 헛소리들을 구분할 능력이 있고 성차별적인 것을 뭔가 근사한 것으로 변화시킬 수 있다는 데 있다.

밸런타인데이를 예로 들어볼까. 여성 운동가 이브 엔슬러의 희곡 〈버자이너 모놀로그〉에서 영감을 받아 여성 폭력 근절 캠페인을 열기도 했던 대학 캠퍼스 페미니스트들은 전국적으로 V-데이라는 행사를 개최하기 시작했다. 밸런타인데이에 각 캠퍼스에서 이 연극을 상연하고 그 지역의 여성 단체들과 여성 폭력 근절 행진을 하는 것이다. 정말 멋지다.

이런 방식으로 젊은 여성들은 우리를 둘러싼 기분 나쁜 문화를 바꾸어 갈 수 있다. 그러나 당신을 집어삼키는 로맨스 괴물 중에서도 가장 무시무시한 녀석에 대해 이야기하기 시작하면 문제는 조금 더 어려워진다. 결혼식 말이다. 어떤 페미니스트들은 결혼식 자체를 완전히 전복해버리기도 한다. 비전통적인 예식을 계획하고 본래 성을 유지하고 하객들에게 축의금 대신 동성애 결혼 지원 기관에 기부해 달라고 부탁하는 것이다.

결혼이라는 환상

'호화 결혼식 준비 스트레스 증후군'은 내가 본 것 중에서 가장 소름 끼치는 병이다. 고가의 반지. 고가의 드레스. 성대하고 호화로운 고가의 파티. 좋게 말해서 사치이고 낭비이다. 개인적으로 내 입에 올리고 싶지 않은 말은 '결혼 집착병'이다. 결혼식에 대한 지나친 집착은 결혼에서 정말 중요한 질문인 "평생 동안 이 한 사람만 사랑하겠습니까?"의 고유한 느낌을 놓쳐버리게 한다. 이성애자들에게, 특히 여성에게 결혼은 인생의 최종 목표처럼 이야기된다. 평생 오직 결혼을 위해 데이트를 했고, 결혼을 고민했고, 드디어 결혼에 다다랐고 이제 여기에 가진 돈을 몽땅 쓰는 일만 남았다. 결혼과 결혼식에 반대한다는 이야기는 절대 아니다. 두 사람이 서로에게 그런 류의 헌신을 약속하고 싶어 한다는 것은 정말 멋진 일 아닌가. 다만 젊은 여성들이 티파니 반지와 베라 왕 드레스가 없으면 결혼식은 물론 결혼까지 구질구질해진다는 말을 어디서 듣고 배울까 봐 걱정일 뿐이다. 단 하루의 완벽한 결혼식을 치렀다가 결혼이라는 것이 절대 그 완벽의 기준에 못 미친다는 냉정한 현실과 맞닥뜨리면 무슨 일이 일어날까. 앞에서 이미 살펴보았듯이 아내는 풀타임 직장에 다니더라도 대부분의 집안일을 도맡아 한다. 그런데도 결혼은 여전히 사람들(특히 여자들)이 하고 싶어 해야 하는, '당연한' 일로 자리 잡고 있다. 우리는 결혼식을 하고 싶어 해야만 한다. 소녀 때부터 베갯잇을 머리에 베일처럼 쓰고 '신부 놀이'를 해 오지 않았나. 결혼해야겠다는 생각이 들지 않는 여자는 뭔가 크게 잘못되었다.

그리고 나는 왜 어떤 사람들에겐 주어지지 않는 특권을 갖고 그렇게 호들갑을 떨면서 흥분해야 하는지 이해할 수 없다. 결혼이 그렇게 환상적으로 좋은 제도라면 모든 사람이 빠짐없이 할 수 있어야 하지 않을까?

이 모든, 결혼식 집착 열기는 몇 년 전 케이블 채널에서 〈웨딩 스토리〉라는 프로그램을 본 다음부터 계속 내 신경에 거슬렸다. 그 나름대로 귀엽고 재미있는 쇼였다. 먼저 신부와 신랑이 자신들이 처음 어디에서 만났는지 이야기하는 것부터 시작해서 어떻게 청혼했는지, 서로 지금 얼마나 사랑에 빠져 있는지를 고백한다. 하지만 이 쇼의 주된 내용은 결혼식 준비와 결혼식이다. '결혼 스토리'가 아니니까. 하지만 누군가와 결혼을 한다는 건 결국 파티를 여는 것보다 누구와 함께 살게 된다는 데 초점을 맞추어야 하는 것 아닐까? 결혼식을 준비하고 기다리는 것이 나쁘다거나 처음 보는 이상한 현상이라는 말은 아니다. 하지만 최근 몇 년 사이에 결혼식 예산의 단위가 달라져버렸고 낭만의 자리에 물질주의가 들어서는 모습이 상당히 불편하다.

이 모든 난리를 한 번에 요약하는 쇼도 있는데 우리가 아는 바로 그 단어를 사용했다. 바로 〈브라이드질라〉다. 여러분이 나처럼 쓰레기 리얼리티 프로그램 중독자가 아닐지 모르니 간단히 알려주겠다. 〈브라이드질라〉는 예비 신부들이 결혼식을 준비하며 집착과 히스테리를 부리다 그야말로 신경질적인 괴물이 되어 가는 과정을 보여주는 프로그램이다. 쓸데없는 것들에 미친 듯이 집착하고 돈을 써대다가 점점 미친 여자가 되어 간다.(이 글을 쓰며 〈브라이드질라〉를 보고 있는데 지금은 게이 커플 결혼식을 준비 중이다. 이 쇼가 약간은 좋아지려 한다.)

이 쇼가 결혼식을 실제보다 더 과장해서 그리고 있다고 말하고 싶지만 통계를 보면 우리의 결혼식은 〈브라이드질라〉가 꿈꾸는 이상적인 결혼식과 크게 다르지 않다. 2006년의 한 조사에서 밝힌 미국 평균 예식 비용은 2만 8천 달러였다. 파티 한 번에 이런 액수를 들인다. 안타깝지만 이 정도면 거의 신혼집 계약금 수준 아닌가. 어마어마한 돈의 단위도 문제이고, 예비 신랑·신부가 결혼식에 쓰는 비용이 1990년대에 비해 거의 100퍼센트나 증가했다는 점도 문제다. 여기에는 약혼식 반지—이에 대해서는 할 말이 아주 많으므로 나중에 더 하겠다.—가 포함되는데 반지 가격이 같은 기간에 평균 25퍼센트 올랐다.

또 한 번 강조하지만 나는 파티 예찬론자이다. 하지만 친구와 가족들에게 우리가 얼마나 사랑하는지 증명하기 위해 이만큼의 돈을 꼭 써야 하는 걸까? 왜 이만큼의 돈을 써야만 한다는 압박을 받을까? 친구와 친척들의 눈 때문일까? 하룻밤에 수천, 수만 달러를 쓰는 연예인 결혼식을 나도 한번 따라 해보고 싶어서일까? 나를 동화 같은 소리나 하는 이상주의자라 불러도 좋다. 하지만 내가 생각하는 결혼은 내가 그 사람을 얼마나 사랑하느냐에 관한 것이지 5천 달러짜리 드레스를 입었을 때 얼마나 예뻐 보이는가에 관한 것은 아닌 것 같다. 아무리 생각해도 그렇다.

물론 결혼식의 허례허식이 어제오늘 일은 아니다. 결혼은 언제나 낭만과 사랑에 관한 이야기는 아니었다. 결혼은 비즈니스였고 계약이었고, 가족의 결합이었다. 그리고 과거에는 결혼식이 아버지가 딸의 소유권을 남편에게 넘겨주는 의식이었다는 말을 하지 않으면 나는 자격 미달인 페미니스트가 될지도 모른다.(아직도 그런가?)

결혼의 '소유권'적인 측면이 오래전에 영영 사라진 관습일 뿐이라고 생각하면 무척 좋겠지만, 이는 아직도 다양한 형식으로 존재하고 있다. 이 말을 하면 싫어할 사람이 있을지 모르지만 나는 그 약혼 반지 생각만 하면 너무 싫어서 미치고 팔짝 뛰겠다. 이건 빌어먹을 지참금이었단 말이다! 나도 보석을 무척 사랑한다. 선물도 사랑한다. 하지만 약혼 반지의 유일한 목적은 그저 당신이 누군가에게 '속해 있다'는 것을, 당신의 남자에게 돈이 있다는 것을 보여주는 표식일 뿐이다. 남자들이 약혼 반지 자랑하는 걸 본 적 있나? 얼마 전에 친구이자 동료 페미니스트 블로거인 어맨다 마콧과 이 낭패스러운 약혼 반지에 대해 이야기한 적이 있다. 나는 남자들도 약혼 반지를 낀다면 이 모든 논란을 묻어 두겠다고 이야기했다.(이것이 반짝이는 것을 향한 나의 사랑과 나의 페미니스트 감성을 화해시키려는 발악적인 몸부림일까? 음. 그럴 가능성이 상당히 높다.) 어맨다는 약혼 반지의 인기가 높아진 이유는 남자들이 결혼 반지를 끼게 되면서부터인 것 같다고 말했다. 여자를 소유물로 표시하려는 더 강력한 무언가가 있어야 한다는 뜻이다. 남자가 약혼 반지를 끼기 시작한다면 그 다음에는 여자에게 귀표를 붙이는 것이 유행이 될지도 모른다는 말이다.(그 안에 약혼자의 연봉도 찍혀 있으면 좋겠지.) 농담이지만 무슨 말을 하려는지 알리라 믿는다.

개인적으로 약혼 반지의 개념을 두고 굉장히 힘든 시간을 보냈다. 친구들이 연이어 약혼을 하던 시기가 있었다. 그 친구들 중에는 이성 친구들도 많았다. 그들이 자신의 경제적인 가치를 입증하기 위해 받는 어마어마한 스트레스와 압박을 나는 도무지 이해할 수 없었다. 그냥 우울했다. 가끔은 그들이 사랑하는 사람을 오해하는 것처럼 보이기도 했다. "너는 우리 여자들을 모두 나쁜 사람으로 만들고 있어. 우리는 돈만 아는 여자들이 아니라고!" 이런 비난은 이런 것들을 받고 싶어 하는 여성에게만 가해져서는 안 된다. 웨딩 산업의 힘은 엄청나게 강력해서 약혼식, 약혼 반지, 결혼식 등 이성애의 거의 모든 관습이 곰팡이처럼 퍼져 간다. 이것은 우리가 피하고 싶다고 해서 피할 수 있는 수준이 아니다. 그저 다들 누리는 낭만을 누리고 싶어 하는 여성들을 천박하게 보는 것 또한 안 될 일이다. 다만 이것들을 조금 초월해서 볼 줄 알고 화려한 결혼식에 대한 집착이 물질주의 사회가 불러온 혼란일 뿐이라는 사실만 제대로 인식할 수 있다면 지금보다는 훨씬 나아질 것이라 생각한다. 누군가 우리를 돈을 주고 사야 한다는 생각을 하는 한 우리 자신은 사랑과 존중을 받아 마땅한 사람이 아니라 하찮은 존재가 되어버린다. 장신구가 되어버린다.

약혼 반지를 원하는 사람들을 비난하지는 않을 테지만 그렇더라도 도무지 극복할 수 없는 몇 가지가 있다.(보석류와는 관련이 없기 때문일지도 모른다.) 내 인생을 걸고 말하건대 나는 오늘날의 여성들이 왜 결혼 후에 성을 바꾸는지 절대 이해할 수 없다. 어떤 이유를 대도 말이 되지 않는다. 미래의 아이들이 남편의 성뿐만 아니라 당신과 같은 성을 갖기를 원하지 않는가? 어떻게 하냐고? 하이픈으로 연결하면 된다. 무엇을 하건 어떻게 하건 제발 성만 안 바꾸면 안 될까? 이것이야말로 신부가 팔려 간다는 그 성차별적인 헛소리를 결정적으로 실현하는 것이 아닌가. 당신이 당신 자신의 주인이 아니라는 관념을 확인 사살하는 것이다.

결혼한 여성의 81퍼센트가 성을 바꿀 의지가 있다고 하니 난 확실히 이 문제에서는 소수 의견 쪽에 서 있다. 하지만 정말 묻고 싶은데, 그 의견에 어떤 논리가 있나? 성을 바꾸는 것은 짜증나고 귀찮은 일의 연속 아닌가.(법적으로도 그렇고 다른 쪽으로도 그렇다.) 그것은 소유권의 교환을 나타낸다.(아마도 아버지가 자신의 성을 남편 성으로 넘기는 것이다.) 그렇게 되면 당신의 성은 더는 당신의 것이 아니다! 성이 너무 이상해서 얼른 바꾸고 싶었을 수도 있다. 그렇다고 해도 화가 난다. 너무 많은 여성들이 결혼 후 별 생각 없이 이름을 바꾸어버리기 때문인지도 모른다. 마치 싸우지도 않고 항복하는 것과 같다. 그러니 적어도, 제발, 결혼한다면 성 바꾸는 문제를 한 번만 생각해보았으면 좋겠다. 더구나 요즘엔 하이픈 연결이 '새로운 유행'이라고 한다.

남녀만 결혼할 수 있다?

제도로서의 결혼에는 성차별적 관습, 비정상적인 소비 지상주의식 선물 교환 외에도 또 다른 문제가 있는데, 바로 모든 사람에게 결혼이 허락되는 것은 아니라는 점이다. 결혼이 그렇게까지 환상적이고 멋진 일이라면 우리 모두 동참할 수 있어야 하지 않을까?

동성 결혼 논쟁은 2004년 부시가 재선된 후 공화당이 이것을 이슈로 만들면서 논쟁의 중심에 서게 되었다. 당시 부시 정부가 이성애자들을 어떻게든 결혼으로 밀어 넣으려고 갖은 방법을 동원했으니 또 다른 적지 않은 인구가 그 재미있는 결혼에 뛰어든다고 했을 때 다 같이 만세를 불러야 하는 게 아닐까? 하지만 부시 정부에는 동성 혐오가 넘쳤고, 미국의 유권자들 또한 그랬다.

샌프란시스코, 포틀랜드, 뉴 팔츠 같은 몇몇 도시들이 동성 결혼식을 실시했고 매사추세츠주는 2004년 동성 결혼을 합법화했다. 그러자 대통령 선거 기간도 아닌데 동성애 혐오 기조가 전국에 몰아치기 시작했다. '람다 법률 방어와 교육 기금(Lambda Legal Defense and Education Fund)'의 보고서에 따르면 그때부터 38개 주의 입법자들이 동성 결혼 반대법을 통과시켰다. 부시 대통령은 동성 결혼을 막기 위해 헌법 개정까지 밀어붙이려 했다.(당시 미국 헌법은 국민들에게 권리를 부여하는 것이 아니라 빼앗기 위해 존재했나보다.)

생각해보면 믿기지 않는 일이다. 어떻게 사랑을 법으로 정하지? 속되게 들릴지 모르지만 사실은 사실이다.

그래도 동성 결합(civil union)과 파트너십이 있으니까 괜찮다고 한다면 나는 헛소리하지 말라고 하겠다. 동성 결합은 결혼과 동일한 법적 혜택을 보장하지 않는다. 전미여성기구에 따르면 동성 커플은 2015년 동성 결혼이 합법화되기 전까지 자그마치 1천 가지가 넘는 주 정부의 보호와 권리를 부정당했는데, '부부 공동 세금 보고서를 제출하는 것부터 파트너가 수술에 들어갈 때 대신 결정을 내려주는 것까지' 포함된다.[1] 물론 이런 것들은 결혼한 부부에게는 당연한 권리다. 왜냐하면 그들은 아이를 낳을 수 있는 섹스를 하고 그것을 사회가 인정해주니까. 또한 동성 커플은 각종 세제 혜택을 받을 수 없고 유산 상속에서 어려움을 겪기도 했다. 게이 부모는 2016년 미국 연방 대법원이 동성 부부의 친권과 양육권을 허용해야 한다는 판결이 나오기 전까지 생물학적 부모가 아닐 경우 부모로서의 권리도 제한을 받았다. 그럴 수도 있다고 하지는 못할 것이다.

하지만 내가 동성 결혼에서 가장 큰 문제라고 생각하는 것은 아주 간단한 것이다. 바로 인권이다. 어떻게 특정 사람들을 (누구를 사랑한다는 이유 때문에) 2등 시민으로 취급할 수 있을까? 단지 게이들이 징그럽다고 생각해서? 제발 머저리 같은 소리는 집어치우길 바란다.

이런 것들이 결국 보여주는 것은—몇몇 사람들이 심장에 품고 있는 막무가내식 무지와 증오 외에도—결혼이 결국 사랑에 관한 것이 아니라는 사실이다.

어떤 나라들은 복지 수급을 받는 여성에게 결혼을 강요하는 것과 같은 이유로 동성 커플의 결혼을 막고 있다. 그 나라들은 결혼이 사회에 도움이 되는 일이고 그들이 주장하는 '전통적인' 가치를 복원하는 방법이라고 본다. 우리가 좋아하건 아니건 그렇다고 한다. 웃기는 사실이 하나 있다. 같은 맥락에서 부시 전 대통령은 복지 수급 여성에게 직업은 필요 없고 남자가 필요하다고 말하는 '건강한 결혼 촉진 프로그램'을 이야기하면서 결혼은 이성애적인 제도라고 정의했다. 2003년 결혼 보호 주간이라는 것을 만들며 그는 이렇게 연설했다.

결혼은 남녀의 결합입니다. 우리 정부는 커플들이 행복한 결혼 생활을 누리고 좋은 부모가 되도록 도우면서 결혼 제도를 지지하는 데 역점을 둘 것입니다. …… 결혼을 장려하고 어린이의 행복을 증진하기 위해 건강한 결혼 촉진 프로그램을 제안해 결혼을 건강하게 유지할 수 있는 기술과 지식을 발전시키도록 도울 것입니다.[2]

이는 결혼 같은 제도로 차별을 일삼는 것이 얼마나 쉬운지 보여줄 뿐이고, 그 자체로 명백한 잘못이다. 결혼, 로맨스, 사랑에 대한 이들의 생각은 모두 성차별주의와 소비 지상주의 위에 세워졌기 때문에 왜곡되기가 훨씬 쉽다.

확실히 이 시대의 로맨스는 돈의 영역이 되거나 정부 소관이 되어버린 것 같다. 그래서 나는 사람들에게 잃어버린 로맨스를 다시 찾아오자고 제안한다.

우리를 막아선 쓰레기 같은 기준에 집착하지 않고도 얼마든지 충만하게 로맨틱한 삶을 채울 수 있다. 좋은 것, 나에게 맞는 것만 가져오면 된다. 당신만의 기준을 만들고 당신만의 사랑의 규범을 만들어보라. 그런 후에는 이 사회가 만들어낸 연애와 결혼의 이상을 봐도 웃어넘길 수 있게 된다.

8장

엄마만이
진짜 여자라고?

《처음 만나는 페미니즘》을 쓴 이후에 나는 딸을 낳았고 처음으로 아이가 있을 때 나를 둘러싼 세상이 어떻게 변하는지를 체감했다. 전에 이 장에서는 임신을 했을 때와 엄마가 되었을 때 여성의 몸이 일종의 공공재로 간주되는 방식에 대해 썼다. 직접 경험을 해 보니 글로 쓰는 것과는 완전히 다른 종목과 체급의 경기였다. 한번은 임신 중에 사람들이 배를 함부로 만지는 것을 참을 수 없어 이런 글을 쓴 적이 있다. "제발 허락 없이 내 배 좀 만지지 말아 달라. 그건 분명 선을 넘는 행동이고 그럴 때마다 나는 온몸에 소름이 끼친다. 임신하지 않은 사람의 배를 물어보지도 않고 함부로 만지는 일은 없지 않은가. 그런데 대체 왜 임산부 배에는 손을 얹어도 된다고 생각하는 것인가? 물론 나쁜 의도는 아니었을 테고 아기가 신기하고 대견해서 그랬다는 것도 잘 안다. 그렇다면 만지기 전에 먼저 물어보기라도 해 달라.(특히 쌀쌀맞은 사람처럼 보이지 않으면서 단호하게 거부할 방법이 부족한 우리 같은 사람을 존중 좀 해 달라.)"

아이를 낳고 나서도 여성의 몸을 공공재 취급하는 일은 끝나지 않는다. 딸에게 (모유 수유를 하지 않고) 젖병으로 우유를 먹인다며 한바탕 훈계를 늘어놓으려는 사람들이 있었고 딸을 베이비시터에게 맡기고 여행을 하고 있다는 말을 듣고 이상하게 쳐다보는 사람들도 있었다. 엄마들에게 거침없이 해대는 훈계와 지적은 정도를 넘는 수준이고 안타깝게도 같은 일을 겪어본 엄마들이 더할 때도 있다. 훈계와 지적에서 끝나는 정도가 아니다. 엄마들은 정치적·정책적으로 압박을 받기도 하는데, 지방으로 갈수록 상황은 더욱 나빠진다. 이 사회가 말하는 이상적인 '좋은 엄마'는 항상 인종주의, 계층주의, 이성애 규범주의와 연결되어 있다.(물론 모든 여자들이 엄마가 되고 싶어 한다고 마음대로 판단하는 것을 먼저 하지만 말이다.)

생식권이건, 여성 대상 폭력이건, 그저 오래되고 지겹고 뻔한 성차별이건 여성들을 괴롭히는 대부분의 이슈에는 한 가지 뚜렷한 공통점이 있다. 바로 여성을 '원래 있어야 할 자리'에 놓는 것을 목표로 삼는다는 점이다. 늘 우리가 '적절하게' 행동하는지 눈을 치켜뜨고 확인하려 한다. 적절한 것이 무엇을 의미하는지 모르겠다.

여성을 원래 있어야 할 자리에 놓는다는 것은 '진짜' 여자란 어떤 여자인지에 관한 정의와 깊이 관련되어 있다. 그리고 '어떤 여자가 진짜 여자인가'라는 그들의 생각은 대개 여자는 엄마가 되어야 한다는 관념을 바탕으로 한다. 난소와 자궁을 가지고 태어났다는 이유만으로 여자는 자동적으로 '예비 엄마'가 되어버린다.

오해는 하지 말아주시길. 나 또한 엄마가 된다는 것이 인생의 큰

축복이라고 생각한다. 진정 원한다면 그렇다. 하지만 아기를 가질 수 있는 몸이라고 해서 아기를 가져야만 한다는 생각, 이 넓고 다양한 세상에서 여자라면 다른 그 어떤 것보다도 아기만을 원해야 한다는 그 생각에는 미쳐버릴 정도로 불편하고 거슬리는 무언가가 있다. 내가 그 욕망을 품고 있지 않다면 뭔가 크게 잘못되었다고 판단한다.

엄마가 되라는 압박은 그저 '아이를 팡팡 낳아라'에서 그치지 않고 한발 더 나아간다. 그때부터는 '어떤 엄마가 되어야 하는가'에 집중하며 완벽한 엄마가 되라고 강요한다. 일을 하는 엄마는 아이와 있어주어야 한다는 말을 듣는다. 가난하거나 복지 수급을 받으면 일을 하지 않고 뭐 하냐는 소리를 듣는다.(그 돈으로 감당할 보육 기관은 없지만. 안됐네.) 휴가를 내고 아이들과 시간을 보내려 하면 회사에 피해를 준다고 한다. 그렇게 하지 않으면 일만 아는 나쁜 엄마라고 한다. 임신했을 때 자기 관리를 철저하게 하지 않으면 형편없는 여자가 된다.(때로는 범죄자가 되기도 한다.) 임신을 하고 싶지 않다고 하면 어딘가 잘못된 사람이라고 한다. 엄마가 된다는 문제에서 여자들이 승리감을 맛볼 수 있는 여지는 없다.

좋은 여자가 되려면 엄마가 되는 데서 그치지 않고 '완벽한' 엄마까지 되어야 한다. 그 과정에서 고마워하고 잘한다고 칭찬해주거나 인정해주는 이는 거의 없다.

여자라면 누구나 아이를 원한다?

현실을 직시하자. 엄마가 되고 싶어 하는 여성들도 많지만 우리 중에 꽤 많은 이들이 그저 아이를 원하지 않기도 한다. 하지만 어떤 이유인지 몰라도 이것은 상당히 부자연스럽고 인정하기 껄끄러운 일이 되었다.

여자라면 아이를 원해야만 할 것 같다. 그것은 여자의 '본능에 새겨진' 성향이다. 이제 20대 후반이 된 내 친구 몇몇은 이미 오래전에 그들의 인생에 아이는 없을 거라고 결론 내렸다. 하지만 이제까지 이런 생각을 털어놓을 때마다 상대에게서 항상 기가 막힌 반응들이 나왔다. 기본적으로 콧방귀를 뀌면서 "에이, 그러다 마음 바뀔걸요."라고 하거나 그저 누군가가 아이를 갖지 않기로 결정했다는 사실을 믿지 못한다.(아이가 없는 남자들은 왜 그저 매력적인 독신남이 되는 걸까?) 오래 보고 듣고 고민한 후에 자신에게 더 맞다고 생각해서 내린 신중한 결정인데도 계속해서 간섭을 받는다.

모든 여자가 엄마가 되어야 한다는 사고는 낙태권 문제와도 관련이 있다. 우리의 몸이 실은 우리의 것이 아니며, 우리의 몸은 더 위대한 선과 아기를 만들기 위해 존재한다는 사고가 바탕에 깔려 있는 것이다. 이를 따르지 않는다면 여자는 천하의 이기적인 인간이 된다.

이 사고를 바탕으로 한, 최근에 내가 목격한 가장 짜증 나는 사례는 자신들을 '퀴버풀 마더스(Quiverfull Mothers)'라 부르는 종교적인 여성 단체인데, (말 그대로 당신의 '통quiver'을 아기들로 채운다는 뜻이다. 으악.) 여자들은 하느님의 군대를 채울 군사들을 만들기 위해 아기를 가능한 한 많이 낳아야 한다고 주장한다. 그리고 (당연히) 여자는 복종해야 한다고 생각한다. "여성의 몸은 하느님의 성전이다. 이를 통제하려 하는 자는 권능하신 힘을 침탈하는 자들이다."[1] 이 말인즉슨 당신의 몸은 당신 것이 아니라 하느님의 소유라는 것이다. 물론 내가 극단적인 예를 든 건 사실이다. 하지만 이런 극단적인 생각들이 정책 입안자들이 여성과 '엄마가 된다는 것'을 보는 시각과 크게 다르다고 할 수 있을까?

사우스다코타주는 모든 낙태를 금지하려 했는데 그 임무를 담당한 대책 위원회는 이런 주장을 펼쳤다.

임신한 여성이 자기 아이의 생명을 끝내려고 하면서 심각한 심리적 외상이나 스트레스의 위험 없이 그 일에 가담한다는 생각은 현실과 거리가 멀다. 그런 행동은 정상적이고 자연스럽고 건강한 여성의 능력, 즉 자신의 아이를 보호하고 양육하는 본능을 거스르는 일이다.[2]

여자는 엄마가 되어야 한다는 강요와 여자라면 마땅히 어떤 식으로 느껴야 한다는 사고는 삶의 수많은 영역에서 우리를 공격한다. 특히 우리의 몸을 통제하려는 분야에서는 더 그렇다.

아기 배달부는 사절합니다

엄마에 대한 이 모든 집착에서 가장 불편한 부분은 실상 그 일을 해내는 여성의 인권은 전혀 신경 쓰지 않는다는 점이다. 그들이 관심을 보이는 대상은 오직 아기다. 항상 그렇다. 우리는 그냥 캐리어, 배달원 같은 존재다. 말이 심하다고? 사실이 그러한 것을 어쩌나. 공공 기관이나 공공 정책들도 여성의 가치는 오직 여자 신체 구조의 일부에 있다는 사고를 끊임없이 전달한다.(물론 그곳의 쾌락적인 부분 말고, 아기를 낳는 그 부분만.)

2006년, 질병관리예방센터는 육체적으로 아기를 가질 수 있는 여성들(가임기에 속한 대부분의 여성들)의 행동 지침을 발표하면서 자신을 예비 엄마로 여기라고 요구했다. 조만간 아기를 가질 계획이 전혀 없더라도.[3] 실화다.

그러니까 임신이 가능한 모든 여자들은 엽산제를 섭취하고 담배를 피우지 말고 자기의 몸을 건강하게 유지하라는 뜻이다. 여성의 건강을 위해서가 아니다. 다시 말하지만, 태어날 아기를 위해서.(아직 존재하지도 않는 아기!) 우리 '그릇'들은 언젠가 위대한 태아가 들어설 수 있도록 미리부터 자궁과 관련 신체 기관들을 건강하게 관리해야 한다.

물론 나라고 해서 건강 관리에 특별히 악의가 있을 리 있겠는가? 그저 나 자신을 잠재적인 아기 배달부보다는 조금 더 나은 존재로 여기고 싶을 뿐이고 아마 당신도 분명 그러하리라 생각한다. 하지만 안타깝게도 '엄마가 되는 것'을 이야기하면서 정작 그 여성의 인격과 몸은 신경 쓰지 않는 태도가 너무나 퍼져 있다. 또한 이런 행태는 점점 강도를 더하고 있어 당사자로서 무서울 지경이다.

임산부 비난 트렌드?

생식권 빼앗기와 완벽한 엄마가 되라는 부담을 주는 성차별만으로는 부족한가 보다. 요즘 새롭게 등장하는 성차별 트렌드는 임산부를 공격하는 것이다. 어떤 것이든 비난할 거리만 찾아내면 된다.

미국의 수많은 주에서 '태아 보호'라는 그럴 듯한 기조를 바탕 삼아 발의된 입법안들이 하루가 멀다 하고 튀어나오고 있다. 그 법들은 임신한 여성들을 도와주려는 것이 아니라 어떻게든 처벌을 하는 데 초점이 맞추어져 있다.(그러다 보면 아기들까지 벌을 받게 되겠지만.)

몇 가지 예를 들어보자. 아칸소주의 입법자들은 임신한 여성의 흡연을 범죄로 지정하는 법을 고려한 적이 있다.[4] 유타주에서는 산모가 제왕절개 수술을 거부한 후 사산을 하게 되면 사형죄가 적용되었다.[5] 아이다호주 상원은 임신한 여성들이 불법 약물을 복용하다 적발되면 감옥에 보내는 법을 통과시켰고[6] 위스콘신주와 사우스다코타주는 알코올을 섭취한 임신부들을 체포하는 법을 통과시키려 했다.[7]

이런 법의 선한 의도를 아주 모르는 것은 아니다. 마약이나 음주와 흡연으로 인해 기형아나 뇌가 손상된 아기가 태어나길 바라는 사람이 있을까? 하지만 문제는 이 법들이 태아나 산모를 돕기보다는 오히려 해를 끼친다는 점이다. 감옥의 의료 시설은 지독히 나쁠 것이 분명하고 이 법안이 발효된다면 수많은 아기들이 감옥에서 태어나게 될 것이다.(감옥이 딱히 마약이 없는 곳이라고 할 수도 없지 않나.)

전미임부보호협회의 상임 이사인 린 팰트로는 새로 발의된 법안에 관한 글에서 우리가 임산부의 건강에 관심을 기울이는 것은 당연하지만 그들을 처벌할 준비를 하고 있어서는 안 된다고 주장했다.

임신부를 특수한 통제나 처벌을 가해야 하는 위험한 사람으로 취급하는 것은 결국 산모와 태아의 건강에 악영향을 끼칠 수밖에 없다. 그럴수록 임신한 여성이 받아야 하는 의료 서비스 부족에는 관심을 덜 기울이게 되고, 임신부가 도움을 받아야 할 때도 도움을 꺼리게 만든다.[8]

전미임부보호협회의 윈디 앤더슨도 같은 주장을 한다. "진정 건강한 임신 기간을 보낼 수 있는 기회를 제공하고 싶다면, 여성과 가족들을 어떻게 지원할지부터 고민해야 한다."[9] 문제를 더 악화하는 방향으로는 가지 말자는 이야기다.

이러한 법들이 일단 제정되고 나면 중단되기 어렵고 파국으로 치달을 수 있다. 또한 이는 여성의 권리보다 태아의 권리만을 앞세우는 사회적 관행을 극단적으로 강요하게 된다. 팰트로도 이렇게 물었다. 당국은 과연 어디까지 갈 것인가?

앞으로 경찰은 비타민을 챙겨 먹지 않았다는 이유로 임신부를 체포라도 할 것인가? 임신 중에 격한 운동을 했다며 감옥에 처넣을 것인가? '예비 임산부' 준비 언급하는 데서 더 나아가 임신하지 않은 여성이 건강 관리를 하지 않는다는 이유로 (태아가 들어설 몸에 무슨 짓인가?) 입건할 것인가? 심해도 너무 심하다.

진심으로 임신부와 아기를 돕고 싶다면 처벌을 내리기보다 도움을 줄 수 있는 법을 제정해야 한다. 앞서 말한 법들은 아무에게도 도움이 되지 않는다. 완벽한 '엄마가 되는 것'이라는 명분을 내세워 여자들을 단죄하자는 것뿐이다.

이 사회는 항상 여성들이 아기를 낳기를 바라지만 사실 그것도 특정 여성들에게만 적용되는 이야기다. 이성애자이고, 기혼이며, 백인인 여성에게만.

그래서 저 바깥에 크랙(CRACK) 같은 단체가 생겨나 저소득 흑인 지역 사회에서 활발히 피임 홍보를 하고 있는 것이다. 그래서 미국의 여러 주들이 결혼 생각 없는 비혼 여성(그렇다. 레즈비언)이 위대한 페니스 없이 임신할 수 있게 하는 보조 생식 기술에 접근하지 못하게 하는 법을 제정하려고 노력하는 것이다.

앞서 말한 퀴버풀 운동을 기억하는가? 그 운동을 하는 사람들의 신념에는 예쁜 백인 아기들만 얻어서 '인종 자멸'을 막도록 돕는 일이 포함되어 있다고 한다.

사회는 엄마가 될 것을 강요하지만 그 요구가 각각의 여성들에게 다르게 적용된다는 점도 기억해야 한다. 이를테면 흑인 여성들이 '잘못된 이유'로 아이들을 줄줄이 낳아 '복지 수급의 여왕'이 되려 한다는 미신은 여전하고 게이들이 가족을 이룰 수 없다는 생각도 여전하다.(알다시피 게이들은 그것을 '자연스러운' 방식대로 하지 않으니까.)

잊을 만하면 튀어나오는 '엄마들의 전쟁'(전업주부 대 워킹맘 논쟁)도 항상 일을 할지 집에 있을지를 결정할 여유가 되는 중산층 이상 백인 여성들만의 이야기일 뿐이다. 이 점을 한 번쯤 생각해보기 바란다.

엄마 수난 시대

여성이 (바라건대) 스스로 아기를 가질 결심을 했다고 치자. 그때부터 완전히 새로운 요구 사항과 문제가 무더기로 쏟아지기 시작한다. 임신을 했을 때는 임신부 비난에 시달려야 하고 아기를 낳을 때는 의료진에게 최고의 출산법은 자기들만 안다는 말을 들어야 한다.

예를 들어 달라고? 제왕 절개 수술 비율은 점점 높아지다 사상 최고치를 찍었다. 2005년에 1천2백만 건의 제왕 절개 수술을 했는데 2003년에 비해 27.5퍼센트 상승한 수치다.[10] 제왕 절개 수술은 여성의 자기 결정권과 어떤 관련이 있을까? 병원에서는 많은 산모들에게 이 수술을 하라고 강요하는데 이유는 간단하다. 의사들에게는 자연 분만보다 제왕 절개가 더 수월하기 때문이다. 어떤 병원은 이전 출산에서 제왕 절개를 한 산모는 자연 분만을 할 수 없게 했다.(자연 분만하다 뭔가 잘못되면 의료 사고로 고소당할까 두려워하기 때문이기도 하다.)

라니 란체스터는 둘째 아이를 낳을 때 제왕 절개를 하지 않겠다고 결정했다. 첫 아이 때 수술을 하고 회복하는 데 오래 걸렸기 때문이다. 란체스터는 임신 기간 내내 건강을 유지하며 자연 분만을 준비했으나 병원 정책이 바뀌어 할 수 없다는 말을 들었다. 보험 문제가 걸려 있어서 다른 병원으로 갈 수도 없었다. "불필요한 수술을 받아야 한다니 너무 폭력적이라는 생각이 들었습니다 ……산모에게는 의견이 없나요? 하지만 결국 보험 회사와 싸우고 병원과 의사들과 싸우는 데 지쳐 포기하고 말았습니다."[11]

산부인과 병원들의 이해하기 힘든 정책과 자연 분만을 거부하는 관행 때문에 점점 더 많은 여성들이 병원에서 해야 하는 분만 자체에 의문을 품게 되었다. 제왕 절개이건 자연 분만이건 병원을 불신하게 된 것이다. 비인격적인 병원 분위기, 거부당하는 느낌, 때로 환자 취급을 받는 데 지친 여성들은 최근 산파와 출산 도우미의 도움을 받아 집에서 출산하고 있다. 나 또한 나를 진심으로 아껴주는 사람들로 둘러싸인 편안한 환경에서 출산하는 편이 더 낫다고 생각한다. 아기를 낳는 여성에게 다양한 선택이 있어야 하기 때문이고, 여성들이 출산 과정에서 두려움을 느끼지 않아야 하기 때문이기도 하다. 병원에서 아이를 낳지 않으면 당장 위험해질 것 같다는 두려움을 느낄 필요는 없다.

뉴욕에 근거지를 둔 단체 '버스넷(BirthNet)'은 산모의 90퍼센트는 병원의 도움 없이 자연 분만을 할 수 있다고 말했다.[12] 정식 등록된 산파에게 연락하면 집이나 분만 센터에서 아기를 낳을 수 있다.(물론 많은 산파와 분만 센터는 병원과 연결되어 있거나 병원 주변에 있다.)

하지만 일단 아기를 건강하게 낳았다고 해서 끝이 아니다. 절대 그럴 리가 없지. 이제 완전히 새로운 문제와 만나게 되는데 바로 완벽한 엄마가 되어야 한다는 명령이다.

그중 내가 가장 불쾌하게 여기는 것은? 모유를 먹이는 엄마들을 모욕하는 풍조다. 이 문제가 최근 뉴스에 자주 등장했는데 엄마들이 더는 참지 않기 때문이다.(엄마들 만세!) 스스로 '랙티비스트(lactivist, 모유를 장려하는 활동가)'라 칭하는 엄마들이 모유 수유를 막는 전국의 여러 매장과 회사에서 시위를 벌이고 있다.

보스턴의 한 아기 엄마는 빅토리아 시크릿(의류 매장) 탈의실에서 모유를 먹이다가 매장에서 나가라는 말을 들었다. 분노한 그 지역 엄마들이 모여 건물 앞에서 시위를 벌였고, 결국 매장은 사과문을 발표했다. 이 일은 언론에 수차례 소개되었다.[13] 최근 델타 항공 비행기에 탑승한 한 여성은 모유 수유를 멈추라는 요구에 응하지 않았다고 비행기에서 쫓겨났다.[14] 우리는 훌륭한 엄마가 되어야 하고 아기들을 잘 키워야 하는데(모두가 모유 수유가 최고라는 것은 알지 않나!) 대중 앞에서 하려고 하면 비난받는다. 민망하다고? 왜? 여자 가슴은 아기들을 위한 것이 아니라 남정네들을 위한 것이라서?

다행히 몇몇 주에서 모유 수유를 하는 엄마들의 권리를 보장하는 법을 시행하려 하고 있다. 모유 수유를 하는 엄마들이 적대적인 환경에 대항할 수 있도록, 캔자스주의 보건 공무원은 다음과 같은 메시지가 담긴 카드를 나누어주었다. "엄마는 어느 장소에서건 모유 수유를 할 권리가 있습니다."[15] 만약 공공장소에서 모유 수유를 하다가 떠나라는 요구를 받으면 이 카드 뒤에 적힌 번호로 그 사람이나 사업장을 신고하면 된다. 멋지다.

엄마가 되면 이런 종류의 억울한 일들을 일상적으로 겪어야 한다. 아이가 자라도 영원히 끝이 나지 않을 것만 같다. 출산 방법과 모유 수유가 끝나면 일과 가정 사이의 선택, 아이 보육 문제, 대학 입시 문제가 대기하고 있다. 그럴 때마다 엄마들은 비난받는데, 거기에 승리는 없다.

유명 연예인들의 임신 소식에 호들갑 떠는 언론에 대해 잠깐 언급한 적이 있다. 임신을 굉장히 대단한 것으로 보는 것이 최근의 흐름이다. 타블로이드에 실리는 '볼록한 아랫배 사진'도 유행이고 입양도 유행이다. 사회는 그런 연예인 엄마들을 참으로 사랑한다.

'임신한' 모델이 등장하는 무알코올 맥주 광고까지 있다. 내가 '임신한'이라고 말한 이유는 사진 보정 프로그램으로 배를 볼록하게 수정했기 때문이다. 심하지 않나.

임신과 연예인에 관한 집착은 '완벽한 엄마' 집착이 얼마나 멀리 갔는지를 보여주는 예시라 생각한다. 우리가 연예인을 부러워하는 이유는 그들의 한 차원 다른 패션, 미모, 스타일 때문인데 이제는 남다른 부모인 그들도 부러워해야 한다. 그냥 이상한 정도가 아니라 너무 이상하다.

자기 환멸에 갇힌 엄마들

완벽한 엄마가 되기 위해 여자들은 수많은 부담을 짊어져야 한다. 이 사회가 그것을 쉽게(조금이라도 더 쉽게) 만들어줄 거라 생각할 수도 있지만 글쎄, 절대 그렇지 않다. 앞서 말했지만 이 사회가 만들어놓은 것은 엄마 임금 격차, 부담스러운 보육비, 일과 살림 모두 잘 해내라는 요구 따위일 뿐이다.

자녀가 있는 여성들은 남자가 1달러를 벌 때 73센트를 번다.(미혼모들은 남성들이 1달러를 벌 때 56~66센트를 번다.) 그러나 자녀가 없는 여성들은 남성이 1달러를 벌때 90센트를 번다. 차이가 꽤 크다.[16] 남녀 임금 격차는 자녀의 유무와 깊은 관련이 있는데 우리는 이런 이야기를 잘 하지 않는다.

그렇다면 여성들은 정신적으로라도 보상을 받을까? 코네티컷대학과 미네소타대학에서 엄마들을 대상으로 실시한 설문 조사에 따르면 엄마들은 가족과 주변 사람들에게 가치를 인정받지 못한다고 느낄 뿐만 아니라 사회 전반적으로 대접을 받지 못한다는 느낌을 받는다고 한다. 5명 중 1명이 엄마가 된 이후 이 사회에서 가치 있는 사람으로 느껴지지 않는다고 말했다.[17] 이쯤 되면 제대로 망한 것이다.

이런 이슈들을 다루는 훌륭한 단체이자 웹사이트 '맘스 라이징(Moms Rising)의 운영자인 조안 블레이드와 크리스틴 로-핑크바이너는 《마더후드 매니페스토(Motherhood Manifesto)》를 공동 집필하기도 했다. 5천 명이 넘는 회원이 등록되어 있는 이 사이트는 50개

이상의 전국적인 조직과 협력하여 '더 가족 친화적인 미국'을 목표로 삼아 지역 사회 활동과 온라인 조직 활동을 한다. 나는 이 단체의 선언문이 굉장히 멋지다고 생각하는데, 여기에는 엄마 출산 휴가와 아빠 출산 휴가가 함께 나와 있다. 탄력 근무제와 육아 휴직, 안전한 방과 후 돌봄 교실, 모든 아이들을 위한 의료 보험, 질 높고 저렴한 국공립 어린이집과 유치원, 자녀 유무에 따른 차별 없는 정당한 임금에 관한 내용도 있다.[18] 단순하고 직설적이다. 과한 요구도 아니다.

그렇다면 왜 이 사회는(그리고 정치인들은) 이렇게 간단해 보이는 일을 하려 하지 않을까? 진실은 이렇다. 입으로만 떠들 뿐 실제로 엄마들은 안중에도 없으니까. 이 사회가 엄마와 가족을 진정 아낀다면 당연히 국공립 보육 기관이 있어야 했다. 엄마로 사는 것을 더 쉽게 만드는 데 관심이 있었다면 지금쯤 여성과 아이가 건강 관리와 의료 서비스를 쉽게 받을 수 있어야 했고, 유연 근무 제도가 있어야 했고, 필요한 지원을 해야 했다. 그리고 어쩌면 가장 중요한 것일지도 모르는데, 엄마들을 믿어주어야 했다.

여성들이 자신의 삶과 가족과 관련해 옳은 결정을 내리고 있다고 믿어줄수록, 우리는 엄마가 된다는 것의 가치를 다시 인식하게 될 것이다.

9장

—

페미니즘의
과거와 미래

페미니즘의 역사를 공부하고 페미니스트로 활동하는 나는 온라인에서 일어나는 모든 훌륭한 페미니즘 운동이 미래에 어떤 식으로 주목받고 기록될지 궁금해지곤 한다. 눈에 띄는 단체의 성과에 대해서만 듣게 될까? 아니면 페미니즘의 역사 관련 기록물에 트위터 페미니스트들이 진행한 캠페인이나 블로그와 텀블러의 밈(meme, 인터넷상의 유행 요소)들이 기록으로 남을까? 도서관에 자료를 저장하는 것처럼 간단한 문제는 아닐 것이다! 그러니 열심히 페미니스트 활동을 하면서 우리의 작업이 미래에 어떻게 기억될 수 있는지를 생각해보도록 하자.

미국의 페미니즘 역사를 이야기하면 항상 나오는 이야기들이 있다. 여성들이 참정권을 얻었다. 여자들이 브래지어를 태웠다. 여성도 평등해지면서 페미니즘은 소멸되었다. 그리고 그렇게 끝이 났더라. 흥미 만점이다. 그렇지?

여성 단체나 여성학 수업에서 가르치는 조금 더 복잡한 내용도 페미니즘의 역사와 성과만 간략하게 훑을 뿐 이 운동에 존재했던 인종 차별주의와 계급 차별주의는 제외하곤 한다.(솔직히 그런 추한 역사도 배우고 인정해야 한다.) 물론 페미니즘 운동이 성과를 거두었을 때는 격려와 자화자찬이 넘치는 게 당연하다. 사실 어느 정도까지는 그래야 한다. 하지만 우리가 제대로 하지 못한 것이 있다면 페미니즘 운동의 홍보 부족을 솔직하게 인정하지 못하고, 현실적인 방향성을 찾지 못했다는 점이다.

우리가 스스로 비판하지 못하고 약점을 인정하지 않는다면 어떻게 페미니즘을 더 효과적인 운동으로 만들 수 있을까? 페미니스트들은 사람들이 똥을 던지는 일에 ─ 과거로 돌아가게 하려는 지속적인 방해 작전에 ─ 익숙해진 나머지 긍정적인 성과에만 집중하는 법을 배웠다. 우리가 항상 방어적인 데엔 그럴 만한 이유가 있었다. 페미니스트들은 조금만 틈을 주면 우리 입을 막으려는 사람들의 말을 듣게 되리라는 것을 알았기에, 그 소리를 막기 위해 하나로 뭉칠 수밖에 없었다. 그래야만 살아남을 수 있었기 때문이다. 하지만 우리 자신에게 솔직한 채 함께 싸울 수 있는 방법도 있지 않을까.

미국의 페미니즘은 다른 사회 정의 운동과 마찬가지로 많은 진통을 겪었다. 우리는 그 진통이 무엇이었는지 파악해야 한다. 그것들이 아직도 우리를 따끔하게 혼내고 있다. 안타깝게도 오늘날 많은 페미니즘 단체가 분파에 따라 운영된다. 적어도 '대단한' 여자분들이 많이 모이는 곳에서는 그렇다. 그리고 페미니즘의 얼굴이라 할 수 있는 여성 단체들은 페미니즘 운동의 현실을 제대로 반영하지 못하는 경우가 많다.

　과거에 페미니즘을 후퇴시켰던 바로 그분들이 여전히 앞장서서 달리고 있다.(이제 횃불 넘길 시간이에요, 언니들!) 그들을 비난하려는 것이 아니다. 무언가를 시작했으면 끝내고 싶은 마음이 생기는 것이 인지상정이니까. 하지만 오늘날의 페미니즘은 젊은 세대를 끌어들이고 계속 관심을 불러일으키는 데 실패했다. 이는 사실 예상할 수 있는 결과다. 젊은 여성들을 페미니즘으로 불러 모으기만 하고 결정권을 전혀 주지 않으면 마음이 식을 수밖에 없다. 그것도 아주 급속도로.

　그래서 나는 독자들에게 우리가 어떻게 지금 이 자리까지 왔는지 그 배경을 간단히 설명하고, 앞으로 어떤 길을 가야 하는지를 얘기하는 데 더 많은 지면을 할애하려 한다. 페미니즘의 역사는 무척 중요하고 우리의 선배들에게 감사와 존경을 잊지 않아야 하지만 더 중요한 문제는 우리가 어떤 방식으로 나아가느냐이기 때문이다. 다 같이 말이다.

참정권 투쟁에서 급진 페미니즘까지

　최초의 페미니스트들이 어떤 이들이었다고 말하기는 어렵다. 성차별주의가 존재하던 그날부터 그것을 전복하려는 여성들이 있었을 것이다. 그들이 어떤 여성이었을지 상상해보기도 한다. 하지만 이 시스템에 저항하기 위해 매일매일 작은 일들을 했던 여성들을 이야기하는 사람은 없는데 아마도 그것을 파악하고 기록하는 것이 불가능하기 때문일 것이다. 그래서 대부분의 사람들이 페미니즘의 역사를 이야기할 때는 결국 몇 안 되는 조직적이고 유명한 운동들에 한정해 말하게 된다.

당신이 '물결'이라 불리는 페미니즘 역사에 대해 충분히 알고 있다면 이 부분은 얼마든지 건너뛰어도 좋겠다. 독자들이 지루해지는 것은 나도 싫으니까. 하지만 잘 모른다면 계속 읽어보도록 하자.

대부분의 페미니스트들은 제1의 물결, 제2의 물결, 제3의 물결이라는 용어로 이 운동의 역사를 논한다. 오늘날 '제4의 물결'이 없는 이유는 이제 이 물결이란 단어를 붙이는 것을 끝내고 정형화된 이름 없이 앞으로 나아가려는 욕망이 반영된 것으로 보인다.

제1의 물결, 참정권 쟁취 투쟁

페미니즘 제1의 물결은 참정권을 쟁취하기 위해 싸운 여성들에 관한 이야기다. 엘리자베스 캐디 스탠턴과 수전 B. 앤서니라는 이름만 떠올리자.(여러분들이 학교에서 이 이름들을 배우지 않았다면 난 울지도 모른다.) 어떤 이들은 1848년의 세네카 폴스 컨벤션 — 여성들이 뉴욕에 모여 당시 여성 운동의 이슈와 목표를 요약한 '감정과 결의 선언(Declaration of Sentiments and Resolutions)'을 발표했던 사건 — 을 제1의 물결의 발단으로 보기도 한다.

제1의 물결 운동의 후반기를 다루는 영화를 보고 싶다면 〈천사의 투쟁(Iron Jawed Angels)〉을 추천한다. 전국여성당(National Woman's Party)을 창설한 앨리스 폴과 루시 번스의 이야기를 따라가며 참정권 운동의 발자취를 그린 영화다. 요약하면, 여성들은 1920년에 수정 헌법 제19조로 참정권을 획득했다. 이렇게 하기까지도 정말 오랜 시간이 걸렸다.

제1의 물결의 문제로 일반적으로 자주 언급되는 내용은 이 운동이 비백인 인종 여성, 부유하거나 특권층이 아닌 여성의 참여를 무시하는 경향이 있었다는 점이다. 모두가 백인 아니면 중산층이나 상류층 여성들이었다.(이것은 모든 물결에서 지속된 경향이기도 했다.)

사실 우리가 아는 가장 유명한 참정권 운동가들은 약간은 인종 차별주의자들이었다. 스탠턴과 앤서니는 흑인 남성들이 백인 여성들보다 먼저 투표권을 얻은 데 분노했고, 흑인의 투표권을 반대하는 불미스러운 단체들과 연합하기도 했으며, ('부유하고 교육받은 세련된 상류층'인) 백인 여성들의 투표권이 필요한 이유는 투표권이 있는 이민자들과 비백인 인종 남성들의 "빈곤, 무지, 수준 낮음"과 싸우기 위해서라고 말한 적도 있다.[1] 아주 훌륭하다.

비백인 인종 여성들은 한 번도 쉬지 않고 그들만의 전쟁을 치렀으나 거의 아무런 관심을 받지 못했다. (고맙게도) 흑인 여성의 목소리를 알린 연설이 있으니 1851년 오하이오 여성 권리 대회에서 연사로 나섰던 소저너 트루스의 "나는 여성이 아닌가요?"이다.

세상의 많은 남자들이 여자가 마차에 오를 때나 배수로를 지날 때 도와주어야 하고 세상의 모든 멋진 장소에도 같이 다녀야 한다고 말하는군요. 그런데 제가 마차를 탈 때, 진흙탕을 건널 때 도와주거나 멋진 곳에 데려가준 남자는 한 명도 없었습니다. 그렇다면 저는 여자가 아닐까요? 저를 보세요! 제 팔을 보십시오! 저는 밭을 갈고 씨를 심고 농작물을 헛간으로 옮겼지만 어떤 남자도 나보다 잘하지 못하더군요. 그렇다면 저는 여자가 아닐까요? 저는 남자처럼 일하고 남자처럼 먹을 수 있습니다. 물론 먹을 것을 구할 수 있을 때 말이죠. 다치고 상처 입어도 잘 참습니다. 그러니 저는 여자가 아닐까요? 저는 열세 명의 아이를 낳았습니다. 그리고 이 아이들이 노예로 팔려가는 것을 두 눈으로 보았습니다. 제가 어머니의 아픔을 이해하면서 울부짖을 때 예수님 외에 어느 누구도 저의 말을 들어주지 않았습니다! 그러니 저는 여자가 아닙니까?[2]

휴, 경탄스럽다. 물론 많은 여성들이 참정권을 위해 힘들게 싸워 그것을 얻어낸 것은 훌륭한 일이다. 하지만 우리는 역사를 정직하고 냉정하게 바라보아야 한다. 안타깝게도 교육 수준 높은 중산층 백인 여성 외의 여성들을 무시하는 경향은 이후의 페미니즘에서도 어느 정도 이어지고 있다.

제2의 물결, 평등권 투쟁

제2의 물결은 아마도 페미니스트 역사상 가장 유명한 시기일 것이다. 아니면 적어도 가장 이야깃거리가 풍부한 시기이다.(브래지어 태우기! 털복숭이 다리! 레즈비언!) 또한 내가 보기에 가장 오해를 많이 불러일으킨 시기이기도 하다.

1970년대 페미니즘이라고 하면 주로 글로리아 스타이넘과 불태운 브래지어가 떠오른다. 스타이넘은 실제 존재했지만 브래지어 태우기는 그렇지 않았다. 당시 주류였던 유명한 여성 해방 운동은 가정을 박차고 나오려는 여성들의 욕망에서 시작되었다. 여성들은 1950년대의 참한 전업주부라는 이미지에 갇혀 있었고 그들 앞에 놓인 삶은 대체로 신형 오븐과 아이들, 그리고 퇴근한 남편에게 술한 잔을 가져다주는 것에 무척 행복해하는 이야기로 연결되곤 했다. 와, 신난다!

베티 프리댄이 책 《여성의 신비》에서 "이름을 붙일 수 없는 그 문제"(하녀처럼 사는 것이 지긋지긋하다는 감정)[3]를 지적했고 이후 프리댄은 1966년에 설립된 전미여성기구의 창립 멤버가 되었다. 프리댄이 쓴 이 단체의 창립 성명서는 이렇게 선언한다. "미국의 모든 여성들에게 진정한 평등, 그리고 두 성 간 완전히 평등한 동반자 관계로 가는 시간이 도래했다."[4] 이 선언은 페미니즘 제2의 물결이 표방하는 가장 유명한 주제에 초점을 맞추고 있다. 여성이 가정에서 나가 사회 생활을 하는 것이다. 남녀 임금 차별, 성차별을 지양하고 여성의 공직 진출을 주장하고 전통적인 어머니상과 결혼의 개념과 싸우는 것이다. 이중 몇 가지 문제는 아직도 끝나지 않았다.(아니, 솔직히 전부 다일지도 모른다.) 하지만 분명 전미여성기구 같은 조직들은 이런 문제에 관해서 여성 권익 신장을 위해 매우 어려운 일을 해냈다.

하지만 (언제나 '하지만'이 문제다) 전미여성기구의 크나큰 성과가 아닌 것이 있다. 이 조직의 이면이자 대체로 주류 제2 물결의 특징이기도 하다. 전미여성기구가 탄생한 이후, 이 단체는 동성애 혐오로 비난받았고 오직 백인 중산층 여성에게 영향을 끼치는 문제에만 집중한다는 비판도 받았다.

'남성 혐오자'라는 낙인이 찍힐까 두려워했던 전미여성기구는 1960년대 후반에 불거진 레즈비언 문제와 철저히 거리를 두려 했다. 프리댄은 레즈비언들을 '라벤더 위협(Lavender Menace)'이라 부르며 천시하기도 했다. "무서운 레즈비언들이 오고 있다! 레즈비언들이 오고 있다!" 이는 기본적으로 전 세대의 참정권 운동가들이 저지른 잘못과 같은 성격이라고 할 수 있다. 흑인들이 투표권을 얻는다거나 레즈비언들이 페미니즘을 정의하는 것 같은 급진적인 생각이 이 운동의 주류 친화성을 파괴할지도 모른다고 생각했던 것이다. 휴.

전미여성기구가 중산층 백인 여성 중심의 조직이었다는 비난은—페미니즘 제2의 물결 운동 전체도 마찬가지—처음 나온 비판은 아니다. 이 운동의 주요 쟁점은 언제나 여성이 집에서 나가 사회생활을 해야 한다는 주장이었다. 하지만 당시 저임금 여성과 비백인 인종 여성은 이미 집 밖에서 일을 하고 있었다. (그리고 집 안에서도) 가사 노동자로 일했다. 일을 하고 싶어서가 아니라 해야 했기 때문이었다!

제2의 물결 페미니즘에서 꽤 매력적인 결과물이 나오기도 했다. 글로리아 스타이넘이 창간하고 로빈 모건과 마샤 앤 길레스피(그 외 여러 명)이 운영한 〈미즈〉이다.[5] 또한 로 앤 웨이드 판례를 거쳐 여성들은 낙태권을 쟁취했다.[6] 1964년, 연방 민권법 제7조가 통과되면서 고용 기관이 인력 배치에 성차별을 두거나 성별 때문에 피고용인의 요구를 거부하는 것이 금지되었다. 민권법 제9조인 교육

평등법은 공공 기금을 지원받는 학교에서 차별을 금지한다는 법안이다.[7] 앤절라 데이비스[8]라는 뛰어난 운동가도 나왔으며, 수전 브라운밀러는 강간 문화에 대한 책 《우리의 의지에 반하여(Against Our Will)》를 펴냈다. 페미니스트들은 여성 대상 폭력의 인식을 일깨우는 운동을 펼쳤다.[9] 앨리스 워커는 '우머니스트(Womanist, "흑인 페미니스트나 비백인 인종 페미니스트이며…… 보통 거칠고 대담하고, 용감하고, 고집센 행동을 가리킨다.") 라는 용어를 만들어냈다.[10] 레즈비언 이론이 이목을 끌기 시작했다.[11] 안티 포르노주의자들과 포르노를 그다지 반대하지 않는 페미니스트들 간의 갈등인 '섹스와의 전쟁'도 일어났다.[12] 젠장, 해도 해도 끝이 없다.

제2의 물결의 성취를 자세히 설명하지 않고 넘어가면 비난을 들을 수도 있을 것 같다. 하지만 이에 관해서는 굉장히 많은 책들이 나와 있으니 궁금하다면 더 찾아 읽어보기 바란다. 당연히 나는 우리 선배들에게 너무나 많은 빚을 졌다고 생각한다. 어쩌면 그렇기 때문에 끝까지 파고 들어가 단점을 직시하는 것 또한 그리 큰 해는 되지 않을 것이라 생각한다.

제3의 물결, 우리의 언어로 만드는 페미니즘

제3의 물결에도 (어쩌면 나도 그 일부일지 모른다) 역시 불미스러운 고정 관념들이 수없이 붙어 있다. 우리는 변덕스럽고 호들갑스럽고 진지하지 않은 페미니스트로 여겨진다. 왜냐하면 우리가 화장을 좋아하고 하이힐을 좋아하고 연예인 이야기를 좋아하기 때문이다. 우리는 시시하고 유치한 것에 관심이 많다. 하지만 어떤 면에서 바로 이런 점들이 제3의 물결을 더 멋지게 만들어주는 것이 아닐까. 우리는 여전히 진지한 논의를 하고 있지만 그렇게 필수적이지 않아 보이는 소재들(이를테면 대중문화) 속의 성차별도 주제로 삼는다.

제3의 물결에 대해서 생각할 때는 대학의 여성학 강좌에서 배우는, 다양한 페미니즘 이론(퀴어 이론, 탈식민주의 이론)처럼 학문으로서 페미니즘을 떠올린다. 하지만 제3의 물결에는 건조한 이론이 아닌 흥미진진한 내용도 정말 많다. 〈버스트〉나 〈비치〉 같은 잡지들, 《매니페스타》 같은 책들, 그리고 (끝내주게 멋진) 캐슬린 해나가 배에 '슬럿'이라고 쓴 일들이 난 자랑스럽다.

물론 '슬럿(slut, 계집년)'이나 '비치(bitch, 암캐)'나 '컨트(cunt, 걸레)' 같은 단어들을 다시 우리 것으로 만들자는 주장이 모든 사람들의 취향에 맞지 않을 수도 있다. 어떤 면에서 과거에 여성을 비하하는 데 사용된 단어들을 재활용하는 건 성차별주의를 인정하거나 그에 동참한다는 뜻으로 오해받을 수 있다. 하지만 오늘날의 젊은 여성들은 이 단어들에 의미를 불어넣어 우리만의 힘을 끌어내려 한다.

화장과 하이힐에 관해서도 양쪽에서 비슷한 주장이 나온다. 최대한 화려하게 꾸미는 것이 힘을 준다고 말하는 젊은 페미니스트들이 있다. 나 또한 얼마든지 괜찮다고 생각하지만 몇몇 (보통 나이가 지긋한) 페미니스트들은 우리가 자신을 속이고 있다고 말하기도 한다. 나 같은 경우 메이크업과 하이힐을 즐기고 이 취미가 나를 부족한 페미니스트로 만들지도 않지만 그렇다고 더 훌륭한 페미니스트로 만들지도 않는다고 생각한다.

물론 내가 즐기는 어떤 것들, 그중 화장처럼 기본적으로 '여성적인' 요소들은 있는 그대로의 내 외모나 존재만으로 충분하지 않다고 말하는 이 사회 때문에 시작되었다는 사실도 잘 알고 있다. (웹사이트 '페미니스트Feministe'의) 블로거 질 필리포빅은 이렇게 간단히 정리했다.

나는 마스카라를 좋아한다. 이것에 대해 죄책감을 느끼느라 내 아까운 시간을 허비하지는 않을 것이다. 하지만 나는 길고 두꺼운 속눈썹이 나를 강하게 느끼게 한다거나, 다른 여성들도 화장을 하면 더 행복해지고 더 강하게 느낄 거라고 나나 타인을 설득할 필요도 느끼지 못한다. 또한 나를 지지해야 할 여성들이 내 행동은 명백히 '잘못되었고' 반 페미니스트적이라고 말한다고 해서 의기소침해지지도 않을 것이다.[13]

무엇이 '진짜' 페미니스트인지에 관해 내부적으로 논쟁이 일어나고 있고 특히 세대 간에 의견 차이가 존재한다. 솔직히 말하자면 나에게 '진정한 페미니스트는 이래야 한다, 저래야 한다', '페미니스트의 외모는 어때야 한다'라고 잔소리하는 사람들이 너무 싫고 지겹다. 모든 페미니스트들이 제모 안 하는 남성 혐오자라고 말하는 것도 멍청하기 이를 데 없고 하이힐을 신고 마스카라를 한 여자들은 골수 페미니스트가 아니라거나, 그들이 성차별주의를 묵인한다고 말하는 것도 유치할 뿐이다.

내가 왜 그런 행동을 하는지, 나의 말과 행동이 성차별과 어떻게 관련이 있는지 분석할 수 있어야 한다. 하지만 페미니스트들끼리 서로 네가 틀리고 내가 옳다고 물어뜯는 것은 세상에서 가장 멍청한 짓이라고 생각한다. 페미니스트의 외모 꾸미기와 미적 취향을 판단하고 훈계하는 것은 성차별자인 남성이 여성의 외모를 평가하는 것과 다를 바가 없다. 한 가지 다른 것은 페미니스트들끼리 서로 외모 논쟁이나 벌이고 있으면 페미니즘 운동에 피해가 간다는 점이다.

포르노 같은 논쟁적인 주제도 마찬가지다. 어떤 이들은 포르노에 반대하지 않으면 페미니스트가 아니라고 말할 것이다.(제2의 물결과 제3의 물결에서 자주 등장한 주장이다.) 모두가 자기 나름의 페미니즘이 있고 모두가 페미니즘에 대한 각자의 생각들을 품고 있다. 우리의 의견이 항상 일치할 필요는 없지만 서로의 의견을 존중할 필요는 있다. 서로를 죽이려 하면서 어떻게 앞으로 나아간단 말인가?

그렇다고 해서 제3의 물결이 오직 대중문화나 세대 간 긴장에 관한 것은 아니다. 멀리서 보면 제3의 물결은 제2의 물결 뒤에 따라온 역풍에 대한 반응이라 할 수 있다.(수전 팔루디의 책《백래시(Backlash)》[14]을 꼭 읽어보길 바란다.) 제3의 물결 페미니스트들은 우리 전 세대들과 마찬가지로 매우 '진지하다'. 내가 제3의 물결에서 마음에 드는 점은 우리가 이 세상의 모든 것에서 페미니즘을 찾아낼 줄 알고 그것을 우리만의 언어로 표현한다는 점이다.

학문적인 페미니즘에 대해서도 할 말이 있다. 나는 여성학과 젠더 분야의 석사 학위가 있다. 그리고 대학원과 학계에서 보낸 시간은 여러 면에서 그 무엇과도 바꿀 수 없이 소중하다. 그 안에서 페미니스트로서 정체성을 세웠고 정치에 대해 더 깊고 탄탄하게 이해할 수 있었다. 그렇지만 학문적 페미니즘은 내 방식이 아니었다. 나는 실천주의 페미니즘이 좋았다. 우리 부모님은 두 분 다 대학을 안 나오셨지만 나를 처음 페미니즘으로 이끈 사람은 우리 엄마였다.(물론 처음 내가 이 전공을 택했을 때는 별로 달가워하시지 않았지만.) 중학교 때 워싱턴 D. C.에서 벌인 낙태권 찬성 거리 행진에 정말로 참가하고 싶었지만 주말 내내 동행한 엄마와 붙어 있어야 한다는 것은 사춘기 중학생에게 버거운 일이었다. 나는 고민하다가 행진에 참가하기로 했다. 그리고 '관광객스러운' 모든 것을 거부하려는 사춘기 특유의 반항심 때문에 나는 엄마가 관광지 앞에서 사진을 찍자고 할 때마다 인상을 쓰곤 했지만, 결론적으로 나는 그곳에서 그야말로 환상적인, 내 인생이 바뀌는 시간을 보내고 왔다. 수많은 여성들이 거리 행진을 하며 주변에서 들려오던 낙태 반대자들의 끔찍한 말들을 눈 똑바로 뜨고 상대하던 모습을 보며, 나는 페미니즘이 무엇인지에 관해 알아야 할 것은 다 안 것만 같았다. 대학원에서 페미니즘 이론과 사상들을 배우고 돌아와서 엄마와 함께 토론하기 힘들다는 것을 알게 되면서부터 학문적 페미니즘은 내게 소용없어졌다. 나는 페미니즘이란 교육 수준과 상관없이 모든 사람에게 다가갈 수 있어야 한다고 생각했다. 어려운 이론들이 끝장나게 멋지긴 하지만 모든 사람이 그 이론을 이해하고 자기 삶에 적용할 수 있는 것은 아니다.

페미니즘의 현재

지금 현재 페미니즘의 상태는 논란의 여지가 있다. 우리 페미니스트들은 계속 한걸음씩 전진하고 있는데도 어떤 사람들은 페미니즘이 사망에 가까워졌다고 이야기한다. 앞서 말한 것처럼 (그래도 또 말할 것이다), 페미니즘 운동에 관해서라면 이 시대의 젊은 페미니스트들은 아주 잘나가고 있다. 나는 젊은 여자들이 더는 페미니즘이나 정치에 관심이 없다는 말들이 듣기 싫다. 내가 아는 페미니스트들은 대부분 서른 살 이하이고, 생식권이나 빈곤 문제나 전쟁처럼 수많은 정치·사회 문제에 진지한 관심을 쏟고 있다. 하지만 대중 앞에서 페미니즘을 대표하는 얼굴은 젊은 사람이 아니다. 토론회에서 상석에 앉아 있는 사람도 젊은 페미니스트가 아니다.

수많은 페미니스트 단체에서 일했는데 그중에는 미국 단체도 있고 국제 단체도 있다. 최근 몇 년간은 미국을 대표하는 여러 페미니스트 단체에서 적극적으로 활동하기도 했다. 나는 이곳을 (내 목숨만큼) 사랑하지만 여성 단체 안에도 적지 않은 문제가 있다. 내가 '페미니스팅닷컴'에서 일하고 있기 때문인지 나에게 가장 크게 다가오는 문제는 역시 젊은 페미니스트의 참여 문제다.

젊은 여성들은 내가 몸담고 있는 페미니즘 세계의 모든 곳에서 각개 전투를 벌이고 있다. 블로그를 운영하고 웹진과 잡지를 발행하고 작은 지역 사회 봉사 단체들을 설립하기도 한다. 젊은 여성들은 페미니즘 프로젝트를 기획하고 조직하며 이끌고 있다. 그러나 유명한 단체에는 (그리고 큰돈을 투자받을 수 있는 장소에는) 젊은 여성들이 굉장히 드물고, 특히 의사 결정을 하는 위치에서는 거의 찾아볼 수 없다.

　나는 예시를 사랑하기에 여러분의 이해를 돕는 딱 한 가지 예를 소개하려 한다. 2006년은 전미여성기구 창립 40주년이었다. 나는 그때 처음으로 기구의 학술 회의에 참여하게 되었다. 평생 페미니스트였으니 부끄러운 일이 맞다. 전미여성기구는 막강한 영향력이 있는 여성 단체다. 언론에 등장하는 페미니스트들의 의견은 이곳에서 나오고 이 기구는 모든 지방에 본부를 두고 있으며 정식 월급을 받는 직원도 500명에 달한다. 대단한 단체다.

　나는 이곳에 연설자로 참가해 페미니즘과 블로그 활동에 관한 이야기를 할 패널로서 앉아 있었다. 가기 전에는 약간 회의적이었다. 이전 학술 회의에 대한 여러 안 좋은 소문을 들었고 복고풍 손거울로 자기 버자이너 보기 워크숍에 가는 것 같은 기분이 약간은 들었기 때문이다.(걱정 마시길. 전혀 그렇지 않았다.)

　내가 아는 24세의 페미니스트는—그녀는 전미여성기구와 협력 관계를 맺은 조직에서 일하고 있기에 이름은 밝히지 말아 달라고 했다.—2005년 학술 회의에서 그리 유쾌하지 않은 일을 경험했다고 말했다. 그 여성은 패널로 참여하기 위해 오랫동안 준비했지만 토론장에 들어가려 했을 때 기구의 담당 직원이 그녀에게 강연을 하기에는 '직함'에 권위가 부족하다고 말했다. 직함 트집을 잡았지만 그저 그녀가 너무 어리다는 말을 돌려 했을 뿐이었다. "기구에서는 제가 강연을 할 만큼 권위가 없다고 걱정을 했어요. 내 나이 때문이기도 했고, 내 직함이 같이 앉아 있던 경력 많고 학력 높은 권위자들 수준에는 미치지 못한다는 뜻이었죠." 그녀의 상사가 항의 전화를 한 후에야 토론석에 앉을 수 있었다. 이건 너무하지 않나?

다행히 내가 그 학술 회의에 참석했을 때 전미여성기구는 '젊은 페미니스트 서밋(Young Feminist Summit)'과 손을 잡았고 젊은 페미니스트들은 우리 세대의 쟁점을 논의할 자리를 확보할 수 있었다. 유일한 불만은 학술 회의 홈페이지의 형편없는 디자인과 내가 볼 때 유행이 지난 '어려 보이는' 말투였다. "우리는 뉴욕주 올버니에 가서 크라운 플라자 올버니 호텔에서 죽치고 놀기로 했당." 우리 젊은 페미니스트들은 이런 말투를 거의 쓰지 않는다. 하지만 애써주는 것도 고마웠다.

이런 문제를 안고 있는 페미니즘 학술 회의가 이뿐만은 아니다. (《미즈》가 속한 조직인) 페미니스트 단체 FMF(Feminist Majority Foundation) 학술 회의에도 간 적이 있는데 이 행사에는 대학생 페미니스트 활동가들이 수백 명 참가했다. 환상적이지 않나? 아니, 거의 환상적일 뻔했다. 대학생 페미니스트들은 대화 주체가 아니라 대화 소재일 뿐이었다. 우리에겐 친목을 다질 시간도 없었고, 우리만의 워크숍도 없었고, 질문할 기회조차 얻지 못했다.

트집을 잡고 싶지는 않다. 그런 것은 절대로 아니다. 나이에 상관없이 페미니스트들 모두 최선을 다하고 있다는 사실도 잘 알고 있다. 하지만 페미니즘이 언제나 혈기 왕성하게 앞으로 나아가길 원한다면 우리의 선배 페미니스트들이 자신들이 세운 왕국의 권한을 우리에게도 물려주어야 한다고 생각한다. 일부라도 말이다. 우리 또한 머뭇거리지 말고 적극적으로 행동을 개시해야 한다. 페미니즘이 죽어 가고 있다는 기사를 읽으면 그 기사를 쓴 기자에게 항의 편지를 쓰자! 지역의 여성 단체에 가입하자. 아니면 당신만의 페미니즘 모임을 시작해도 된다. 그렇게 계속 우리 자신을 증명하지 않으면 젊은 페미니스트들은 존재하지 않는다는 이야기를 앞으로도 듣게 될지 모른다.

실천하는 페미니즘

앞으로 페미니스트 단체들이 어떤 모습이 될지 지금은 알 수 없지만 지금보다 훨씬 다채로운 면모를 갖추고 활동 영역을 넓히기를 기대한다.

전미여성기구와 FMF는 이제 더는 페미니즘의 기수가 아니다. 나의 견해지만 이러한 단체들은 최근 페미니스트 활동보다는 워싱턴 로비에 주력하는 듯 보인다. 활동을 위주로 하는 규모가 큰 단체들도 있지만 전국적인 단체보다는 지역 단체들의 활동이 더 활발한 것 같다. 전국적인 여성 단체도 물론 정말 중요하고 꼭 필요하다. 하지만 내가 대화해본 젊은 여성들은 페미니즘이 전보다 더 다양한 방향으로 뻗어 가고 있다고 이야기하는데, 내가 볼 때도 그렇다.

브루클린의 시민 단체 '성평등을 위한 소녀들'의 사무총장인 31세의 조앤 스미스는 페미니즘의 미래에 대해 이렇게 말했다. "미래의 페미니즘은 내 집에서, 나의 동네에서부터 시작될 것이다. 윗동네와 아랫동네가 교차해야 한다. 현재 (저 높은 언덕 위에 올라가 있는) 페미니즘은 현실과 동떨어져 있다. 이 운동의 진정한 성취나 발전은 모든 사람, 적어도 억압받는 다수들이 이를 지탱하고 그들이 페미니즘을 가깝게 느낄 때 가능해진다."[15] 나 또한 스미스의 지적이 정확하다고 생각한다. 페미니즘은 특히 가깝게 느껴지고 쉽게 다가갈 수 있어야 한다. 페미니즘을 내세우는 방법과 페미니즘 운동을 하는 방식 모두 그렇게 되어야 한다.

'판다곤(Pandagon.net)'의 블로거인 (내 친구이기도 한) 어맨다 마콧은 블로그 활동은 페미니즘 운동을 실천하는 새롭고 근사한 방법이 될 수 있다고 말한다. 블로그야말로 고전 페미니스트들의 격언인 '개인적인 것이 정치적인 것이다'의 실현이기 때문이다. 어맨다는 블로그가 왜 중요한지에 관해 다음과 같이 말한다. "개개인의 이야기가 독자들에게 다가가기까지 수많은 장벽이 있지만 블로그는 이것을 너무도 간단하게 없앤다. 개인의 경험과 일상을 담을 수 있는 블로그들은 페미니스트들에게 가깝고도 든든한 활동 기반이 되어주고 성차별을 인식하고 성차별과 싸우는 어렵고 험한 일을 좀 더 쉽게 할 수 있게 한다."

크게 놀랍지 않겠지만 블로거인 나도 동의한다. 나도 페미니스트 블로그가 똑똑한 발언을 하는 여성들과 접촉하기에 아마도 가장 좋은 방식이라고 생각한다. '페미니스팅닷컴'을 통해 내가 행동하는 페미니스트라는 것을 알렸고, 이 안에서 내가 어떤 페미니스트가 되고 어떤 여성 모임을 조직해야 하는지에 관해서도 새롭게 생각할 수 있었다. 개인적으로 내 작업과 내가 참여하는 분야에서 가장 중요한 요소는 접근성에 있다고 생각한다.

온라인 운동의 장점, 특히 블로그 활동의 장점은 어디에서도 쉽게 얻을 수 없는 커뮤니티를 생성한다는 것이다. 전미여성기구 지부가 없는 지방 소도시에 살거나 자신을 페미니스트라 말하는 사람이 한 명도 없는 고등학교에 다니고 있다 해도, 페미니스트 웹사이트에 접속해서 전국 각지의 여성들과 소통할 수 있다. 이 점이 굉장히 좋다.

또한 근래에는 소규모 지역 단체들이 유명한 페미니즘 전문가들보다 페미니즘의 발전에 더 많은 기여를 하고 있다는 생각이 들었다. 워싱턴 D. C.에서 벌어지는 여성들의 대규모 시위는 정말 훌륭하다. 하지만 지방의 법, 학교 규칙처럼 작은 것을 바꾸는 것도 더할 나위 없이 중요하다. 활동의 결과가 바로 내 앞에서, 나의 지붕 아래에서 일어날 때 운동의 효과가 더 크게 느껴지기도 한다.

결국 형식이 어떻고 종류가 어떻든 간에 실천하는 페미니즘이 나는 무조건 좋다.

페미니즘의 역사에 무수한 문제들이 존재하지만, 나는 페미니즘에 그 모든 단점을 안고 가도 될 만큼 끝내주게 강하고 멋진 힘이 있다고 생각한다. 특히 우리가 스스로 한계를 인정할 때 우리는 더 강해진다. 페미니즘의 진짜 힘은 페미니스트의 숫자나 대중적인 이미지가 아니다. 여기에 참여한 여성들의 수준과 다양성에 있다. 이 세상을 바꾸기 위해 '자매애'라는 수사나 말잔치는 필요 없다. 우리는 이미 우리 손으로 변화를 만들고 있으니까.

10장

남자에게도 페미니즘이
필요하다

대학 캠퍼스에서 강연을 할 때 가장 많이 받는 질문은 남자들을 페미니즘에 동참하게 만들려면 페미니스트들이 어떻게 해야 할지에 관한 것이다. 굉장히 흥미로운 질문이라고 생각하는데, 남성들의 참여가 페미니즘에 매우 유용하다는 점을 인정하는 것이기도 하고 약간의 무지가 드러나기 때문이기도 하다. 남성들은 이미 페미니즘에 깊이 관여하고 활동하고 있다. 물론 우리는 그들을 많이 만나지는 못하지만, 블로그와 온라인 포럼 덕분에 이전보다는 목소리를 내는 남성 페미니스트들이 많아졌다. 남자들도 페미니즘 이슈가 자기 삶에 끼치는 영향력을 아주 잘 이해하고 있다. 그들도 가부장제와 이중 잣대가 남성들을 지치게 한다는 것을 알고 사회의 변화를 바라고 있다. 하지만 일반적으로 아직은 페미니즘에 동참하는 남성들이 부족하기에, 자기 자신을 페미니스트라 여기지 못하는 남자들에게 페미니즘을 전하려는 시도가 더 많아져야 한다고 생각한다. 물론 홍보하기가 쉽지는 않다. 남자들은 성차별로 피해를 입기도 하지만 분명 이익을 얻고 있기 때문이다. 그렇지만 우리는 조금이라도 더 많은 남성 페미니스트들의 목소리를 드러내야 한다. 그렇게 해서 우리에게는 미국의 사회 활동가이자 작가인 바이런 허트와 성폭력 예방 활동가 잭슨 카츠 같은 훌륭한 남성 페미니스트들이 생겼다. 다른 남자들에게 말을 잘 전달할 줄 아는 남자들이 필요하다. 페미니즘이 전반적으로 여성이 주체가 되는 운동이라는 사실에는 변함이 없겠지만 반드시 그래야만 하는 것도 아니고 그럴 필요도 없다.

남자들도 성차별주의의 부정적인 영향을 받지만 이에 대해 그리 많은 이야기를 꺼내려 하지 않는다. 특히 남자들끼리는 잘 하지 않는다. 바로 이곳에 페미니즘이 들어가서 자리를 잡아야 한다.

젊은 여성들에게 착하고 유순한 소녀가 되어야 한다고 말했던 사회가 소년들에게는 강인하라고, 감정을 드러내지 말라고, 때로는 폭력을 써도 괜찮다고 말한다. 여자들이여, 남자들의 문제가 곧 우리들의 문제다. 남자들이 강간을 하고 폭력을 저지르는 인간으로 태어나는 것은 아니다. 남자들은 타고나길 감정적으로 둔하고 거칠지 않다. 젠더의 압박이 여성에게 상처를 주듯이 남자들에게도 상처가 된다.

나의 '남성다움'을 보여줄 유일한 방법이 다른 이에게 폭력을 행사하는 것이라는 사실이 어떤 의미인지 상상이나 할 수 있을까? 언제나 마음의 문을 닫고 사는 것이라면? 나한테 그렇게 살라고 한다면 무척 끔찍하고 슬플 것 같다.

페미니즘은 남자도 도울 수 있지만 그들이 마음을 열 때에만 가능하다. 인구의 절반을 저버리는 것은 완전히 성공한 페미니즘이라 할 수 없다. 어떻게 하면 이렇게 넘치도록 매력적인 페미니즘을 우리 인생의 남자들에게도 전파할 수 있을까?

나는 남성성 전문가는 아니다. 성차별주의가 남성들에게 얼마나 큰 피해를 끼치는지에 대해 나보다 훨씬 더 정확하게 말해줄 전문가들이 많다. 학계의 교수들, 남성성을 주제로 훌륭한 조언을 해주는 마이클 키멀, '남자는 강간을 멈출 수 있다(Men Can Stop Rape)' 같은 단체들도 있다. 남성성에 관해 조금 더 자세한 정보를 얻고 싶다면 전문가나 관련 단체들을 알아보길 권한다.

남성과 페미니즘에 관한 내 생각은 이제 막 형성되었다. 하지만 그냥 넘기기에는 너무나 중요한 주제이기에 이 책에 꼭 넣고 싶었다. 이 사회가 바라는 '남자'가 된다는 것이 남녀 모두에게 잠재적인 상처가 될 수 있는 세상에서는 특히 더 그렇다. 전쟁에서 남성성이 표현되는 방식 때문인지 아니면 대중 매체에서 전시되는 방식 때문인지 모르겠지만, 지금 이 상태는 그리 바람직하지 않다.

남성다움의 기준이 남성들에게 끼치는 영향을 논하지 않고서는 성차별주의와 성차별이 여성에게 끼치는 영향을 포괄적이고 깊이 있게 이해하고 말할 수 없다. 이것들은 미치고 팔짝 뛸 정도로 긴밀하게 연결되어 있다. 남자들이 페미니즘에서 무언가 얻을 수 있다는 사실을 깨닫고 우리와 한 팀이 되어 연합한다면 페미니즘이 얼마나 쉬워지고 앞으로 얼마나 멋진 모습으로 진화할까?

'남자답다'는 것

밀워키 베스트 맥주 광고에는 뒷마당에서 땅을 파는 남자 세 명이 나온다.(테스토스테론 향기가 풀풀 난다.) 그중 한 사람 주위에서 벌이 앵앵대자 남자의 목소리가 약간 높아지고 (사실 여자처럼 비명을 지르며) 손으로 벌을 휙휙 쫓으려 한다. 친구는 별 등신 같은 놈을 다 본다는 듯이 그를 쳐다본다. 그때, 커다란 밀워키 베스트 맥주 캔이 하늘에서 떨어지더니 벌 때문에 벌벌 떨며 소리 지른 남자 위에 떨어져 그를 뭉개버린다. 너무 '여성스러운' 그 남자는 이 땅에서 살 가치가 없었나 보다.

그리고 기가 막힌 광고 문구가 들어간다. "남자라면 남자답게 행동하자." 피자를 먹다 손에 기름이 묻자 '감히' 냅킨을 뽑으려던 남자에게도 똑같은 일이 일어난다. 이 광고의 교훈은 무엇일까? '여자'처럼 행동하다가는 거대 맥주 캔에 깔려 죽는다. 참 귀엽다.

이 광고가 특히 흥미로웠던 첫 번째 이유는 남자다움을 굉장히 전형적이고 편협한 관점으로 바라본다는 것이고, 두 번째 이유는 남성성은 여성적이지 않은 무언가로 정의된다는 것이다. 그러니까 계집애처럼만 행동하지 않으면 된다.(혹은 게이처럼!) 그것만 아니면 다 괜찮다.

이것은 내가 이 책의 도입부에서 꺼낸 "여성/남성에게 할 수 있는 가장 최악의 말은 무엇일까?"라는 질문과 맥락이 같은 이야기라 할 수 있다. 여자가 되는 것보다 더 나쁜 건 없고, 남자란 자고로 그 무엇이 되었건 '여성다움'과는 대척점에 있어야 한다는 사고

다. 우리 사회에서 정의하는 남성성은 이렇게 혀를 찰 정도로 성차별주의와 한마음 한뜻으로 묶여 있다. 너무 슬픈 이야기 아닌가?

다시 '남자라면 남자답게 행동하자' 광고로 돌아가서, 나는 밀워키 베스트 광고가 너무 의미심장하고 많은 면에서 현 세태를 반영한다고 생각한다. 여성성에 직접적으로 공격을 가하면서 남자란 무엇인지를 정의하고 있을 뿐만 아니라 남자답게 '행동'하는 것이 그 어떤 것보다 가장 중요하다는 의미를 담고 있다. 어떤 면에서 이 광고는 남성성을 일종의 연기로 인식하고 있다. 그러니 남자인 당신이 실제로 벌레를 무서워하거나 미끌미끌한 피자 기름이 손에 묻는 것을 질색한다 해도 절대 아닌 척하면서 남자라면 마땅히 해야 할 행동 기준을 따라야 한다. 난감하다.

물론 남자답게 '행동' 하라는 기대가 맥주 광고에만 나타날 리는 없다. 이런 강요와 압력은 어디에나 있다. 남녀를 불문하고 우리는 어린 시절부터 "사내가 왜 울어?" "사내가 되어라." 같은 말을 수 없이 들었다. 그중 내가 1순위로 꼽는, 꼬마 때부터 자주 들어 온 이런 말도 있다. "계집애 같은 짓 좀 하지 마."

하지만 요즘에 새로운 유행이 등장했다. '남자다움'을 벗어나 '소년다움'을 찬양하는 것이다.

남자는 자라서 소년이 된다

미국의 남성성에 새롭게 등장한 문화 트렌드가 있는데, 적어도 대중문화 안에서는 인기 만점이다. 바로 소년다움의 귀환이다. 생각해보면 예전에는 남자다운 남자의 이미지는 가족을 책임지는 가장이나 잘나가는 직업을 갖고 승승장구하는 남자였다. 그러나 근래의 광고나 텔레비전 프로그램을 보면 영원히 소년으로 남아 있어야 하는 것만 같다.

무슨 말인지 알 것이다. 새로운 유행인 '여자 애인보다 남자 친구'라는 사고방식은 다른 문화를 압도한다. 철없는 소년이 멋진 남자의 완성형인 것처럼 말하는 모든 광고들을 생각해보라. 남자들끼리 모여 카드놀이를 하고, 스포츠 경기를 보고, 맥주를 마시고, 여자들에게 작업을 걸고 ('나이 든 중년' 남자들도 마찬가지다), 그 옆에 있는 여자와 아내들은 징징대고 잔소리만 하는 재미없는 존재로 그려진다.

2006년 3월 칼럼니스트 락슈미 초드리는 '남자는 자라서 소년이된다'라는 글에서 남자들의 '어린이화'가 점점 더 주류 문화가 되고 있다고 썼다.

다 큰 사내들이 소년처럼 행동한다. 그리고 서로 잘한다고 추켜세운다. …… 전통적인 남성성은 자립하고 결혼하고 자녀와 직업을 갖는 것을 진정한 남자가 되는 통과 의례로 여겼지만 21세기의 남성다움은 그런 지루한 의무들이 남성을 무력하게 한다면서 거부하고 아내를 엄마의 자리에 갖다 놓는다. 그 결과 어렸을 때 꿈꾸어 온 유치한 남성 판타지가 탄생한다. 성인의 특전인 돈, 섹스, 자유만 누리고 책임은 하나도 지려 하지 않는 것이다.[1]

어떤 이들은 잡지 〈맥심〉이 늘 최고로 내세우는 유치한 버전의 남성성이 대중문화를 넘어서 생활 속으로 스며든 것이라 말한다. 2005년, 리베카 트레이스터는 칼럼 '무기력한 소년들'에서 이렇게 진단한다. "현대의 남자들은 사랑뿐만 아니라 인생에 관해서 헌신 기피증에 걸려 있다. 그들은 먹고 마시고 마약을 하지만 그들의 쾌락주의에는 관심이 없고 환희가 없다. …… 그들은 사람에도, 활동에도, 직업에도, 이상에도 에너지를 쓰지 않으려 한다."[2] 트레이스터는 어쩌면 이런 세태가 남성성의 위기를 보여주는 것일지도 모른다는 이론을 제시한다. 남자이지만 남자가 되고 싶지 않은 것이다.

그것이 과연 무슨 뜻일까?

남성성의 실체

'남자다움'의 실체가 무엇인지 불확실하다. 그저 여자가 아닌 것일까? 그 이상의 뭔가가 있을까?

마이클 키멀은 '남성성의 원칙'이 다음과 같다고 설명한다.

계집애 같은 짓 하지 않기, 그것이 첫 번째 원칙이다. 여성스러움의 기미가 보이는 것은 절대로 절대로 하면 안 된다. 두 번째 법칙은 중요한 인물이 되기. 우리는 남성성을 수입, 부, 권력, 지위에 따라 판단하곤 했다. 세 번째 법칙은 단단한 나무토막 되기. 감정을 절대 내보이지 않음으로써 남자라는 사실을 증명한다. 네 번째 법칙은 본때를 보여주기. 언제나 앞만 보며 전진하고 당신이 하는 모든 일에 대담하

고 공격적인 분위기를 풍긴다. 이런 남성성 유형은 아주 끈질기게 우리 곁에 살아남아 있다.[3]

키멀은 이것을 '남성에게 가하는 끈질긴 압박과 스트레스'라고 묘사한다. 내가 봐도 그럴 것 같다. 그런 식으로 살기는 그리 쉬워 보이지 않는다. 그러나 문제는 사는 것이 쉽지 않다는 데서 끝나지 않는 데 있다. 남성성을 정의하는 이런 편협한 사고 때문에 남자가 여자를 대하는 방식이 망가져버린다.

키멀은 페미니스트 혐오는 남성성과 깊이 관련되어 있다고 말한다. 남자다운 남자라는 전통적인 개념을 평생 붙잡고 있던 남자들에게 페미니즘은 실질적인 위협으로 다가온다. 페미니즘이 그들이 누려 왔던 전통적인 젠더 역할에 의문을 제기하기 때문이다. 또한 그는 '남자다움'의 개념이 여성을 향한 폭력과도 연결되어 있다고 믿는다. "남자는 자신의 힘이 꺾인다고 느낄 때, 힘이 점점 빠진다고 느낄 때 여성에게 폭력을 행사하는 경향이 있다."[4]

하지만 이것은 페미니스트들이 역풍을 맞은 이유와도 관련이 있어 보인다. 페미니즘은 여러 면에서 우리 주변의 상황을 바꾸었고 그것은 성차별주의의 혜택을 받고 있는 남자들에게는 지옥문이 열리는 것을 의미한다. 성차별은 곧 그들에게 힘이 있고, 권리가 있고, 매일 밤 저녁상이 차려져 있는 것을 뜻하니까. 페미니즘이 그들을 혼비백산하게 하는 것도 당연하다.

여성 혐오는 두려움의 표현이다

내가 겪은 최초의 페미니스트 혐오자는 뉴욕주립대학 올버니 캠퍼스에서 페미니즘 입문 수업을 할 때 만났다. 나는 학부생이 다른 학부생을 가르치는 공동 학습 프로그램의 일환으로 한 강의를 맡게 되었다. 그러니 상당히 기분이 고조된 상태였다. 물론 내 수업에 들어오는 모든 학생들이 나와 같은 상태는 아니었다.

나와 나이가 비슷한 남학생이 수업을 훼방 놓을 작정으로 수업을 신청했다. 처음부터 느낌이 좋지 않았다. 수업 첫날에 종이에 이름을 써서 책상 앞에 붙인 다음 둥그렇게 둘러앉아 자유롭게 토론하자고 제안했는데, 그 남자가 쓴 이름은 '여성 혐오자'였다.

그 학기에는 그 남학생이 틈만 나면 내 기분을 처참하게 만드는 바람에 상당히 불행한 나날을 보냈다. '제시카 나쁜 년'이라고 써서 시험지를 냈다. 강간 반대 행진 행사인 '그 밤을 돌려줘(Take Back the Night)'에 굳이 나타나서 싫다고 거부하는 여자와 섹스를 했다고(하지만 알고 보니 좋아하더라고) 말하기도 했다. 어느 날 밤에는 술에 취해 내 아파트 주변을 어슬렁거리다가 그리 아름답지 않은 단어들을 내뱉기도 했다. 당시에는 그냥 미친놈이 미친 짓을 한다고 생각했다. 지금 와서 생각해보면 이 남자는 수업 시간에 맞닥뜨릴 내용을 지독하게 두려워했던 것 같다. 그러면 이제까지 배웠던 모든 것을 전면 부정해야 할 판이었으니 그러기 전에 먼저 여자들을 몰아붙인 것이다. 물론 그는 재수 없는 녀석이다. 제멋대로 행동해도 내가 교수가 아니라 자기와 비슷한 연배의 여자라는 이유로 무탈할 것이라 생각했다.

'페미니스팅닷컴'을 시작한 이후로 온라인에서 비슷한 반응들을 수도 없이 보았다. 사이트에는 우리가 받아야 할 정당한 몫 이상의 악성 댓글들이 달렸지만 그중에서도 스스로 '남성 권리 연대'라고 부르던 남자 집단은 언제나 상상을 초월하는 방식으로 우리를 괴롭혔다.

기본적으로 그들은 여자를 사귀지 못하는 것부터 범죄율이 늘어나는 것까지 세상 모든 불만을 페미니즘 탓으로 돌린다. 이상하다. 어떤 이들은 우리가 하는 일을 너무나 싫어해서 '페미니스팅닷컴'을 그대로 본뜬 패러디 사이트를 만들었다! 우리의 로고를 훔쳐 갔고 (그 로고 속 여성은 세상이 아니라 자기 자신을 향해 가운뎃손가락을 올리고 있다. 매우 품격 있다.) 우리의 이름도 따라하더니 이런 구절을 붙였다. "여자들은 절대로 성차별주의자들이 아니니까. 잘났다."

그들은 여자 필명으로 매일 글을 올리고 페미니스트들이 사용할 것이라 생각하는 표현을 써서 서로 댓글을 남기기도 했다. 합쳐봐야 몇 명 되지도 않는 온라인 패거리들 외에는 거의 아무도 보지도 않고 읽지도 않는 사이트를 만들고 유지하는 데 그렇게 많은 시간과 에너지를 쓴다는 것이 이해가 잘 되지 않았다. 그렇게 남성의 목소리를 대변하고 싶다면 음지에서 댓글이나 남기지 말고 나와서 활동하면 안 되나?

다시 말하지만 그것은 페미니즘에 대한 공포일 뿐이다. 그들은 여자가 자기 의견이 있는 자주적인 사람일 수 있다는 생각 자체에 겁을 먹고 있다. 그리고 페미니즘이 미국 여자들을 버려놓고 있다고 비난하는 것이다. 어떤 웹사이트에는 ('미국 잡년들은 엿 먹어라.'라는 멋진 슬로건이 걸려 있다) 전통적인 젠더 역할을 지키고 있는 아시아 여성들이 '진짜 여자'라는 글들이 자주 올라온다. 그 말이 얼마나 덜떨어지고 얼마나 인종 차별적인지 말하고 싶지도 않지만 그들이 생각하는 완벽한 여자란 말대답을 하지 않고 자기 의견 따위는 없는 여자라는 생각이 고스란히 드러난다.

이런 종류의 여성 혐오(그렇다. 나는 페미니스트 혐오는 압도적으로 여성 혐오에 바탕을 두고 있다고 생각한다)는 안타깝지만 꽤 널리 퍼져 있다. 페미니즘이 특정 남자들을 화나게 하는 뭔가가 있긴 한 모양이다. '페미니스팅닷컴'에서 활동하는 친구들은 실제로 살인 협박을 받았고, 가슴을 잘라버리겠다는 협박도 받았고 (진짜다) 강간 협박도 받았다. 이건 정상적인 수준이 아니다. 그들이 이렇게 하는 이유는 페미니즘에 힘이 있기 때문이다. 페미니즘을 이렇게까지 미워하는 남자들이 페미니즘과 페미니즘의 힘에 위협을 받지 않았다면 그렇게 시간을 낭비해 가며 쓸데없는 사이트를 만들고 분란을 일으키고 협박 메일을 보내고 있지는 않았을 것이다. 어떤 면에서는 페미니즘을 둘러싼 공포는 페미니즘이 지닌 힘에 대한 반증이 될 수도 있다.

내 페미니즘 입문 수업에 들어왔던 그 남학생을 생각하면 안쓰럽기도 하다. 그 친구가 조금만 페미니즘을 이해하려 했다면 그에게 큰 도움이 되었을 수도 있다. 그가 무언가를 애타게 찾고 있다는 것은 확실했다. 우리의 온라인 '안티'들에게도 그런 감정이 생긴다. 어떤 남자들은 여성 혐오를 너무 깊이 내면화하고 있어 페미니즘에 마음을 열려 하지 않는다. 너무나 슬픈 일이다. 하지만 저 바깥 세상에 우리와 같은 대의를 지지하는 멋진 남자들이 없는 것은 아니다.

소년이여, 페미니스트가 돼라

남자들도 페미니스트가 될 수 있을까? 당연하다! 운 좋게도 내 인생에는 남자 페미니스트들이 많았다.(안녕, 아빠!) 그리고 남성 페미니스트들이 만드는 변화를 직접 보았기 때문에 나는 남자들이 이 재미난 일에 뛰어드는 일에 적극 찬성하며, 우리 편이 되어줄 남자들이 꼭 필요하다고 생각한다. 하지만 모두가 내 의견에 동의하는 것은 아니다. 어떤 페미니스트들은 페미니즘은 여성 중심의 운동이 되어야 한다고 생각하고 나 또한 그들이 남성들의 편입을 망설이는 이유를 이해한다. 남자들의 굳은 생각을 깨지 못하리라는 두려움이 있고, 그들이 더 좋은 자리를 차지하려 할지도 모른다는 두려움도 있다. 그들은 언제나 리더 역할을 맡는 데 익숙하니까. 자신을 페미니스트라 칭하는 남자들이 거슬린다는 친구도 있었다. 여성에게는 여성들만의 언어가 필요하고 여성의 삶을 경험한 사람만이 페미니즘을 진실로 이해할 수 있다고 말하기도 했다.

어떤 남성들은 페미니즘의 단어/운동을 공유하지 않고도 페미니스트들과 연대하기 위해 '프로-페미니스트(pro-feminist)'라는 단어를 사용한다. 페미니즘에 관심만 있다면 자신을 어떻게 불러도 상관없다고 생각한다.

스스로 프로-페미니스트라 칭하는 블로거이자 학자인 휴고 슈와이저는 성차별적이지 않은 메시지를 전파하려면 남성이 남성의 멘토가 되어야 한다고 말한다.

우리는 페미니즘에 큰 빚을 지고 있다. 페미니즘은 우리가 여성을 대상화하도록 가르치는 문화에서 치명적인 영향을 받으며 자랐다는 사실을 알려주었다. 페미니스트들은 우리의 행동을 변화시키려면 어떤 도구가 필요한지 알아냈고, 여성과 평등한 관계를 이루고 살려면 어떻게 해야 하는지도 — 자세히 — 알아야 했다. 젠더 정의를 설교만 하고 있을 수는 없다. 우리는 행동으로 보여주어야 하고 공개적으로 그런 일을 하면서 남성들의 본보기가 되어주어야 한다.[5]

하지만 애석하게도 젊은 청년들에게 다가가 메시지를 전하려는 사람 중에 휴고 같은 남자들만 있는 건 아니다.

젊은 여자들에게 순결하라, 결혼하라, 아이를 쑥쑥 낳으라고 말하는 사람들은 젊은 남자들에게는 강해야 한다고, '병사'가 되어야 한다고 말한다.

보수 종교 단체인 '포커스 온 더 패밀리' 소속인 작가 제임스 돕슨이 쓴 《내 아들을 남자로 키우는 법》이라는 책은 부모들에게 아들을 어떻게 키워야 하는지 설명하고 있다. 그 책은 처음부터 끝까지 우리 아들의 '본능적인' 남성성을 길러주고 그들이 '호모'가 되지 않도록 해야 한다고 말한다. 정말이다. (돕슨의 책을 모든 페이지에서 광고하고 있는) '포커스 온 더 패밀리'의 사이트도 거의 같은 이야기를 한다.

하느님은 아들들을 공격적이고, 흥분을 잘하고, 거친 사람으로 만드셨다. 한 세대 전의 주장과는 달리 아들들은 다르다. …… 아들에게 건강한 성 정체성을 심어주려면 아버지는 아들에게 적절한 애정, 관심을 보이고 그가 아버지의 인정을 받도록 도와주어야 한다.(만약 아버지가 없다면 신뢰할 만한 남자 롤모델이 있어야 한다.)[6]

'급진적 페미니즘에 대처하는 법'이라는 게시판도 있다![7] 소년들의 '남자다운' 면은 격려해야 하고 '여성적인' 면은 눌러 없애야 한다는 것이다.

군대와 전쟁을 조금이라도 언급하지 않고서는 남자와 남성성에 대해서 글을 쓸 수 없을 듯하다. 서로가 너무 깊게 얽혀 있어 언급하지 않고 지나갈 수 없다. 군대 문화에는 뭔가 심각하게 망가진 것이 있기에 군대를 주제로 쓰지 않으면 뭔가 빼먹은 듯한 기분이 들 수밖에 없다. 걸프전 중에 (그리고 우리가 알지 못하는 다수의 전쟁에서) 공군 파일럿들은 폭격 미션을 수행하기 전에 '기분을 고양하기 위해서' 포르노 영화를 보았다고 한다.[8] 하지만 군대란 적을 비인간화하려는 방법으로 적군을 여성화하는 기관이니 어쩌면 충분히 예상할 수 있는 일인지도 모른다.

남성과 군대를 연구한 페미니스트들은 군대 자체가 성차별적 이상의 토대 위에 세워졌다는 점을 지적한다. 페미니즘, 군사화, 세계화를 연구하는 학자인 신시아 인로는 군사화가 '위안을 주는' 여성의 역할에 기댄다는 점을 다루는 글을 자주 써 왔다. 군인의 아내이건 군대 내에 있는 창녀이건 여자들은 남성들의 위안이 되기 위해 존재한다.[9] (무척 불편하기는 하지만) 살펴보아야 할 주제가 아닐 수 없다.

국제 앰네스티는 여성이 전쟁에 무차별적으로 영향을 받고 있다고 지적했다.

진시 상황에서 여성은 오직 부차적이거나 도구와 같은 역할을 수행한다는 통념이 광범위하게 퍼져 있다. …… 성폭행이 전쟁 무기로 이용되는 것이야말로 전쟁이 여성에게 미치는 가장 참혹하고 가장 악명 높은 방식일 것이다. 전시에 강간과 성폭력은 너무나 일상적으로 벌어지고 '강간 희생자'는 여성의 전쟁 경험을 대표하는 이미지가 되어버렸다.

여성과 소녀들은 직접적으로 폭력의 표적이 되거나, 남성과는 다른 방식으로, 남성보다 더 불균형적으로 심한 영향을 받으며 전쟁의 피해자가 된다.[10]

이것은 매우 중요한 쟁점이므로 이 책에서 깊이 있게 다룰 수는 없을 듯하다. 하지만 생각을 시작해보는 것만으로도 의미가 있을 것이다.

남성다움에서 풀려나기

이제까지 내가 말한 내용만 보아도 사회적인 관습부터 대중문화까지 이 사회가 매우 전근대적이고 편협한 남성성의 정의를 강조한다는 점은 부정할 수 없을 것이다. 이는 남성뿐만 아니라 여성에게 큰 해를 끼친다. 이제 우리는 무엇을 해야 할까?

텍사스대학의 저널리즘 교수인 로버트 젠슨은 우리가 아는 남성성이라는 개념은 사라져야 한다고 주장한다. 이것이 남성의 삶을 '끝없는 경쟁과 위협'으로 내몰고 남성이 통제와 지배를 추구하게 하고 있다.

> 어떤 남성도 이 시스템을 창조하지 않았다. 아마 우리에게 선택권이 주어졌다면 그 누구도 이런 것을 선택하지 않았을 것이다. 하지만 우리는 이런 시스템 안에서 살아가고 있고 이는 남성을 왜곡하고 우리의 감정적인 층위와 깊이를 협소하게 한다. 남성성은 우리가 다른 사람과 깊은 관계를 맺지 못하게 방해하는데, 이런 식으로 우리는 여성과 아이뿐만 아니라 다른 남성과도 진실한 관계를 맺지 못한다. 서로의 연약함을 인정하는 관계야말로 우리의 인생을 풍부하게 만든다.[11]

남성의 삶 또한 성차별에 악영향을 받고 있으며, 이는 성차별이 여성에 끼치는 악영향과 다르지 않다. 우리가 어떤 남자를 '계집애 같은 겁쟁이' 혹은 '보지남'이라고 부를 때마다, 누군가 소년들에게

"여자애들처럼 던지지 마."라고 말할 때마다, 여성이 근본적으로 잘못되었다는 메시지를 직접적으로 전달하는 것이다. 우리는 그런 메시지가 없는 세상에서 살아야 한다.

11장

외모 신화

나는 여성의 미모를 다루는 블로그를 즐겨 보는데, 그중에서도 가장 멋진 곳은 '당신의 몸을 싫어하지 마세요(Stop Hating Your Body)'라는 텀블러 사이트이다. 이 블로그에서 여성들은 자발적으로 자신의 신체 사진을 올린 후 이 때문에 겪는 어려움을 토로하기도 하고, 왜 자신의 몸이 아름답다고 생각하는지 이야기하면서 다 같이 '내 몸과 평화롭게 살아가기'라는 혁명에 동참하자고 말한다. 이 블로그는 남성들이 오직 자신들의 눈요기나 성적 대상을 찾기 위해 여성의 나체 사진이나 노출이 심한 사진을 올리라고 요구하는 문화를 전복하고 있다.

비슷한 텀블러 사이트로 '완벽하지 않은 사람들은 섹시하다(Disabled People are Sexy)'가 있다. 이 블로그는 '전형적인' 미인에 관한 우리의 고정관념을 완전히 뒤집어버린다. 현재의 미의 기준은 너무나 협소하고 획일적이다. 우리는 이 기준을 바꾸어야 한다. 하지만 한편으로는 이런 생각이 들었다. 과연 '미'를 반드시 하나의 기준으로 삼아야 하는 걸까? (내 눈에는 충분히 예쁘기만 한) 외모 때문에 놀림을 당한 열네 살 소녀 나디아의 성형 수술 비용으로 수천 달러가 모금되었다는 이야기를 들었을 때, 나는 아름답다는 것이 그토록 가치 있는 목표인지부터 재고해보았으면 했다. 그때 이 글을 썼고 아직도 내 생각을 믿는다. "우리는 소녀들에게 진실을 이야기해주어야 한다. '예쁘다'는 말? 별것 없다. 결국 이 말 때문에 여자들은 만만한 소비자가 되고, 쓸데없는 자기 혐오에 시달리다가, 어느샌가 2등 시민이 되어버렸다는 사실을 깨닫게 될 뿐이다."

못생겼다는 말은 강력하다. 이 말보다 더 큰 상처가 되는 것은 없다. 특히 우리 여자들에게는 그렇다. 솔직히 우리 중 어느 누구도 못생기길 바라지는 않으니까. 사실 우리는 모두 예쁘고 아름답고 싶다. 이 점이 우리를 미치게 만든다. 실제로 죽을 수도 있다.

젊은 여자들이 먹고 난 후 죄책감에 구토를 할 때나, 살을 빼겠다고 굶을 때나, 몸에 칼을 댈 때나(때로는 의사에게 맡긴다) 우리는 그러한 미모 신화의 중심에 서 있다. 우리는 불쾌한 것을 이고 다닌다. 사람들은 젊은 여성들의 식이 장애와 성형 수술을 이야기할 때 그들이 건강이건 뭐건 그에 따르는 필연적인 결과를 모를 것이라 가정한다. 슬프지만 우리 여자들은 알고 있다. 알면서도 눈을 감을 뿐이다.

몇 년 동안 폭식증과 싸우던 친구가 있었다. 친구는 치료를 받기로 하고 제 발로 클리닉에 갔다. 더 나아지기 위해서 할 수 있는 모든 일을 했다. 하지만 계속 폭식과 구토를 반복했다. 내가 말을 꺼내자 친구는 이러한 습관이 건강에 좋지 않다는 것과 이 병이 자신을 죽일 수도 있다는 사실을 알고 있다고 말했다. 하지만 상관없다고 했다. "뚱뚱한 여자로 사느니 날씬한 여자로 살다 죽을래." 이 말은 못생김의 힘이 얼마나 큰지를 말해준다.

나는 아찔하게 높은 하이힐을 무척 좋아한다. 예쁘고 다리를 더 '길고 늘씬하게' 만들어주니까. 하이힐만 신으면 어딜 가든 자신감이 넘치니까. 발이 망가지는 것도, 성인 남자를 기절시킬 만큼 커다란 물집이 생기는 것도 상관없다. 아름다워지려면 고통스러워야 한다. 어쩌면 아름답다는 것은 고통을 감수하는 일일지도 모른다. 우리 모두 나름의 방식으로 그것을 참아내고 있다. 그리고 그것은 우리의 발보다 더 많은 것을 망가뜨린다.

비현실적인 미모의 기준과 그 기준을 맞추기 위해 가야 하는 먼 길에 관한 이야기는 사실 나의 이야기이기도 하다. 앞에서 말했듯이 내 외모를 싫어하는 것이 나를 얼마나 불행하게 만들었는지 아직도 기억한다. 더 나은 외모를 원하는 것이 아니라, 그저 외모 때문에 자신을 완전 혐오하는 수준으로 미워하는 것을 말하는 것이다. 그것이 얼마나 지독한 고문이었는지도 기억한다. 나의 가치가 남자들의 눈을 얼마나 즐겁게 하는지로 결정된다는 것은—그리고 남자들이 나를 종종 못생겼다고 말하는 것은—영혼까지 짓밟는 무언가가 있다. 최근에 중학교 시절 일기를 읽었는데 마음이 찢어지는 줄 알았다.

나는 너무 못생겼다. 이렇게 못생긴 내가 싫다. 내 코는 너무 크고,

여드름도 많이 났고, 팔에 털도 많다. 나를 좋아하는 남자애나 남자 친구는 한 명도 없을 것이다. 내 친구들은 다 예쁜데 나는 왜 이렇게 생겼을까. 나랑 사귀고 싶어 하는 남자애는 지구에 단 한 명도 없을 것이다.

유치해서 읽기 괴롭긴 하다. 안다. 신기하게도 남자애들은 이런 나를 좋아했고, 남자 친구도 생겼다. 당시에는 내가 천하의 못난이 이기 때문에 평생 사랑받지 못하는 삶을 살게 될 거라 확신했다.

대학원을 졸업한 지도 한참 지났고 요즘 나는 내 자신이 정말 잘 생겼다고 생각한다. 페미니스트로서 지금의 나는 정신적으로 안정 적이고 자신감도 있지만 어느 누구건 나의 '이탈리아 코'를 두고 한마디만 하면 금방 그 해묵은 콤플렉스가 떠오르고 나는 다시 타임머신을 타고 중학교 시절로 돌아간다. 이쯤에서 인정할까 한다. 어쩌면 이 열등감은 영원히 사라지지 않을지도 모른다. 하지만 이 못난 감정이 어디에서 왔는지를 인식하는 것과 왜 이렇게 기분이 엉망진창인지 잘 아는 것은 큰 차이를 낳는다. 이 사회가 여성들이 외모에 집착하게 만드는 방식에 거대한 성차별적인 목적이 있다는 것을 알면서부터 변화가 생겼다. 우리는 미디어의 폭격 속에서 자랐고 우리 문화는 우리가 항상 남자와 연애와 결혼에 관해 생각하게 만들었다. 마찬가지로 우리는 외모 문제에서도 영원히 고통받도록 학습되었는지도 모른다. 그렇게 계속 우리의 정신은 혼란스럽다. 이제껏 이야기해 왔던 다른 빌어먹을 생각들처럼 말이다. 내가 얼마나 뚱뚱한지, 얼마나 예뻐지고 싶은지에 신경 쓸수록 정말

중요한 것들과 정말 우리 삶에 영향을 끼치는 것들에 관한 생각을
덜 할 수밖에 없다.

왜 사회는 여성의 외모를 평가하는가?

세상에 그 어떤 말보다 못생겼다는 말만큼 더 빨리 여자의 입을
다물게 하는 것은 없다. 외모와 옷차림만 봐도 그 여자가 어떤 사
람인지를 알 수 있다는 식의 말 또한 그렇다.

이와 관련하여 내 이야기를 하나 더 할까 한다. 2006년, 나는 다
른 블로거들과 함께 빌 클린턴 대통령을 만날 기회가 있었다. 연락
을 받자마자 날아갈 듯 기뻤다. 그야말로 가문의 영광이었다. 엄마
에게 이 소식을 전했더니 엄마는 눈물을 펑펑 흘렸다. 정말이다. 퀸
즈 출신의 이탈리아계 여자애에게, 엄마 아빠는 대학교 구경도 못
해본 부모의 딸에게 얼마나 대단한 일이었겠는가. 나는 페미니스
트이면서 약간은 패셔니스타이기에 당연히 몇 날 며칠 동안 무엇을
입을까 고민했다. 고민을 거듭한 끝에 소매가 짧고 목 부분이 둥글
게 파인 스웨터에 검정색 바지를 입기로 했다. 이 정도면 단정하면
서도 캐주얼해서 괜찮다고 생각했다. 철저히 준비하려고 역시 오찬
에 초대된 내 친구 빌에게 이 의상이 행사에 적절한지 물어보았다.
친구는 엄지손가락을 들어 올렸다.

그러니 행사가 끝나고 며칠 후, 몇몇 웹사이트와 블로그에 올라
온 단체 사진 속 나의 옷차림과 외모에 관해 사람들이 품평을 시작
했을 때 내가 얼마나 황당했을지 상상할 수 있을 것이다. 어떤 사

람들은 내가 섹시하다고 했고 어떤 이들은 폭탄이라고 했다. 많은 사람들이 내가 '인턴'이라는 사실에 온갖 식상한 소리들을 늘어놓았다. 그렇다. 클린턴 전 대통령과 부적절한 관계를 맺은 전 백악관 인턴 직원인 모니카 르윈스키와 관련이 있었다. 나 또한 클린턴 옆에 선 짙은 갈색 머리의 젊은 여자라는 것만으로도 자동적으로 웃기지도 않는 농담거리가 되고 말았다.

특히 '알트하우스'라는 사이트[1]의 댓글이 가관이었다. 사람들의 헛소리를 절대 지나치지 않는 여자로서 그 사이트에 반박 댓글을 남겼다. 이제 시대가 시대인 만큼 여성을 외모만으로 비판하는 짓은 그만두자고 친절히 알려주었다. 그때부터 그야말로 댓글 전쟁이 시작되었다. 그 사이트의 운영자이자 법대 교수인 앤 알트하우스는 내가 성깔을 드러낸 데 그리 기뻐하지 않았다. 그녀는 내가 다분히 '포즈를 취하는'(나는 카메라 앞에서 사진을 찍었다. 당연히 포즈를 취하지 안 취하나?) 것처럼 보였기에 그 많은 악성 댓글들은 필연적인 결과라고 했다. 알트하우스는 새로운 글을 올리기도 했다. '그녀의 가슴을 자세히 봅시다'라는 글에서 그 사이트 운영자는 내가 '가슴 블로깅'을 하고 있다고 했다. '페미니스팅닷컴'의 로고는 모래시계처럼 몸매가 육감적인 흑백 여자가 가운뎃손가락을 들어 올리는 그림이고, 우리 사이트에서 판매하는 셔츠 광고는 여자, 그러니까 가슴이 있는 여자가 하고 있기 때문에 나는 가슴만 달린 인간이라는 것이다.

확실히, 제시카는 관심을 얻으려고 자기 가슴을 이용하는 블로그에 글을 쓰는 작가이다. 그녀는 클린턴을 만나러 갔을 때 가슴을 강조하려 일부러 몸에 딱 붙는 니트 상의를 입고 또 그의 바로 앞에 서서 가슴을 가능한 한 앞으로 내밀고 포즈를 취했다.

뭐라고? 그리 파이지도 않은 적당하기만 한 내 스웨터가 어디가 어때서? 내가 가슴을 대통령 얼굴에 들이밀기라도 했나? 이건 엇나가도 너무 엇나간 것이다. 알트하우스의 묘사만 듣는다면 내가 가슴을 한껏 끌어모아 클린턴 앞에서 폴 댄스라도 추었다고 생각할지도 모르는데, 검색해보면 알겠지만 난 그냥 무난한 옷을 입었고 사진을 찍기 위해 똑바로 서 있었을 뿐이다.

그때부터 '가슴 게이트'가 열렸다. 수백 개의 댓글들이 올라왔다. 어떤 이들은 법대 교수가 꼰대라고 말했다. 어떤 이들은 내가 창녀이고 위선자라고 했다. 나의 플리커(온라인 사진 공유 사이트) 계정에 있는 그 악명 높은 사진은 거의 10만 조회수를 기록했다. 내 블로그의 좌우에 수백 개의 링크가 걸렸다. 내가 그 오찬에 초대된 이유는 클린턴과 만나기 위해서라는 의견을 펴는 팟캐스트 방송도 나왔다. 진짜다. 내가 알고 있는 것만 이 정도이다. 며칠 후에는 인터넷 반응 보기를 포기했다. 나는 온라인상의 오락거리였고 주말에는 블로그 세계에서 가장 유명한 가슴이 되었다. 그놈의 인기. 별로 달갑지 않았다.

이 모든 가슴 대소동 끝에 나는 한 가지 교훈을 깨달았는데, 이제까지 어떤 일을 얼마나 많이 해 왔건 간에, 이 세상은 젊은 여자의 성공을 두고 그 여자의 외모나 성적 매력 때문이라고 주장하리라는 뼈아픈 사실이었다.

내 외모나 잠재적인 성적 매력 때문이 아니라 내 능력 때문에 그 오찬에 초대되었으리라는 것은 전혀 떠올리지도 못하는 사람들이 있다는 사실은 상당히 우울했지만 충격적이지도 않았다. 젊은 여성들은 자신들의 가치가 성희롱을 당하거나, 혹은 비웃음을 당하는 능력이라는 사실을 끊임없이 깨달아야 한다. 그 존재 가치 하나로 이곳에 살고 있는 것이다. 그렇게나 어이없는 일이다! 내 외모와 가슴에 관한 온갖 더럽고 유치한 품평 또한 내 입을 다물게 하려고, 내 분수를 알게 하려는 사명을 띠고 인터넷에 올라온다. 그들의 고견으로는 미국 대통령과의 점심 식사 자리는 내가 있을 장소가 아니다.

내가 하고픈 말은 이것이다. 우리는 항상 이런 종류의 말도 안 되는 소리를 들을 수밖에 없다. 아무리 열심히 일해도, 아무리 '진지하게' 정치적인 행동을 해도, 목이 둥글게 파인 예쁜 스웨터를 입고 나의 최고의 모습을 보이려 노력해도 누군가는 나를 미워하게 되어 있다.

물론 여자를 입 다물게 하는 방법으로 외모를 이용하는 것은 젊은 여성에게만 해당하지 않는다. 자신의 생각을 말하는 거의 모든 나이대의 여성이(정치인, 저널리스트, 페미니스트들을 생각해보라) "주둥이 닥쳐라, 이 못생긴 년아." 같은 반응을 얻는 것이 당연한 게임처럼 되어버렸다. 아니면 "너는 예쁘니까 멍청하겠지." 종류도 있다. 나는 두 가지 모두를 경험했고 둘 다 아주 최악이다.

빌 클린턴이 대통령이었을 때 모든 사람들이 힐러리 클린턴의 머리띠와 머리 모양을 두고 한마디씩 거들었다. 머리띠라니. 할 말이 없어서 고작 머리띠 이야기인가! 언론은 클린턴 부부의 딸이 10대였을 때 예쁘지 않다고 (10대인 것만으로도 인생은 충분히 괴로우니 내버려 두어라) 물고 늘어지곤 했다. 정말 짜증 난다.

맙소사, 언론은 언제까지 CBS 메인 뉴스의 단독 여성 앵커 자리에 처음 올랐던 케이티 커릭의 외모에 관해 떠들 것인가? 전문직 여성들의 외모에 관해서 왜 그렇게 떠들어댈까? 일반적인 미의 기준에 따라서 여자가 예쁜 편이면 그 여자를 진지하게 대하지 않는다. 허영기 많은 속물이라고 본다. 그다지 예쁘지 않으면 대중 앞에 나설 외모가 되지 않는다고 공격한다. 해답은 딱 하나다. 찢고 째고 뜯어고치기?

성형 수술 시대

앞에서 여러 번 밝혔듯이 나는 코에 콤플렉스가 있었고 수만 번이나 부모님에게 코 수술을 해 달라고 빌었다. 정말 두 손 모아 빌었다! 이 괴물 같은 코를 얼굴에 얹고 다니게 하다니 정말 잔인하다고 울었다. 물론 부모님이 내게 성형 수술은 꿈도 못 꾸게 한 데 두고두고 감사할 것이다. 하지만 당시에는 딸의 소원을 무시하는 최악의 부모라고 생각했다.

성형 수술에는 뭔가 말하기 곤란할 정도로 끔찍하고 괴로운 점이 있다. 생각해보시라. 물론 나도 교정 성형이나 재건 성형이 반드시 필요한 이들이 있다는 것을 잘 알고 있다. 트랜스젠더에게도 성형 수술은 매우 중요한 절차이다. 나도 그 정도는 잘 안다. 하지만 제발 어느 누구도 오직 더 예뻐지기 위해 가슴에 실리콘 젤 뭐시기를 넣을 '필요'가 있다는 말은 하지 말아 달라. 그런 것이 필요한 사람은 없다.

성형 수술이란 이런 것이다. 자르고, 연다, 당신의, 몸을. 그리고 당신은 그렇게 하도록 내버려 둔다. 그리고 돈을 낸다. 난 정말 모르겠다……. 상식과 논리를 거스르는 뭔가가 있지 않나. 그런데도 성형은 너무나 일상적이고 평범한 일이 되어버렸다! 너의 가슴을 좋아하지 않니? 그러면 그 안에 새로운 것을 넣어. 코를 싫어해? 그러면 잘라! 뚱뚱한 것 같아? 지방을 제거해! 당신의 질이 별로 안 예쁜 것 같아? 그러면 다듬으면 돼!(이 문제는 너무 화가 나는 문제라 뒤에서 더 이야기하려 한다.)

모든 외모 고민에 빠른 해결 방법이 있다고 한다. 돈만 있으면 말이다. (우리가 우러러봐야 할 것 같은) 부자들은 성형 수술을 받는다. 그래야 더 매혹적이고 섹시한 사람이 되니까. 그것을 속물적인 과잉 행동이라 하지 않는다. 그런데 솔직히 속물적인 과잉 행동이 맞다.

성형 수술에 대한 집착은 피상적이기도 하지만 성형 수술은 우리가 모두 어딘가 아프고, 망가지고, 수선이 필요한 존재라고 가정한다. 혹시 〈스완〉이란 프로그램을 본 적이 있는가? 아마도 세상에서 가장 공포스러운(하지만 채널을 고정할 수밖에 없는) 리얼리티 쇼일 것이다. 이 프로는 가능한 한 가장 '못생긴' (여자) 사람들을 찾아내서 그들을 '수선한다'. 그들은 집에서 나와 몇 달 동안 격리된

채 얼굴과 몸의 거의 모든 부분에 강도 높은 수술을 받는다. 하지만 이 희생자, 아니 승리자라고 하는 이가 수술을 받기 전에 그녀의 가족과 연인과 사랑하는 사람들은 카메라 앞에서 그녀가 얼마나 괴물처럼 생겼는지 말한다. 잘 알겠지만 극적인 효과를 위해서다.

이 쇼에는 몇 가지 재미난 지점들이 있다. 그중 하나는 외모 때문에 느낀 참담함과 관련된 온갖 수사들이다. 쇼에 나오는 여성들은 미의 기준에 따라 더 나은 외모를 위해 성형 수술을 받는 것이 아니라 무언가 크게 잘못된 점을 수정하는 것처럼 말한다. 의사들은 의도적으로 '듣기 좋은' 단어를 사용해 그들의 코를 턱에 '조화시킨다'고 말하거나 '과도한' 지방을 제거한다고 말한다. 그것이 당신에게 있는 것이라면 왜 과도한 것이 되나? 누군가가 스테이플러로 붙인 것이 아니다. 의사들은 당신을 '당신 자신'으로 다시 만들어주려고 나타난 신의 손이다.

〈스완〉에는 주제넘은 '인생 조언'이 수시로 등장하기도 한다. 이 쇼의 제작자 중 한 명은—본인 또한 수차례 성형 수술을 했다.—자기가 인생 상담사라며 수술을 앞둔 출연자와 일대일 면담을 한다. 이런 식으로 '스완'의 제작자들은 여자들에게 진정으로 관심이 없다는 것을 드러낼 뿐 아니라 이 세상에 아름답기만 하면 당신의 모든 문제가 해결된다는 잘못된 메시지를 보낸다. 과연 듣는 것만큼 그렇게 마땅한 해결책일까? 남편이 바람을 피운다는 것은 아내가 더 예뻐져야 한다는 의미가 아니다. 그 남자가 쓰레기라는 소리다.

어떤 면에서 〈스완〉은 우리가 미와 외모를 어떤 식으로 보는지를 총체적으로 이야기해준다. 이 사회가 말하는 미인의 기준에 맞지 않는 사람들을 불쌍히 여겨야 한다고(말없이 조롱해야 한다고) 말하고 그들이 마침내 자기 자신을 '고쳤을 때' 박수를 보내주어야 한다고 말한다.(피부를 다 뒤집는 것과 징그러울 정도로 하얀 치아가 대단한 자아 발견이라도 되는 걸까.)

실생활에서도 크게 다르지 않다. 내가 계속해서 나 자신을 아주 작은 방법(왁싱, 태닝, 매니큐어)으로라도 '개선하지' 않으면 나는 끔찍하고 게을러빠진 사람이고 '자기 관리'를 하지 않는 태만한 사람이다.

안타깝게도 이러한 빠른 해결책은 점점 더 나이가 어릴 때 시작된다. 2003년, 18세 이하의 청소년들에게 33만 1천 건의 성형 수술이 행해졌다고 한다. 멀리 갈 것도 없이 10대 대중문화를 보면(MTV 당신들.) 어린이와 청소년에게 성형 수술을 권하는 장면이 일상적으로 나온다. MTV의 〈나는 유명한 얼굴을 원해〉라는 프로그램에서 청소년들은 자신이 좋아하는 연예인과 비슷해지기 위해 실험적인 성형 수술을 받거나 때로는 〈플레이보이〉의 모델 같은 여성이 되려고 수술을 한다. 한숨이 나온다. 물론 오래전부터 여성의 미의 기준은 언제나 성적인 매력도 포함하고 있었다. 그리고 이제 이 기준이 허리 아래에도 적용되고 있다.

아, 정말 농담이었으면 좋겠다. 포르노를 보고 자란 남자들의 비위를 맞추기 위해 여성의 민감한 부위의 털을 모두 뽑아내는 것으로도 모자라 이제 그쪽의 피부까지 깎아내야 한단 말인가.

포르노 문화 때문인지 아니면 정치적으로도 강조되는 이상한 처녀성 페티시 때문인지 몰라도 어떤 이유인지 '레이저 질 성형' 수술은 지금 인기 폭발이란다.(처녀막이 늙기라도 한 걸까?) 아프리카에서는 여성 할례라고 부르는데 미국에서는 '성기 디자인'이라고 한다. 우리는 이 정도로는 문명화되었으니까.

질 성형은 음순을 약간 잘라내는 것을 의미할 수도 있고, 외음순의 지방 흡입을 의미할 수도 있고, 질 축소술이나 때로는 처녀막 '대체' 수술을 의미하기도 하다. 머릿속으로 '으악'을 몇 번 외쳤는가? 이 수술로 얻을 수 있는 것은 '정상적이고 매력적인' 성기이다. 잘 알겠지만, 포르노에서는 모두가 털이라고는 없는 작고 귀여운 질을 원한다.

정말 열 받는 점은 이 수술이 페미니스트의 언어를 사용하며 홍보되고 있다는 점이다. 정말이다. 질 성형협회가 언론에 배포한 홍보 문구는 이렇다. "여성도 성적 권리가 있습니다!" 그리고 이런 말도 이어진다. "오늘날의 여성들은 혁신적인 질 성형 수술로 인해 성적으로 평등한 권리를 누리고 있습니다."[2] 여성 여러분. 정말로 음순의 살을 자르는 것이 당신에게 성적 능력을 부여하는 것인가? 자기를 존중하는 여자들은 모두 이 수술을 받는가?

제발, 여성들이여. 나도 안다. '나는 나의 질을 사랑해.' 같은 말이 약간은 페미니즘의 클리셰이기도 하다. 그런데 이 사실도 알고 있는가? 나는 당신이 질을 사랑하건 말건 관심이 없다. 제발 부탁드리는데 그런 수술은 절대 하지 마라. 당신의 질이 뭘 잘못해서 그런 일을 당하나?

왜 못생겼다고 느끼게 만들까?

물론 성형 수술을 향한 이 모든 집착이 미의 기준을 강요하는 것 때문만은 아니다. 돈에 관한 것이다. 세상의 모든 것이 당신의 외모 때문에 기분이 나빠지도록 만든다. 화장품 광고나 피부 크림 광고에는(혹은 다이어트 약 등등) 구체적인 목표가 있다. 당신의 지갑을 여는 것.

상업주의는 미의 기준의 핵심이다. 무엇이 예쁘고 누가 섹시한지 누가 말해주는가? 패션 잡지는 광고를 팔아야 살아남고 그 광고는 당신이 새로 나온 '미세 각질 제거 스크럽 거품 클렌징' 제품을 사지 않으면 피부가 망가질 거라고 말한다. 그들은 모두 당신의 기분을 망치는 데 끝내주게 소질이 있다.

왜 그러는 걸까? 우리가 자기 외모에 만족하고 이 정도면 충분하다고 생각한다면 화장수와 색조 화장품과 다이어트 약을 사지 않을 것이기 때문이다. 그저 친구를 만나서 인생을 즐기고 좋은 기분을 유지하고 생산적인 일을 할 것이다. 하지만 못생기고 뚱뚱하다고 느끼면 최대한 예뻐지기 위해 필요한 돈은 가능한 한 끌어다 쓸 것이다.

외모에 들이는 돈을 하나씩 생각해보면 무서운 생각까지 든다. 일단 화장품과 옷이 있고, 온갖 제품들(샴푸와 바디 제품)이 있고, 왁싱, 태닝, 매니큐어, 마사지, 성형 수술도 있다. 끝이 없다.

이런 장난에 속아 넘어가지 않는다면 당신은 매우 훌륭한 사람이다. 나 같은 경우 얼굴 마사지와 빈티지 지갑에 열광하는 경향이 있다. 나에게도 약점이 있으니까. 하지만 이런 욕망이 어디에서 왔는지는 알고 있다. 내 기분을 좋게 만들기 위해 이것들이 꼭 필요한 것이 아니라는 사실도 안다.

왜 사람들이 우리가 못생겼다고 느끼길 바라는지 기억하자. 그것은 아주 구체적인 목표를 수행한다. 우리가 돈을 쓰고, 다른 생각에 빠져서, 궁극적으로 자신을 잃어버리게 하는 것이다.

다이어트 열풍

미국인들에게 식이 장애는 역겨우면서도 매혹적인 측면이 있는 모양이다. 우리는 젊은 여성들이 굶고 폭식하고 구토하는 것을 부정적으로 이야기하지만 결국에는 뼈만 남은, 매우 아파 보이는 배우들이 표지에 등장하는 잡지들을 산다.(내가 이야기하는 여성들이 누구인지는 아마 잘 알 것이다.)

우리는 그들을 싫어하는 짓을 좋아한다. 그들을 안쓰럽다고 생각하길 좋아한다. 하지만 이런 헤드라인을 단 기사를 본 적이 있는가? "하느님, 제발 이 여자를 의사에게 데려다주세요. 심각해요!" 아마도 우리는 여배우들과 모델들이 실제로 죽어 가는 것을 본 다음에야—실제로 보고 있다.—약간은 심란해할 것이고, 그렇다 해도 이에 대해 아무것도 하지 않을 것이다.

우리가 마른 그들을 남몰래 미워하고 있기 때문일까? 신경 쓰지 않기 때문일까? 잘 모르겠지만 이건 아니다.

그 밖에 열 받는 일에는 뭐가 있을까? 식이 장애는 모든 정신

질환 중에서 사망률이 1위이다. 우리는 실제로 자신을 죽이고 있다. 물론 식이 장애가 사회가 강요하는 미적 기준의 결과만은 아니다. 유전이라 하는 이도 있고 개인에 따라 다르다고도 하고 가정 환경 때문이라고도 한다. 아마 이 모든 것이 합쳐진 결과가 아닐까 한다.

하지만 나는 식이 장애의 원인 중 하나가 우리의 다이어트 문화 때문이라는 합리적 의심을 하고 있다.(나는 의사가 아니기에 이것은 그냥 내 의견이다.) 말하자면, 칼로리 계산을 하다 어느 순간 정신을 놓아버리게 되는 건 아닐까?

어느 해 여름에 내 동생 버네사는 굳은 결심을 한 후 다이어트를 시작했고 살을 많이 뺐다. 그런데 너무 심하게 뺐다. 별로 예뻐 보이지 않았고 쓰러질 것 같아 보였다. 그런데 화가 나는 것은, 동생이 살을 뺐을 때 가족과 친구들이 전부 다 예뻐졌다고 칭찬을 해대기 시작했다는 점이다. 말 그대로 온갖 달콤한 말로 축하를 하면서 살을 그렇게 많이, 빨리 빼다니 대단하다고 말했다. 나는 그런 말을 하는 이들에게 돌을 던지고 싶었다.

버네사 또한 극단적인 다이어트가 건강에 좋지 않다는 것을 알았다. 그해 여름, 동생이 자기 사진을 보던 때를 기억한다. 아마도 처음으로 외부의 시선으로 자기 자신을 보았던 것 같다. 동생은 말했다. "젠장, 나 완전 말라비틀어졌네." 그날부터 지독한 다이어트와는 안녕이었다. 하지만 모든 여성이 이렇지는 않다.

최근 한 연구에서는 몸무게에 상관없이 여자 대학생 80퍼센트가 다이어트를 한다고 밝혀졌다. 〈미국소아청소년정신의학저널〉에 따르면 9세 여아의 40퍼센트가 다이어트를 해본 적이 있으며 다섯 살 아이도 다이어트에 신경 쓴 적이 있다고 답했다고 한다. 다시 말해 주겠다. 다섯 살 어린이가 자기 몸무게에 신경을 쓴단다.

여성이 많은 시간과 에너지를 자신의 삶을 살기보다 자기 자신을 죽이는 데 쓸 때는 뭔가 심각하게 잘못된 점이 있다는 것이 아닐까. 제발, 여성 여러분 잘 먹으시라.

물론 남자들에게도 따라가야 할 이상적인 몸의 이미지가 있다. 나도 안다. 하지만 그들이 추구하는 신체 기준은 ─ 크고, 강하고, 근육질이다. ─ 그들을 더 강하게, 더 많은 공간을 차지하게 만든다. 우리의 기준은 ─ 마르고, 뼈만 남고, 약하다. ─ 우리를 더욱더 연약하게 만들고 더 적은 공간을 차지하게 하며, 궁극적으로 우리를 사라지게 한다. 이 둘 사이에 아주 큰 차이가 있다고 말하고 싶다.

예쁘지 않으면 쓸모없다고?

인정하자. 외모와 여성의 문제에 관해서라면 우리는 완전히 망했다. 우리는 예쁘고 섹시해야 한다. 하지만 그렇게 되면 멍청한 속물이 된다. 그런데 예쁘지 않으면 아무 쓸모 없다고 말한다. 어떻게 하라는 것인가.

그러나 우리는 멍청하지 않다. 우리는 스스로 해를 끼치고 있다는 것을 잘 안다. 몸뿐만 아니라 우리의 정서적 건강에도 그렇다. 그리고 미모는 고통을 이겨내고 성취해야 할 가치가 없다. 내 모든 시간과 에너지를 쏟을 가치도 없다. 당신이 거울 앞에서 보내는 시간과 쓰고 있는 돈이 당신을 정말로 행복하게 만들어주는가? 아마 아닐 것이라 생각한다.

그러면 어떻게 하면 좋을까? 다행히도 어떤 이들은 이 사회의 건강치 못한 미적 기준을 진지하게 다시 보려 하고 있다.

2006년 가을 패션 위크에서 에스파냐는 마드리드 패션쇼에 거식증을 앓는 것처럼 보이는 마른 모델을 올리지 못하도록 규제했다.[3] 이탈리아 밀라노 시장도 밀라노 패션쇼에서 비슷한 금지령을 내렸다.[4] 그와 같은 시기에 디자이너 장 폴 고티에는 마른 모델 논란에 대한 자신의 입장을 표명하려 패션쇼에 플러스 사이즈 모델을 등장시켰다.[5]

또 다른 흥미로운 사건은 평범한 일반인 여자들이 나오는 도브 사의 광고였다.('평범한 일반인' 모델들을 데리고 셀룰라이트 크림을 파는 것은 좀 그렇지만.)

이런 움직임은 작은 시작일 뿐이다. 아직 상업주의와 연관되어 있으니 진지한 운동으로 보기가 어렵기도 하다. 아마도 미모에 대한 온갖 요구 사항과 기대가 넘치는 이 세상이 머잖아 바뀔 일은 없다고 할 수도 있겠다.

하지만 한 가지, 굉장히 간단한 일은 할 수 있다. 완전히 자발적이고 굉장히 혁명적인 행동이다. 나 자신을 미워하는 일을 그만두는 것이다. 물론 말은 쉽고 행하기 어렵다는 것도 알지만 노력은 해보아야 한다. 정말 그렇다. 당신이 스스로 기분 좋게 느끼기가 거의 불가능하게 만드는 세상에서 자신을 좋아하는 것과 당신의 외모를 좋아하는 일 자체가 혁명적인 행동이 될 수 있다. 너무 자기 계발서 같은 소리라는 것도 안다. 약간 실속이 없고 유치한 소리라는 것도 안다. 하지만 그렇다고 해서 이 말이 진실이라는 점은 변하지 않는다.

12장

여성에게도 한 표가 있다

여성 유권자가 선거에서 '특정' 선거 인구로 여겨지는 것은 안타까운 일이지만 세상 일이 그렇다. 백인 남성들이 자신을 '진짜' 유권자로 여기는 세상에서 이런 일이 일어난다. 하지만 지난 2012년 대선에서 각 선거 캠프가 여성 유권자에 큰 관심을 보이면서 페미니즘의 가치에는 큰 도움이 되기도 했다. 공화당 의원들은 약속이나 한 듯이 여성, 낙태, 강간에 관한 망언을 쏟아냈고 여성의 생식권을 과거로 회귀시키려는 법안이 우후죽순 생겨나면서 여성 유권자들은 하나로 뭉치게 되었다. 오바마 캠페인은 이 점을 유리하게 이용하여 여성 문제를 지지하지 않는 공화당 후보 미트 롬니를 여론 조사에서 가볍게 누를 수 있었다. 하지만 공화당은 계속해서 여성을 한쪽으로 제쳐놓았으며 여성들이 피임이나 낙태 같은 문제에 큰 관심이 있다는 말을 믿지 않는다는 태도를 보였다. 그들의 패착이었다. 결국 성별에 따라 득표수가 갈라져 18퍼센트 표차로 오바마가 당선되었다. 2008년의 12퍼센트보다 훨씬 벌어진 표차였다.

여성 유권자의 비율은 계속 증가하고 있으며 결혼하지 않은 여성들은 전체 유권자의 23퍼센트에 달한다. 당연히 정치인들은 이들을 주시할 수밖에 없다! 다시 말해서 우리는 투표소 밖에서도 정치적 근육을 단련해야 하며 우리의 이슈가 선거 캠페인뿐 아니라 정책이나 문화에도 반영될 수 있도록 움직여야 한다.

아, 정치라. 우리는 정치를 혐오하는 것을 참으로 좋아한다.

여성들은 정치에 무관심하고 참여율이 낮다고 알려져 있다. 실제로 여성을 대표하는 의원 수도 턱없이 부족한데, 열 받고 부끄러운 일이다. 우리는 여성에게 불리한 각종 입법안 때문에 끊임없이 고통받고 있지만 그런데도 선거 후보로 나서지 않고 투표율도 낮은 편이다. 특히 젊은 여성들은 정치 참여에 게으르다는 비판에서 자유롭지 않다. 그래서 말인데, 이번에는 우리도 한 번쯤 그 말을 새겨들어야 한다. 젊은 여성들은 다른 활동에는 아주 열정적이고 적극적이지만 정치와 선거를 인생에 중요한 순위에 놓지는 않았다. 이 점만큼은 변해야 한다.

나는 사회 정의를 위한 개개인의 행동의 힘을 믿는다. 친구들처럼 미국 정치에 환멸을 느끼기는 하지만, 우리가 정치에 적극적으로 참여하지 않는다면 지금보다 더 좋지 않은 상황에 처할지도 모른다.

그렇다면 왜 젊은 여성들은 정치 참여를 꺼리는 걸까? 내 의견으로는 아주 어렸을 때부터 여성들은 정치적인 모든 것과 거리를 두게끔 길러지기 때문에 어른이 된 다음에도 미리부터 정치에 겁을 먹고 참여에 부담을 느끼는 것 같다.

여자들은 자신들이 무슨 말을 하는지도 모른다는 소리를 지속적으로 들으며 여성의 의견은 수시로 폄하된다. 이렇게 모든 정치적인 것에 문외한이라는 자의식뿐 아니라 우리에게도 약간은 문제가 있다. 물론 이것은 나의 의견일 뿐이다.

또한 많은 젊은 여성들은 정치인들이 여성들과, 여성들에게 중요한 문제에 대해서는 말을 하지 않는다고 느낀다. 여자들을 두고는 이러쿵저러쿵 떠들지만, 정작 우리에게 직접 말을 걸지는 않는 것이다. 하지만 유권자의 정치적 행동 없이는 여성의 권리를 신장할 사회 변화도 기대할 수 없다는 점 또한 생각해보자.

그러니 이제 이 최악의 상태를 받아들이고 고쳐볼 시점이 왔다.

여성 정치인이 왜 이리 적어?

지난 몇십 년간 정치권에서 여성들의 공직 활동이 증가했으나 여성은 여전히 전체 의석의 15퍼센트만 차지하고 있다. 미국 상원의원 100명 가운데 14퍼센트, 하원의원 435명 가운데 15퍼센트에 불과했다. 2006년 당시 여성 의회의원 80명 가운데 24퍼센트만이 소수 인종 여성이었다.

주지사나 부지사 같은 각 주의 지도층에서 여성은 24퍼센트를 차지한다.[1] 우리가 이 방면에서 크게 발전하지 못했다는 사실을 알 수 있는데, 올버니대학의 '정부와 시민 사회 여성 센터'가 조사해서 발표한 자료에 따르면, 1998년에서 2005년까지 각 주의 여성 정치가 비율은 23.1퍼센트에서 24.6퍼센트로 상승했다. 그다지 인상적인 숫자라 할 수는 없다.[2] 이렇게 저렇게 다 따져봐도, 성평등에는 근처에도 못 갔다는 결론이 나온다.

미국 정치에서 여성이 약자라는 사실은 단지 의회 의원석 숫자에서만 드러나지 않는다. 정치 참여의 측면에서도 그렇다. 확실히 여성들은 투표를 많이 하지 않는다.

'여성의 목소리, 여성의 투표(Women's Voices, Women Vote)'에 따르면 2004년에는 1천5백만 명의 여성들이 선거 유권자 등록을 하지 않았고 거의 2천만 명에 이르는 비혼 여성들이 투표장에 가지 않았다. 비혼 여성들이 기혼 여성들과 같은 비율로 투표를 했다면 아마도 전체 투표수에 6백만 표가 더해졌을 것이다.[3](그리고 우리에게 부시 정권 따위는 없었을 것이다!) 기혼자들을 이 논의에서 제외하려는 것이 아니다. 수많은 젊은 여성들이(비혼일 확률이 높은 여성들이) 정치에 참여하지 않는다는 것이 상당히 흥미롭다고 생각할 뿐이다. 흥미롭긴, 젠장. 사실 정말 열 받는다.

여성 정치인과 외모

여자인 이상 외모로 평가받을 수밖에 없다 해도 여성 정치인의 경우에는 거의 미쳐 돌아가는 수준이 되어버린다. 여성이 권력자의 자리에 있을 경우 많은 이들이 그녀를 '여자가 있어 마땅한 자리'로 되돌릴 필요가 있다고 느끼나 보다.

다음 일화를 예로 들어볼까. 메릴랜드주의 전 주지사이자 2006

년 당시 주 감사원장이었던 윌리엄 도널드 셰퍼는 〈워싱턴 포스트〉 기자에게 2006년 메릴랜드주 감사원장 선거에서 상대 후보였던 재닛 오언스를 두고 '촌스러운 쑥맥 아줌마'라고 말했다. "길고 치렁치렁한 치마를 입으니 마치 마더 허버드 같았습니다. 아니면 남자 같다고 해야 하나." 그는 이어진 인터뷰에서 이렇게 말하기도 했다. "그렇게 펑퍼짐한 옷을 입고 할머니 머리 스타일을 하다니요. 그렇게 꾸미지 않은 모습을 보면 정말 화가 나지 않습니까?"[4] 흠. 흠. 남자 후보의 머리 모양과 옷차림을 이렇게 평하는 사람을 본 적이 있는가? 글쎄. 그런 일은 거의 없다. 어쨌거나 셰퍼는 이미 악명 높은 얼간이다. 24살의 비서가 차를 가져올 때 엉덩이를 쳐다보더니 "다시 걸어보라."고 지시하기도 한 작자다.(그는 이후 "그 '어린 아가씨'는 내가 문밖으로 나갈 때 쳐다본다는 것을 알았다면 행복했을 것이다."라고도 말했다.)[5] 아, 성차별주의 정치인.

남성 후보가 여성 후보를 외모로 공격하면 분명 얻을 것이 있고 정치적으로 이용할 수 있다. 하지만 상대 진영만 여성 정치인의 외모 품평을 하는 것이 아니다. 언론도 신이 나서 합세한다. 여성들의 공직 진출을 지원하는 비영리 단체 '화이트 하우스 프로젝트'는 공화당 후보 경선에 나선 엘리자베스 돌과 당시 텍사스 주지사였던 조지 W. 부시, 애리조나 상원 의원 존 매케인, 언론인 스티브 포브스의 선거 운동 관련 기사의 내용을 분석했다. 462개의 기사를 조사했는데 결과는 그리 아름답지 않았다.

충격적이게도, 남성 후보자들보다 엘리자베스 돌에 관해 '사적인 내용'을 다룬 기사가 훨씬 더 많았다(성격과 옷차림에 대한 언급). 엘리자베스 돌에 관련된 기사에서 35퍼센트의 문장이 외모나 옷차림과 성격에 관한 것이었으나 부시는 27퍼센트, 맥케인은 22퍼센트, 포브스는 16.5퍼센트였다.[6]

제기랄. 〈뉴욕 타임스〉는 여성 정치인의 밤을 취재하면서 따로 '스타일' 섹션을 만들어 보도했다. 핑크색 가방 삽화와 함께!

어떤 여성들은 가만히 보고만 있지 않고 이에 대항할 재미있는 방법들을 고안하기도 했다. 2006년 앨라배마주 주지사 후보였던 노레타 널은 지역 신문이 그녀의 가슴골 사진을 올리며 품평을 했을 때 화를 참지 않았다. 널은 (내 의견을 더하자면 상당히 당당하게) 이렇게 대응했다. "앨라배마주의 많은 저소득 계층과 선거권을 박탈당한 시민들의 삶을 개선할 나의 진지한 안건은 무시하면서 나의 가슴에 대한 자극적인 기사를 쓰는 정치 기자들은 그냥 넘기지 않겠습니다."[7] 그리고 그들의 행태를 비꼬는 새로운 선거 문구를 만들었다. "이 가슴에 투표하세요, 저 가슴들 말고." 기막히는 문장이다.

여성 정치인들이 공격받는 부분이 비단 외모뿐이겠는가. 성격도 늘 공격의 대상이 된다. 가장 흔한 모욕은 무엇일까? '기 센 여자', '못된 여자' 등등이 있다. 확실히 여성 정치인들은 모두 '여자답지' 않고 분노에 차 있는가 보다. 꿋꿋한 기질과 일을 성사시키는 능력은 일반적으로 남성 정치인들이 내세우는 장점이다. 하지만 여성은 어떤 쪽으로도 이길 수 없다. 강하게 나가는 '못된 여자'가 아니면 정치를 하기에는 너무 '여리다'고 비난한다.

보수 칼럼니스트 존 포드호레츠는 폭스 뉴스 토론에서 자신의 책《그녀를 멈출 수 있을까?》에 힐러리를 '못된 여자(bitch)'라고 썼다고 언급했는데, 이것이 칭찬이라고 주장했다. 그 말은 곧 그녀가 '남자 같다'는 뜻이기 때문이라는 것이다.

제가 b로 시작하는 단어로 그녀를 묘사했지만 저는 그 점을 최초의 여성 대권 주자의 미덕이자 가능성으로 보았습니다. …… 최초의 여성 대통령은 우리가 보통 여성적이지 않다고 생각하는 자질을 갖추고 있어야만 하지 않겠습니까.[8]

맞다. 여성스럽다는 것은, 여자로 태어나 여자로 살아온 사람은 대통령에 적합하지 않을 테니까. 그건 그렇고 그는 힐러리를 '매력이 없고', '여자 같지 않다'고 평하기도 했다.[9] 대단하다.

누가 권력자가 되어야 하는가에 관하여 이런 성차별과 편견은 (우울하게도) 굉장히 흔하다. 어떤 이들은 '긍정적인' 고정 관념을 사용하기도 한다.

2006년 〈뉴욕 타임스〉의 한 기사는 민주당이 여성 후보를 '부패 문화'를 청산할 대항마로 기대하고 있다는 보도를 전했다. 여성은 죽었다 깨도 부패와는 거리가 멀 테니까.

일리노이주 하원 의원 출신의 시카고 시장 람 이메뉴얼은 이렇게 말했다. "사람들이 대체로 정치에 환멸을 느끼는 상황에서 누가 청렴과 변화를 대표하는가? 바로 여성 정치인이다."[10] 그러게. 우리는 항상 순수하고 깨끗하고 청렴한가 보다. 한숨이 나온다.

정말 슬픈 점은, 여성 후보가 정치 공약과 정책보다 사생활에서 점수를 더 많이 얻으면 실제로 승리할 가능성이 높다는 사실이다. 나와 같이 블로그 활동을 하는 앤 프리드먼은 위의 기사를 읽고 이렇게 썼다. "대중들은 여성 정치인이 자신들의 고정 관념(헌신적인 아내나 엄마 등등)에 부합할 때에는 그를 지지한다. 하지만 실제로 여성 중시 정책을 펴는 여성 정치인은 받아들이기 어려워한다."[11] 농담이 아니다.

하지만 이 장벽을 뚫고 공직에 올라가는 여성은 있고 그중 정말로 자기 일을 잘하는 이들이 있다.

위대한 여성 정치인들

그렇다. 여성이 공직에 진출하는 일은 무척이나 중요하다. 하지만 아무나 할 수 있는 일이 아니다. 몇몇 친 여성 정책을 펼친 여성 정치인들을 살펴보자.

여성 정치인이 해낸 일들

뉴욕주 하원 의원 캐럴린 멀로니는 사실상 임신한 여성들이 낙태를 하지 못하게 설득하는 '긴급 임신 센터'의 광고를 규제하는 법안을 상정했다.[12]

워싱턴주 민주당 상원 의원이었던 패티 머리와 뉴욕주의 상원 의원이었던 시절에 힐러리 클린턴은 부시 전 미국 대통령이 미국식품의약국 국장으로 앤드류 본 에셴바흐를 임명하려 했을 때, 미국 식품의약국이 사후 피임약을 일반 약국에서 구매할 수 있게 하기

까지 임명을 확정할 수 없도록 막았다.[13]

캔자스주 주지사였던 캐슬린 시벨리어스는 낙태 클리닉에 더 엄격한 지침을 요구하는 법안에 거부권을 행사하면서, 낙태를 규제하는 법안에 협력할 수 없다고 말했다.[14]

캘리포니아 민주당 하원 의원 맥신 워터스는 여성 인권과 관련된 다양한 활동을 하면서 로스앤젤레스에 '흑인 여성 포럼(Black Women's Forum)'을 공동 설립하기도 했다.[15]

여성 정치인의 명언들

진 텍사스 주지사인 앤 리처드는 말했다. "진저 로저스(프레드 애스테어와 짝을 지어 많은 영화를 찍은 뮤지컬 배우)는 프레드 애스테어가 했던 모든 일을 전부 다 했다. 그것도 거꾸로, 그것도 하이힐을 신고서."[16]

전 하원 의원이자 여성 운동가 벨라 앱저그는 말했다. "우리는 받침대에서는 내려오고, 세탁실에서는 올라오고 있다. 우리는 의회 안에서 동등한 자리를 원하고, 그것을 얻어낼 것이다."[17]

전 공화당 하원 의원 팻 슈로더는 말했다. "사람들이 여성으로서 왜 출마를 결심했냐고 물으면 저는 언제나 이렇게 대답합니다. '또 어떤 선택이 더 있죠?'"[18]

오해는 하지 말았으면 좋겠다. 나는 여성이 자궁을 가졌다는 장점이 있으니 여성을 뽑아야 한다고 말하는 것이 아니다. 여성 정치인이 다른 여자들을 물먹이기도 한다.

민주당 소속인 전 루이지애나 주지사 캐슬린 블랭코는 강간과 근친상간을 포함하여 모든 낙태를 불법화하는 낙태 금지 법안에 찬성했다. 전혀 근사하지 않다.

중요한 사실은 우리가 참여하고 있다는 점이다. 출마를 하건, 투표를 하건, (금전적으로건, 다른 방식으로 하건) 여성 문제의 해답을 찾고 있는 정치인을 지지하는 데 우리는 참여하고 있다. 이 힘들고 중요한 일을 우리에게 쥐뿔도 관심 없는 남의 손에 맡기면 안 된다. 바로 그렇게 손을 놓고 있다가 허탕을 쳤기 때문이다.

변화는 여성들의 손에 달렸다

어떤 면에서 2004년 대선은 여성 유권자가 주인공처럼 느껴지는 선거였다. 우리는 조지 W. 부시의 재선을 막는 것은 모두 "여자들의 손에 달렸다."[19]라는 말을 듣기도 했다.

싱글 여성들은 선거 기간에 인기가 최고였다. 그리고 사람들은 우리를 '섹스 앤 더 시티' 유권자들이라고 부르기 시작했다. 썩 예쁜 이름이다. 그리고 전혀 얕잡아보지 않는 어투이기도 하다.(우리에게 이렇게 큰 잠재력이 있을 때도 언론이 굳이 이런 이름을 갖다 붙이면서 우리를 무시하는 점이 미치도록 싫다.)

알겠지만 2004년 투표 결과를 보면 싱글 여성들은 부시보다 민주당 후보 존 케리를 26퍼센트 가량 더 지지했고 기혼 여성들은 부시를 뽑았다.[20] 안타깝게도 2천만 명의 비혼 인구가 투표소에 가지 않았다. 그렇다고 우리가 이 선거를 망쳤다는 이야기는 아니지만—결국 그해는 우리 유권자가 아니라 선거 제도가 대통령을 뽑

은 것 아닌가? ─ 우리가 지닌 힘을 제대로 사용하지 않았다는 것
만큼은 확실하다.

대체 왜 그럴까? 2004년 '여성의 목소리, 여성의 투표'의 이사인
크리스 디저는 이렇게 말했다. "설문 조사를 한 비혼 여성의 3분의
1은 투표를 안 하는 이유가 누가 대통령이 된다 해도 그들의 삶이
더 나아질 것 같지 않아서라고 대답했다."[21]

약간 슬프지 않나. 하지만 이런 두려움이 어디에서 왔는지는 알
고 있다. 최근에 정치인들이 우리를 위해 한 일이 뭐가 있나? 우리
에게 가끔씩 생식권에 관련하여 뼈다귀 하나를 던져줄 뿐이다. 나
도 물론 '여성에 대한 폭력 방지법(VAWA)'은 매우 사랑한다. 하지
만 대체로 여성들에게 아무 투자도 하지 않으려는 정치인들을 나
와 연결하기는 아무래도 쉽지 않다.

하지만 정치인들이 (대체로) 우리에게 신경 쓰지 않는다는 사실
을 우리가 정치에 무관심하다는 사실로 해석하게 내버려 두어서는
안 된다.

정치는 너무나 중요해서 남들이 알아서 하도록 내버려 두면 안
된다. 법들이 우리 생활 곳곳을, 그것도 매우 사적인 부분까지 영
향을 끼치고 있는데 그 법을 남자들이 결정한다는 것은 내 인생이
망해도 상관없다는 말이나 마찬가지이다.

부시가 부분 출산 낙태 금지법을 통과시켰을 때 누군가 그 법을
지지한 정치인들의 사진을 찍어 올린 적이 있다. 어떤 사진일지 예
상이 가능할 것이다. 한 장의 사진이 천 마디 말보다 위력이 있다.
사진 속에는 전부 다 남자들뿐이었다. 이것이야말로 망한 것이 아

니면 뭐란 말인가.

모든 남성 정치인이 여성 인권에 힘쓰지 않는다는 말이 아니다. 캘리포니아주 전 하원 의원 헨리 왁스먼은 가짜 낙태 클리닉에 대한 보고서를 발표했고 순결만 강조하는 성교육이 얼마나 비효과적이고 위험한지 알렸다. 조 바이든 전 미국 부통령은 상원 의원 시절 여성 폭력 방지법을 만든 원년 멤버이다.

그저 남자들끼리만 모여 우리의 권리를 빼앗는 법을 만들고 있다는 사실에는 굉장히 불편하고 역설적인 점이 있다. 그런 일이 일어나지 못하도록 우리가 나서서 막아야 한다.

다른 나라들은 어떨까

대학원에 다닐 때 국제 여성 단체인 '여성환경발전기구(WEDO)'에서 인턴을 하다 정식 직원으로 일하게 되었다. 그곳에서 젠더와 국가 경영 프로그램인 '50/50 캠페인' 홍보를 맡았다.[22] 이 캠페인은 전 세계적으로 여성의 정치적 대표성을 강화하고 여성 참여를 늘리는 것을 목적으로 하며, 특히 각 국가의 여성 정치인 수를 늘려야 한다는 점을 강조한다.

여성환경발전기구는 지방과 지역 단위별로 여성들과 만났고, 거의 300개의 조직과 18개의 전국 및 지역 단위 캠페인 활동을 시작했다. 이 캠페인의 목표는 '성별 균형 전략 도입을 포함하는 정당 개혁'과 정치 자금법 개혁이었다.[23]

기본적으로 대부분의 정치 자금 제도는 재임자에게 더 우호적이다. 그리고 대부분의 재임자는 남자다. 무슨 뜻인지 눈치챘을 것이다. 정당 개혁에는 약간의 논란이 있다. '50/50 캠페인'은 의사 결정권을 지니는 여성 정치인의 숫자를 늘리기 위해서 여성 할당제 (성 쿼터제)를 도입해야 한다고 주장한다.

공천이나 비례 대표 중 일정 비율을 여성에게 할당하도록 명시한다는 뜻이다. 논란의 소지가 있을까? 다분히 그렇긴 하다. 미국 사람들은 '할당제'라는 단어를 그다지 사랑하지 않는다. 하지만 효과가 매우 긍정적이라는 것이 입증되고 있다. 정당의 여성 공천 의무제나 의회의 여성 할당제를 도입한 국가에 여성 정치인이 대폭 증가했고(30퍼센트) 여성 정치가 꽃을 피웠다.

정당 공천 할당제는 자발적으로 이루어진다. 각 정당은 일정 비율만큼 여성들을 후보로 공천해야 한다. 오스트리아, 핀란드, 독일, 아이슬란드, 모잠비크, 노르웨이, 스웨덴, 남아프리카공화국이 이 제도를 도입했다.

의회 의무 할당제는 의회의 여성 의원 수 비율을 의무화하는 것이다. 정당이 협조하지 않으면 후보 자격을 박탈하거나 선거 자금 지원을 제한한다. 의회 의무 할당제는 아르헨티나, 벨기에, 코스타리카, 프랑스, 르완다가 지지하고 있다.[24]

미국이 가까운 미래에 여성 할당제를 도입할 것이라고 생각하지는 않는다. 또한 그것이 우리를 위한 해답인지 아닌지 아직은 모르겠지만 한 번쯤 이 사안에 대해 논의는 해보았으면 한다.

정치 의사 결정자의 위치에 여성들이 늘어나야 한다는 주장에는 더 많은 여성 정치인이 있을 때 정책적 변화가 있을 것이라는 생각이 자리 잡고 있다. 어떤 이들은 이것이 '좋은' 성차별주의라고 말한다. 이를테면 여성 정치인은 비리와 부정부패에 연루되지 않은 경우가 많고 같은 여성에게 영향을 끼치는 쟁점에 더 적극적으로 나서지 않겠느냐는 이야기다. 하지만 내가 볼 때 그저 자궁을 갖고 태어났단 이유로 여권 신장 정책을 펼치리라 기대하는 것도 앞서간 생각이다. 이 이야기는 약간 불편하다.

하지만 그렇게 생각할 수밖에 없기도 하다. 여성 정치인의 숫자가 많은 국가일수록 여성의 삶에 긍정적인 영향을 끼치는 정책들이 더 많이 나오는 경향을 보이고 있기 때문이다.

여성 의원 점유율이 가장 높은 국가 중 하나인 스웨덴에는 여성을 위한 놀라운 정책들이 수도 없이 많다. 스웨덴은 성평등 지수가 세계 최상위권이며, 성평등 고용법 덕분에 여성 임금 평균이 남성 임금의 90퍼센트에 달한다.[25] 스웨덴은 세계에서 가장 훌륭한 공공 보육 제도를 갖춘 나라이기도 하다.[26]

하지만 그것이 반드시 진보적인 정부 때문만은 아니라고 주장하는 사람도 있을 것이다. 충분히 찬반이 나뉠 수 있는 문제이고, 우리는 다른 국가들의 정책을 진지하게 살펴본 후에 우리에게 맞는 제도를 찾아낼 수는 있다.

정치 혐오자에서 정치 참여자로

그러니 이 장의 교훈은 이것이다. 가끔 정치는 여성을 넌더리가 나게 만든다.(여성 정치인들은 물론이고 여성 유권자에게도 그렇다.) 하지만 그렇다고 해서 우리가 이 문제에 완전히 등을 돌려야 한다는 의미는 아니다.

여성은 모든 단계에서 변화를 이끌어낼 수 있다.(나는 적극적인 사회 운동을 가장 좋아한다.) 하지만 기본적으로 선거 정치에는 반드시 참여해야 한다. 그러니 이제 정신을 차리고 무엇을 해야 할지 알아보자.

가장 먼저 '화이트 하우스 프로젝트' 사이트에 들러보면 좋겠다. 훌륭한 자료도 많고 더 많은 여성 후보를 공직에 진출시키고자 하는 여러 홍보 활동도 하고 있다.

'보트, 런, 리드(Vote, Run, Lead)' 캠페인은 특히 멋지다. 이 프로젝트는 교육과 언론 홍보와 지방 자치 단체들을 통한 젊은 여성들의 정치 참여 확대를 목표로 한다. 자료 안내서에 더 많은 자료가 있지만 여기에서 자세히 설명하지 않아도 대략 개념은 잡힐 것이다. 이제 우리 젊은 여성들이 일어나서 활동을 개시할 때가 왔다. 다른 사람들이 우리에 관해 이야기하고 우리를 위해 이야기하게 하는 것은 이쯤에서 멈추게 해야 한다.(그리고 우리를 '섹스 앤 더 시티' 유권자라고 부르다니. 그것도 용서 못 한다!) 우리를 위해 우리가 말을 하자.

13장

초간단 페미니즘 공부

페미니즘에서 '교차성(intersectionality)'보다 더 중요한 개념은 없을 것이다. 이것은 이 운동 안에서 가장 논쟁의 중심에 있고 가장 많이 논의되며, 가장 해결하기 어려운 주제이기도 하다. 하지만 온라인 페미니스트들이 점점 더 교차성 페미니즘을—이 개념 자체와 이것을 실행하는 데서 모두—페미니즘 활동의 중심으로 삼고 있다는 점은 날 행복하게 한다. 다른 모든 페미니즘의 쟁점들과 마찬가지로 교차성 또한 한번 이해하고 해결하고 나면 다시는 고민하지 않아도 되는 문제가 아니다. 우리는 교차성을 계속해서 움직이고 변화하는 것으로 정립하고, 일상생활에 새롭게 적용하며, 다른 페미니즘 운동과 함께 활용해야 한다. 그렇더라도 우리는 또다시 실패할 것이다. 나도 그렇다. 하지만 중요한 점은 우리가 교차성을 페미니즘을 하나로 통합하는 이론으로 보는 것이며, 교차성 페미니즘 운동이 우리 중 일부가 아니라 전부에게 정의가 이루어지게 해줄 것이라고 믿는 것이다. 내가 좋아하는 페미니스트인 플라

비아 조던이 한 유명한 말이 있다. "나의 페미니즘은 교차성 페미니즘이고 그게 아니면 전부 다 헛소리다."

　나는 학문적인 용어로 설명하기를 좋아하지 않아서 이 책 대부분은 그야말로 일상적인 언어로 채워졌다.(그리고 나 자신도 잘 알지만 나는 입이 살짝 거칠다.) 하지만 너무나 우스울 정도로 중요해서 절대 빼놓을 수 없는 것이 있다.

　어떤 이들은 교차성 페미니즘이라 하고 어떤 이들은 다중적 억압(multiple oppressions)이라고도 부른다. 어떤 이들은 억압성의 교차(intersection of oppressions)라고 한다. 어떤 이름으로 부르건 이 운동의 핵심은 이 세상에 있는 수많은 '주의'(성차별주의, 계급주의, 인종주의)가 매우 짜증 나는 방식으로 교차한다는 사실을 드러내는 것이다.

　페미니스트들 사이에서 내부적으로 여성 연대라는 개념을 두고 갈등이 있었고, 우리 모두 성차별이라는 같은 배를 타고 있다는 생각과 관련해서도 갈등이 있었다. 이러한 갈등은 지금도 어느 정도 남아 있을지 모른다. 우리가 아무리 다르다 해도, 우리의 경험이 아무리 다를 수 있다 해도, 우리 모두는 여성으로 태어난 것만으로 억압을 받았다는 공통점이 있지 않을까?

　그렇다고 할 수는 없다. 모든 여성들이 공통의 억압을 겪는다는 생각은 실제 여성의 살아 있는 경험을 부정한다. 우리는 모두 똑같은 방식으로 성차별을 경험하지 않는다. 계급 차별주의, 인종 차별주의, 연령 차별주의, 동성애 혐오까지 — 이 외에도 얼마든지 많다.─이 모든 차별들은 성차별이 여성에게 끼치는 해악에 또 다른 역할을 했다. 여성 연대라는 말이 좋게 들리긴 하지만 모두 똑같은 방식으로 억압을 당했다는 개념을 바탕으로 한 여성 연대는 인종, 계층, 성적 지향과 같은 여성들 사이의 차이를 없앤다. 안타깝지만 페미니즘을 이야기할 때는 아직까지도 백인, 중산층과 상류층, 이성애자 여자의 경험을 위주로 이야기한다. 항상 그래 왔고 지금도 그렇다. 만약 우리가 생각하는 페미니즘이 그뿐이라면 제한된 조건 밖에 있는 다른 여성의 존재 자체를 없애는 것이 된다. 이것은 별로 멋있지 않다.

페미니스트 시인이자 사회 운동가인 오드리 로드(대학 시절 내가 학문적으로 열렬히 좋아했다)는 억압의 교차성에 관해 매우 훌륭한 저작과 연구를 남겼는데, 지금까지 나온 글 중 이 주제에 관해 가장 탁월하다고 생각하는 에세이가 있다. 제목은 〈연령, 인종, 계층 그리고 성〉이다.

우리 여성들의 인종, 나이, 성별은 제각각 다르다. 하지만 여성들을 분리하는 것이 우리 사이에 존재하는 차이점들은 아니다. 그보다는 이런 차이점들을 인정하지 못한 것, 이것들에 이름을 잘못 붙인 결과 여성이 처한 현실을 왜곡한 것, 이것들이 인간의 행동과 요구에 끼치는 영향을 관찰하지 못한 것이 더 큰 문제이다.[1]

어떤 것이 되었건 여성들 각자의 차이점을 인정하지 않고 무시하는 것이 여성 운동을 가로막고 있다는 뜻이다. 정말 심각하게 그렇다.

교차성이라는 도구를 이용하여 페미니즘과 페미니즘 운동 내부의 변화를 논의하고 이끌어 낼 수 있어야 한다. 교차성 개념은 학술적 페미니즘의 추상적인 개념이 아니며 매우 실제적인 방식으로 활용되고 있다. 유엔의 여성 인권 운동에서도 억압의 교차성이 종종 논의된다.

여성 인권을 이해하는 핵심은 여성이 오직 성별 하나로 인해 차별과 기타 인권 유린을 경험하는 것이 아니라, 여성마다 여러 다층적인 이유에 따라 차별을 다르게 경험한다는 점을 이해하는 것이다. 연령, 장애 유무, 건강 상태, 인종, 민족성, 계급, 지위, 국적, 성적 지향 같은 수많은 이유가 여기에 포함된다. 유엔 내부의 다양한 기관과 단체들은 여성의 삶에 존재하는 차별의 교차적인 측면을 인지해야만 한다.[2]

교차적 억압이라는 개념은 '베이징 행동 강령'과 유엔의 제4회 세계 여성 학술 회의에서도 사용된 단어이다.(말하자면 이 개념이 굉장히 중요하다는 뜻이다.)

이 말은 곧 우리가 페미니즘이란 무엇인가를 생각할 때 머릿속으로 몇 가지 '차별주의'를 한 번씩 떠올려야 한다는 의미이기도 하다.

인종 차별

비백인 인종 여성이 자신이 받는 억압들을 쉽게 구분하리라 기대해서는 안 된다. 어디 보자. 저 남자가 나를 여자라서 차별하는 걸까? 아니면 흑인 여자라서 차별하는 걸까? 우리의 실제 생활에서 성별과 인종을 깔끔하게 구분해서 볼 수 있는 방법은 없다. 하지만 성차별주의라는 억압 속에서 모든 경험이 보편적이라 말하는 여성 연대 개념은 그 경험을 주로 백인의 관점에서 구분하려 한다. 이것을 바로 유해한 '백인 특권'이라 부른다.

(여성학 수업에서) 백인 특권에 관해 공부할 때 가장 자주 인용되는 페기 매킨토시의 글을 기회가 있다면 꼭 읽어보기 바란다. 그녀는 페미니즘을 통해서 남성이 특권층이라는 사실을 어떻게 자신이 거부하는지를 보았고 이 태도를 인종 문제와 연결했다.

남성들은 자신의 특권을 인정하지 않으려 한다. 이 현상을 보면서 나는 우리 사회의 계급 체계가 서로 맞물려 있기에, 비슷한 방식으로 백인들이 특권을 받고 있음을 부정하며 그것을 보호하려는 현상도 목격했다. 백인 여성으로서 나는 인종 차별주의가 다른 사람에게 불이익을 주는 것이라는 점은 배웠지만, 백인 특권이 나에게 이익을 가져다준다는 차별의 필연적인 결과까지 배우지는 못했다.[3]

매킨토시는 백인이라는 이유로 자신이 누린 여러 가지 특권을 나열한다. 몇 개만 예를 들어보겠다. 텔레비전을 켜거나 신문 1면을 보면 언제나 나와 인종이 같은 사람들이 나온다. 나는 우리 아이들이 매일 자신의 신체를 보호하기 위해 구조적 인종 차별을 의식하도록 가르칠 필요가 없다. 국가나 민족 전통, 혹은 '인류 문명'에 관한 이야기를 들을 때, 나는 같은 피부색인 사람들이 만들어놓은 것을 듣게 된다. 내 체형, 내 태도, 내 체취가 내 인종을 반영한다고 절실히 의식하지는 않는다. '살색'이라고 이름 붙은 컨실러와 반창고를 고를 수 있고 그것은 거의 내 피부색과 일치한다. 나와 같은 인종이 등장하는 포스터, 엽서, 그림책, 축하 카드, 인형, 장난감, 어린이 잡지를 쉽게 구할 수 있다.

무슨 말을 하는지 아시리라 믿는다. 백인 페미니스트들이 생활에서나 페미니즘 안에서나 백인이 지닌 특권을 절실히 인식하는 것이 매우 중요하다는 얘기다. 비백인 인종 여성들이 자신의 경험을 백인 페미니스트들에게 '깨우쳐주어야 할' 의무는 없다. (아까 말했지만 내가 너무나 사랑해 마지않는) 오드리 로드는 이렇게 말했다. "소통하려는 몸짓이 필요할 때마다 억압 구조에서 이득을 얻는 사람들이 피해를 보는 사람들에게 경험과 지식을 공유해 달라고 부탁한다. 다시 말해서 억압받는 자들이 억압하는 자들에게 그들의 실수를 가르치는 것이 의무인 것처럼 말하는 것이다. 이런 식으로 억압하는 이들은 자신의 위치를 유지하고 책임을 회피하려 한다."[4]

계급 차별

내가 계급 차별주의를 절실하게 인식하게 만들었던 작은 에피소드가 하나 있다. 마치 한 대 맞은 것처럼 정신을 번쩍 들게 하는 일이었다. 나는 입학 시험을 통과해야 들어갈 수 있는 뉴욕의 공립 고등학교에 다녔다.(그냥 범생이들이 수학과 과학 위주로 공부하는 학교다.) 고등학교 때 내 친구들은 대부분 맨해튼의 어퍼웨스트사이드의 근사한 아파트에서 대졸 이상의 교수, 예술가, 판검사 같은 전문직 부모와 살았다. 나는 퀸즈의 롱아일랜드에서 자랐는데 당시 그곳은 지금과 달리 세계에서 가장 안전하고 고급스러운 주거 지역으로 평가받는 곳은 아니었다. 나의 부모님 또한 퀸즈와 브루클린 출신이었고 10대 때 결혼을 했고 대학 문턱도 못 밟아본 분들이었다.

하지만 나에게는 다 괜찮았다. 그들은 내 친구들이었고 우리는 모두 똑같은 10대 소녀들이었으니까. 그러다 어느 날 친구 몇 명이 학교가 끝나고 우리 집에 놀러 왔을 때 한 친구가 이렇게 말했다. "너희 엄마 진짜 귀엽다! 억양이 뭐랄까…… 못 배우신 분 같아!" 모두가 그 말에 뒤로 넘어갔다. 그 친구가 엄마를 비웃으려고 한 말은 아니었고, 또 자신이 무슨 말을 하는지도 몰랐을 것이라 생각한다. 하지만 그날 이후 같은 학교 친구들과 어울리기가 쉽지 않았다. 그냥 그 집단에는 절대 소속될 수 없다는 생각이 들었다. 그들이 나의 걸쭉한 농담에 웃었던 이유가 내가 정말 웃기다고 생각해서였는지, 아니면 내가 전형적인 이탈리아계 퀸즈 출신 여자애처럼 말했기 때문인지 알 수 없었다. 그 아이들이 내가 입은 옷이 별로라고 말했을 때 그것이 정말 취향 차이였는지 아니면 '길거리표 옷' 같아 보여 그랬는지도 알 수 없었다.

나중에 대학에 가서(미국 남부에 있는 사립 대학이었고 일 년 정도

다니다 뉴욕의 대학으로 편입했다) '서민'으로 보이는 행동은 자제하려고 노력했다. 웬만하면 욕은 쓰지 않으려 했고 퀸즈 억양은 감추었으며 기숙 학교를 졸업한 아이들과 어울리기 시작했고 '서머링'(여름에 햄프턴 같은 부유한 동네에 있는 해변에서 햇볕을 즐기며 한가한 시간을 보내는 것)인지 뭔지를 아는 척하려 했다. 하지만 오래갈 수 없었다. 이후 내가 대학에서 겪은 끔찍한 성차별이 사실은 계급주의와 연결되어 있다는 것을 깨달았다. 내가 '걸레'로 불린 이유는 데이트하는 남자와 잤기 때문만이 아니라 내가 입는 옷과 말투가 그들과 달랐기 때문이었다.(아무리 숨기려 해도 어쩔 수 없었다.) 나는 결국 장학금을 받는 가난한 퀸즈 출신 여자애였다. 학문적인 이야기를 하려다 조금 개인적인 이야기로 빠졌다는 것 잘 안다. 하지만 가장 개인적인 것이 가장 정치적인 것 아닌가?

동성애 혐오

비백인 인종 여성이 자신이 당하는 여러 억압을 구별하지 못하는 것처럼 동성애자 여성도 마찬가지다. 흑인 동성애자 여성도 마찬가지다. '두 배의 억압'이라든가 '세 배의 억압'은 없다. 그저 여러 억압이 교차되며 모든 여성의 삶에서 각각 다르게 작동하는 것이다.

'동성애 혐오(homophobia)'라는 단어는 자주 사용되지만 '이성애주의(heterosexism)'라는 용어는 그리 흔하게 사용되지 않는 듯하다. 간단히 설명해보자면 이렇다. "이성애주의는 이 세상이 이성애적이고 이성애적이어야만 한다고 가정하고 이성애자들의 권력과 특권을 정상으로 간주함으로써 동성애 혐오가 가능한 사회적 분위기를 만드는 것이다."[5]

잡지나 TV쇼에 나오는 커플은 항상 이성애 커플이다. 이성애 커플이 아니라 게이 커플일 경우 엄청나게 독특하고 신기한 일처럼 다루어진다. 그들은 일반적인 커플로 인정되지 않는다. 게이 커플이 거리에서 입을 맞추거나 손을 잡으면 우리 눈앞에서 '게이 짓'을 하는 것이 되고, 이성애 커플이 그렇게 하면 사랑하는 사람들이니 당연한 것이다. 나는 이성애주의가 동성애 혐오보다 훨씬 더 교활하다고 말하곤 하는데, 왜냐하면 이것이 더 쉽게 받아들여지기 때문이다.

동성애 혐오와 이성애주의에 관련하여 내가 흥미롭다고 생각하는 지점은 이것들이 우스꽝스러울 정도로 성차별주의와 교차된다는 것이다. 수잰 파는 자신의 책《호모포비아: 성차별주의의 무기》에서 어떤 여성을 남자 역할을 하는 여성이나 레즈비언이라고 부를 때 이는 어떤 면에서 그들이 '선을 넘었다'고 여기기 때문이라고 했다. 많은 사람들이 페미니스트에게 레즈비언이라는 이름표를 붙이는 이유이기도 하다.

레즈비언이 된다는 것은 일반적인 기준에서 한 발 물러서 있는 사람, 남성에게 성적·경제적으로 의지하는 관습에서 멀어진 사람이자, 여성이라는 정체성만 지닌 사람으로 인식되는 일이다. 레즈비언은 남자 없이도 살 수 있는 사람이기 때문에 (아무리 비논리적이라 하더라도) 남자에 대적하는 사람으로까지 여겨지는 것이다. 레즈비언은 이 세계가 인정하는 일상화된 질서 바깥에 존재하는 이들이다. …… 레즈비언은 핵가족에 위협이 되고, 남성의 주도권과 통제권에 위협이 되며, 성차별주의의 핵심에도 위배된다.[6]

여자가 여자를 사랑하는 것 자체에 사람들이 기겁하는 것이 아니라, 그들이 사회가 그어놓은 선을 넘었기 때문에, 여성다움이라는 사회적 관습에 순응하기를 거부했기 때문에 거부감을 느끼는 것이다. 여기에는 생각해볼 만한 지점이 있지 않은가.

물론 내가 말한 것보다 훨씬 더 많은 '차별주의'가 있다. 장애인 차별이나 연령주의도 있다. 이 외에도 수많은 '차별주의'가 있고 여성들의 수없이 많은 실제 경험 속에 존재할 것이다. 지면의 한계로 몇 가지 대표적인 것만 다룬 것뿐이다.

이제 오드리 로드를 향한 나의 사랑과 집착을 다시 한 번 보여주는 다음의 글로 이 장을 마무리하려 한다.

우리 미래의 생존은 평등을 전제하고 나와 다른 이들을 이해하는 능력에 따라 달라질 것이다. 여성으로서 표면적인 사회 변화를 넘어서서 진정한 변화를 이루고 싶다면, 우리 안에 내면화된 억압의 양상부터 끊어내야 한다. 우리 여성들은 모두 다르지만 평등하고, 누구도 우월하거나 열등하지 않다는 점을 인식하고, 서로의 차이점으로 우리의 미래를 더욱 풍요롭게 하는 방법과 함께 겪는 어려움을 극복할 방법을 찾아가야 한다.

14장

세상을 바꾸는
작은 행동

이 장을 수정하고 보완하면서 젊은 페미니스트들이 앞으로 어떻게 행동해야 하는가에 대해서 크게 더 할 말이 없다는 사실에 기분이 좋았다. 아마 이쯤이면 독자들도 충분히 알고 있을 것이다. 이 책이 처음 출간되었을 때는 미미했던 인터넷 페미니스트 활동은 이제 더 활발해져 참여가 훨씬 쉬워졌다. 하지만 행동주의라는 말의 의미가 항상 명확한 것은 아니다. 그래서 나에게 변화를 만드는 가장 좋은 방법이 무엇이냐고 묻는 젊은 사람들에게 (이런 질문을 정말 많이 받는다) 다음과 같은 조언을 하곤 한다.

지역 단위에서 시작하라. 당신이 사는 지역 사회에 영향을 끼칠 수 있는 가장 좋은 방법은 당신이 나보다 더 잘 알고 있을 것이다. 지금 내가 다니는 학교에서, 내가 사는 동네에서 어떤 일이 일어나고 있는가? 또한 시작하기 가장 좋은 장소 역시 이미 알고 있을 것이다. 작게 시작하기의 좋은 점은 나의 지역 사회가 변화하는 모습을 실시간으로 지켜볼 수 있다는 것이다. 어쩌면 이것이 국가적인 대의를 지지하고 청원서를 보내는 일보다 훨씬 더 보람 있게 느껴질 수 있다.(물론 그런 일도 반드시 해야 한다!) 페미니스트 단체에서 일하는 데 관심이 있다면 전국 조직보다는 지방의 소규모 단체에서 일하는 것도 고려해보자. 사람들에게 실제로 도움을 주며 더 많은 경험을 쌓게 되고 더 많은 책임을 느끼게 될 것이다. 그리고 페미니즘 활동을 할 때는 나 자신을 잘 돌보자. 이 일은 육체적, 정신적, 감정적으로 소모가 큰 일이다. 저녁에 집에 오면 생각의 스위치를 꺼버릴 수 있는 일도 아니고 다른 사람들에게 타격을 주는 일이다. 자신을 잘 보살피는 것 또한 변화를 만드는 행동이다. 이 또한 마음을 단단히 먹고 진지하게 해야 하는 일이다! 당신이 변화를 만들 수 있다는 점을 매 순간 기억해야 한다. 인종 차별적인 농담을 하는 친구에게 쓴소리를 하고, 언론의 성차별주의에 관해 주변 사람들과 이야기하고 페미니즘을 다루는 기사를 읽자. 이런 크고 작은 행동으로 변화의 잔물결을 만들 수 있다.

그렇다면 지금 당장 뭘 해야 할까?

페미니즘이 우리에게 반드시 필요하다는 사실을 깨닫는 것만으로도 (두렵긴 해도) 멋진 일이지만, 이 사실을 안다고 해서 내가 앞으로 무엇을 해야 하는지 뚜렷이 보이는 것은 아니다.

여자들을 가로막는 모든 장벽과 한계를 지켜보며 우울해지기 쉽다. 실제로 우울하기 때문이다. 이 책의 거의 모든 지면에서 여성에게 영향을 끼치는 온갖 부정적인 쟁점들을—전부는 아니다.—대략적으로 설명했고, 이제 다음 단계로 넘어가 우리가 실제로 무엇을 할 수 있을지에 집중하려 한다.

내가 제기한 몇 가지 쟁점은 너무나 거대한 문제라 단기간에 해결할 수는 없을 것이다. 여성을 향한 사회 구조적인 억압이 하루아침에 사라질 리 없다. 그래도 우리는 우리가 사는 세상을, 그리고 다른 사람들이 살아가는 세상을 조금씩 바꾸어 갈 수 있다.

내가 생각하는 페미니즘의 가장 멋진 점은, 페미니즘 운동을 하기 위해 전문 페미니스트가 될 필요는 없다는 것이다. 내 인생을 전부 다 바치지 않고서도 얼마든지 페미니즘에 발을 들여놓을 수 있다. 일단 당신이 페미니스트가 되기로 결심하면 이 세상은 전과 다르게 보일 것이다. 그리고 그 결심은 당신 인생 전체에 걸쳐 영향을 끼칠 것이다. 가끔은 현실의 성차별이 너무 강력하고 거대한 벽처럼 느껴지기도 하겠지만, 그렇다고 해서 이에 대항하는 모든 행동이 똑같이 거창할 필요는 없다.

이제부터 이 책에서 이야기한 주제를 중심으로 삼아 우리가 어디에서 어떻게 시작해야 할지 몇 가지 아이디어를 제안하려 한다. 마음에 든다면 이것들을 품에 안고 맘껏 달려보자.

성

– 성교육을 받자. 당신이 다니는 학교나 당신이 사는 지역에 있는 학교가 금욕을 강조하는 성교육만 가르치고 있다면 가만히 있어서는 안 된다. 학생회에 가입해서 활동하라. 포괄적 성교육 관련 정보를 접한 후에 학교에서 콘돔을 나눠주는 것부터 시작해도 좋

다. 다른 학생들에게 이제까지 말도 안 되는 성교육을 받았다는 사실을 알린다. 공감하는 부모들이 있다면 그들의 지원을 받는다. 현재의 젊은 세대들이 콘돔이 암을 유발하고 소녀들은 섹스를 싫어한다고 생각하며 자라게 해서는 절대 안 된다!

- 자기 자신에게 당당하고 자신의 선택을 자랑스러워한다. 죄책감을 느끼지 않는다. 자꾸 죄책감을 느끼게 만드는 세상에서 나 자신과 성적 자기 결정권에 당당한 것만으로도 혁명적인 행동이다.

- 당신이 때로 '미친 짓'을 즐길 생각이라면 왜 그렇게 하고 싶은지 생각해보자. 정직하게, 그것이 나의 쾌락과 즐거움을 위한 것이라면 얼마든지 괜찮다. 그렇지 않다면 조금 더 생각해보자.

- 나의 섹슈얼리티는 내가 통제한다. 2장에서 말했던 것처럼 안전하고 현명하게 행동하며 심사숙고해서 내린 결정에 이래라 저래라 하는 사람의 말은 듣지 말자.

대중문화

- 광고 속 이미지를 믿지 말라. 성차별적인 광고를 봤을 때는 도끼눈을 뜨고 주시한 후 주변의 모든 사람들에게 그것이 왜 머저리 같은 광고인지 알려줘라.

- 영화나 드라마나 남자들은 잘 말해주지 않는, 당신 자신만의 가치를 소중히 여겨라. 당신의 지성, 영특함, 끝내주는 당구 실력, 무엇이 되었건 그것은 최고로 소중하다. 비키니를 입은 섹시한 몸매나 남자들에게 얼마나 인기가 많은지에 따라 자신의 가치를 평

가하지 않기만 해도 발전은 있다.

　- 헛소리를 지껄이는 사람들을 가만두지 말자. 성차별적인 광고를 보면 그 광고주 사이트에 가서 글을 남기자. 친구들에게도 이 행동을 권유하자.

폭력

　- 성폭행을 당해도 싼 행동이나 태도 같은 것은 없다는 사실을 기억하자. 옷을 어떻게 입건, 술을 얼마나 마시건, 이제까지 얼마나 많은 남자들과 잤건 아무 상관없다. 그건 당신의 잘못이 아니다.

　- 자원봉사, 자원봉사, 자원봉사! 도움을 필요로 하는 성폭행 상담소와 가정 폭력 상담소는 얼마든지 있다. 아주 작은 도움이라도 괜찮다. 성폭력 상담 센터에서 상담사로 일했을 때 한 달에 하룻밤만 자원봉사를 했다. 많은 시간을 빼앗기지 않았지만 그 기관에는 큰 도움이 되었다.

　- 친구에게 강간에 관한 이야기를 할 때에는 강간 문화라는 단어를 꺼내 화제로 올리자. 여성을 대상으로 한 폭력이 단순 개별 사건으로만 이야기되어서는 안 된다. 그것은 구조적인 사회 문제이다.

　- 당신에게 폭력을 휘두르는 사람, 감정적으로 학대하는 사람, 어떤 방식으로건 협박하는 사람과 관계를 지속하지 않는다.

　- 안전에 주의한다. 하지만 '성폭행 일정'에 따라 하루를 살 필요도 없다는 사실을 기억하라.

- 적극적으로 나서라. 지역의 폭력 추방 단체에서 활동해도 좋다. 같은 지역의 여성들이 집에 무사히 돌아가도록 무료로 차를 태워다 주는 활동도 좋고 상담을 하거나 남성들을 위한 폭력 인식 바꾸기 강의를 해도 좋다. 내가 하고 싶고, 내 주변 여성에게 도움을 줄 수 있는 것은 무엇이든 하자.

- 내가 앞서 언급했던, 길거리 성희롱범의 사진을 찍어 올리는 블로그인 홀라 백¹처럼, 남자들이 자신의 행동을 책임질 수 있게 해야 한다. 당신만의 홀라 백 사이트를 만들어도 좋다!

일과 돈

- 동일 임금의 날*에 뭔가 재미있는 일을 꾸민다. 한 가지 아이디어가 있다. 남자 음료에만 추가 요금을 더 붙여 파는 파티를 열어 보자. 남녀 임금 격차를 알리는 기회가 될 수 있다.

- 보육 문제를 위해 지금부터 싸우자! '패밀리 이니셔티브(Family Initiative)'나 '차일드케어(Child Care Inc)' 같은 단체를 찾아 정보를 얻고 참여할 수 있는 방법을 알아보자. 때 이른 걱정처럼 보일 수 있지만 당신은 언제든 엄마가 되겠다고 결정할 수 있고 그때 가서 형편없는 보육 체계를 견디고 싶지는 않을 것이다. 아이를 갖지 않

동일 임금의 날(Equal Pay Day) 남성이 지난 1년간 받은 임금을 여성이 다음 해 언제까지 받으면 동일해지느냐를 따져 정한 날짜. 한국의 동일 임금의 날은 5월 23일이다. 즉, 한국 여성들은 1년을 일하고도 5개월 23일을 더 일해야 남성 임금과 같은 수준이 된다. 2017년 미국의 동일 임금의 날은 4월 4일이었고, 유럽 국가의 경우 2~3월 중으로 정해진다.

겠다고 해도 아이를 선택하는 다른 여성들을 위해 도움을 줄 수 있다.

- 자리에서 일어나서 내 일을 해라. 좋아하는 일을 하는 것은 분명 큰 보람이 있다. 일은 뿌듯함과 성취감을 선물한다. 집에서 아이를 돌보는 것이 당신이 할 수 있는 일이고 하고 싶은 일이라면 그것도 괜찮다. 하지만 당신이 사랑하는 일을 할 때 따라오는 자부심과 만족감을 과소평가하지 말자.

데이트와 그 너머의 일들

- 돈을 낸다. 그냥 그렇게 하기로 한다.
- 결혼을 하고 싶다면 괜찮다. 하지만 예식과 관련된 온갖 허식은 건너뛰어도 된다. 결혼의 물질주의, 사랑보다 겉치레를 앞세우는 관습들을 생각해보자. 정말 하고 싶다면 반지가 아니라 결혼을 위한 결혼식을 하자.
- 제발 제발 부탁인데, 성을 바꾸지 말라. 제발 내 부탁을 들어주시고, 남편과 자신의 성을 하이픈(-)으로 연결하자.
- '모든 사람'이 결혼할 수 있는 권리를 위해 싸우자. 모두가 다 참여할 수 있는 잔치가 아니면 재미가 없다. 동성애자들의 인권을 위한 단체인 '인권 캠페인(The Human Rights Campaign)'에서 시작해도 좋다. 친구들과 동성 결혼을 주제로 이야기해보아도 좋다.
- 페미니즘을 비웃고 무시하는 남자와 데이트하지 말라. 그들은 결국 다른 분야에서도, 즉 생활에서도, 사랑에서도, 침대에서도 당

신을 실망시킬 것이 뻔하다. 내 말을 믿어라.

– 밸런타인데이에는 연극 〈버자이너 모놀로그〉를 보러 가자.(연극이 끝나면 여성 대상 폭력 근절을 위한 단체에 가자.) 데이트 상대를 데리고 간다. 싸구려 초콜릿은 선물하지 않는다.(그렇다. 이건 내 이야기다.)

남자들

– 성차별에 영향을 받으며 살고 싶지 않다면 남자들도 그렇게 살도록 내버려 두지 말자. 주변의 남자를 '남자답지' 않다는 말로 판단하고 있다면 잠깐 멈추고 당신이 하는 말의 의미를 곰곰이 생각해본다.

– 당신 주변의 남자들에게 페미니즘을 알리자. 성차별이 남녀 모두에게 어떻게 해로운지 말해준다.

– 자신이 페미니스트라고 말하는 남자를 만나면 그와 친구가 되고 그를 다른 남자들에게 자랑한다. 그 사람이 진정 승리자다.

– '남자는 강간을 멈출 수 있다(Men Can Stop Rape)'나 '성차별을 반대하는 남성들(National Organization for Men Against Sexism)' 같은 단체를 찾아보자.

외모

– 다이어트를 하지 말 것. 살 빼라는 사람과 그들의 빌어먹을 외

모 기준에 가운뎃손가락을 들어주자. 이 세계가 당신이 점점 말라가다 사라지길 원할 때, 마음껏 먹는 것은 굉장히 자신감 있는 행동이 될 수 있다.

- 하이힐을 신고 마스카라를 하고, 하고 싶은 것은 다 하자. 나도 그렇게 하니까. 하지만 이렇게 하면서 우리가 남자가 만들어낸 미의 기준을 따르고 있다는 사실 또한 잊지 말자. '예뻐' 보이고 싶은 것이 잘못되었다는 말이 아니다. 가끔은 지금 이 세상의 기준에 맞추는 것도 나쁘지 않다. 하지만 외모 치장이 여성에게 힘을 주는 행동이라 말하지는 말자. 그냥 있는 그대로 인정하자. 꾸미기는 재미있고 쉬운 일일 뿐이다.

- 하이힐을 신지 않고 마스카라를 하지 않아도 된다. 남자들이 원하는 것은 절대 하지 않아도 괜찮다. 그들의 빌어먹을 미의 기준은 나와 상관이 없다.

- 여성을 외모로 공격하고 판단하는 사람들을 가만두지 않는다.

- 어떤 이가 당신의 입을 다물게 하려고 '못생긴 주제에'라는 카드를 꺼낼 때(아니면 '예쁘장하면 다야' 카드도 있다) 그들의 바람대로 입을 다물지 말고 계속 떠들어라.

정치

- 투표해라. 제발, 부탁이다. 투표를 하자. 젊은 여성들이 정치 참여에 관심을 두게 할 수 있는 방법을 알아보고 관련 활동을 한다.

- 출마한 여성 후보를 지지해도 되고 당신이 어떻게 출마할 수 있는지 알아보아도 된다.

- 선거 후보로 출마하자. 진심이다. 해보자.

- 당신이 사는 지역에 여성 정치인 수가 적다면 (학교 학생회에도 여학생이 적다면) 이를 개선하려 노력한다.

페미니즘을 퍼뜨리자

- 이제 페미니즘이 얼마나 환상적인 운동인지 잘 알았으니 밖으로 나가 페미니즘을 퍼뜨리자. 다른 젊은 여성들에게 'f로 시작하는 말'이 꽤 멋지다는 사실을 알리자.

- 누군가 "나는 페미니스트는 아니지만……"이라는 괴상한 문장을 사용하면 당장 그만두라고 하자. 페미니스트의 의견과 가치를 갖고 있다면 (숨 한번 쉬고) 그 사람은 아마 페미니스트일 것이다. 그냥 같이 해보자고 하자.

- 페미니스트 블로그를 방문한다.('페미니스팅닷컴'이 있다. 흠.) 정말인데 우리 '페미니스팅닷컴'은 끝내주게 멋진 페미니스트 사이트, 블로그와도 연계되어 있다. 들어와서 한번 살펴보길 바란다.

- 여성학과 젠더 관련 강의를 찾아 듣고, 주변 사람들에게 권유하고, 친구도 데려 간다.

- 페미니스트라고 크고 당당하게 외치자. 이왕이면 페미니스트 티셔츠를 입자. 나는 멋진 페미니즘 메시지가 적힌 티셔츠를 무척 좋아한다.

매우 쉬워서 당장이라도 할 수 있는 일들을 위주로 소개했다. 물론 페미니즘을 실천하는 다른 방법들, 즉 학문적으로나 조직적으로 조금 더 깊이 관여하는 방법도 있다. 하지만 나는 일단 쉽게 시작하는 것이 좋다고 생각한다. 일상 속의 페미니즘이 가장 효과적이지 않을까?(게다가 재미까지 보장한다.) 페미니즘이 일상이 되고 매일의 선택이 되면 실제로 당신 주변의 많은 것이 달라질 수 있다. 일단 쉬운 것부터 해보고, 이 일이 정말 마음에 들고 미치게 하고 싶다면 전문 페미니스트가 되면 된다.

　이 책을 읽고 얻은 것이 있다면, 지금쯤 적어도 페미니즘이 얼마나 멋진 일이고, 페미니즘이 우리에게 해줄 수 있는 놀라운 것들이 얼마나 많은지 깨달았기를 간절히 바랄 뿐이다. 페미니즘은 모든 것을 반대하고, 부정하는 운동이 아니다. 매우 긍정적이고, 삶을 변화시키며, 재미있고 멋지게 인생을 사는 방식이다. 나라는 존재가 남자들을 즐겁게 해주는 것 이상의 능력과 가치가 있다는 점을 전제하고 살아가는 일이다.

　이 책을 마무리할 때가 다가오고 있다. 너무 감상적이 되고 싶지는 않지만 이 말은 꼭 하고 싶다. 내가 이 책을 쓴 이유는 딱 하나, 내가 페미니즘을 진심으로 믿고 있기 때문이다. 페미니즘은 내 인생을 더 나은 방향으로 바꾸었고, 나는 다른 젊은 여성들도 나와 같은 경험을 하길 바란다. 우리 주변의 많은 이들이 페미니즘이라는 단어를 두려워하고 페미니즘에 등을 돌리는 모습을 보면 너무나 안타깝다. 페미니즘은 이 세상의 모든 것을 달리 보게 해줄 힘이 있고, 이는 또한 나 자신을 새롭게 생각해볼 기회를 준다.

이제까지 가끔 중구난방이기도 했던 나의 페미니즘 수다를 들어주셔서 감사하다. 그중에 한 문장이라도 당신 안에서 울림이 있었기를 바란다. 젊은 여성들은 정말로 이 사회의 모든 망할 것들을 (좋은 쪽으로) 뒤집어버릴 능력이 있고 이 책이 그 작업을 시작하는 데 조금이나마 영감을 주었길 바랄 뿐이다.

페미니스트 진단법 다섯 가지

1. 화장과 하이힐을 즐기지만, 여자들이 질 성형 수술까지 받게 하는 이 사회의 미의 기준이 뭔가 잘못되어도 단단히 잘못되었다는 사실을 알고 있다.
2. '여자들만의 밤'은 필요없다. 그것보다 동일 노동과 동일 임금을 원한다.
3. '난잡한 년'이라는 단어가 '난 너의 자유로운 성생활이 부러워'의 다른 말임을 알고 있다.
4. 나의 연애가 라이프타임 채널의 이번 주 희생자 같기를 바라지는 않는다.
5. 당신에게는 출산과 관계없는 섹스를 할 당연한 권리가 있으며, 이에 관해 약사, 부모, 입법자, 혹은 타인의 섹스에 참견하는 사람들과 상담할 필요는 전혀 없다.

페미니스트의 유쾌한 저항법 다섯 가지

1. 페미니스트는 즐기면서 쇼핑을 할 수 있다. '이게 있는데 두뇌가 왜 필요해?'같이 여자를 무시하는 문구가 가슴 부분에 쓰인 티셔츠에 질린 많은 젊은 여성들이 아베크롬비 앤 피치 불매 운동을 했다. 이 운동은 사람들의 관심을 불러일으켰고 해당 기업은 여성들을 본사에 초대하여 더 멋진 문구를 위한 아이디어를 받았다.

2. 페미니스트는 학교가 섹스의 진실을 말하도록 한다. 텍사스에 사는 10대 소녀 셸비 녹스는 학교가 금욕을 강조하는 성교육만을 가르치고 있다는 것을 알고 학생회 활동을 조직해 지역 인사들과 종교계 지도자들이 포괄적 성교육을 지지하도록 했다. 그녀의 이야기는 〈셸비 녹스의 성교육─섹스, 거짓말, 그리고 교육〉이라는 다큐멘터리에 소개되어 있다.

3. 페미니스트는 마음껏 즐길 줄 안다. '뮤직비디오 속 섹시한 백댄서'에 지친 젊은 여성들이 오리건과 뉴욕에 여학생들을 위한 로큰롤 음악 캠프를 만들었고 여학생들은 악기를 배우고 노래를 작곡하고 무대에 오른다.

4. 페미니스트는 정말 섹시하고 매력적인 것이 무엇인지에 관해 진실을 말한다. 젊은 여성들은 남성 잡지에 실린 '섹시 스타 100' 순위를 보는 데 질렸다. 이 잡지는 비키니를 입고 포즈를 취하고 관능적으로 보이는 능력만으로 여자를 평가한다. 이 여성들은 자신들만의 순위인 '진짜 매력적인 여자 100'을 만들어 전국 각지에서 멋진 일을 하고 있는 여자들을 소개했다.

5. 페미니스트는 여성들의 성적 흥분을 반드시 지킬 수 있게 한다. 테네시주 멤피스에 자위 기구 판매 금지 법안이 발의되자 여성들은 '내 딜도에서 손 떼(Keep Your Hands Off My Dildo)' 파티를 열어 이 법안을 만천하에 알렸다. 법안은 결국 통과되지 못했다.

1장 이 사회가 불편하다면 당신도 페미니스트

1) Ginia Bellafante. "Is Feminism Dead?" *Time magazine*, June 29, 1998.

2) 로런스 서머스는 하버드 대학의 전 총장이다. 그가 총장으로 재직하던 시절, 과학과 공학 분야의 여성과 소수자 관련 학술 회의에서 이공 계통에서 여성의 숫자가 적은 이유 중에 하나는 여성이 남성에 비해 '생물학적' 혹은 '선천적'인 능력이 떨어져서라는 발언을 했다.

3) 미시간주 배리언 스프링스의 빌리지 어드벤티스트 초등학교 교사였던 크리스틴 존은 2005년 혼인 없이 임신을 했다는 이유로 정직 처분을 받았다. 또한 2005년 뉴욕주 퀸스의 세인트 로즈 오브 리마 스쿨 교사 미셸 맥쿠커 역시 미혼인 상태에서 임신했다는 사실을 학교 측에 알린 후에 해고되었다.

4) Monique Stuart. "Slutty Feminism", *The Washington Times*, January 1, 2006.

5) 사회에서 이와 같은 일이 일어나는 예는 다음 기사에 나와 있다. Phyllis Schlafly. "Feminist Dream Becomes Nightmare", Human Events Online, May 18, 2004; Carey Roberts. "Amnesty Stuck on the Shoals of Political Correctness", MensNewsDaily.com, June 4, 2005; David Usher. "Feminism, the WKKK, and the Gender-Lynching of Michael Jackson", MensNewsDaily.com, April 21, 2005.

6) Mary Rettig. "CWA Official: Rising Crime Among Women Linked to Feminist Agenda", AgapePress, October 27, 2005.

7) Ibid.

8) 질 '회춘술(성형)'이라는 새로운 형태의 성형 수술이다. 여성들이 받는 소음순

축소 수술, 질 탄력술, 음순 지방 흡입술 따위를 말한다.

9) *The American Heritage Dictionary*.

10) Rebecca Traister. "The F-Word", Salon.com, July 5, 2005.

11) Ibid.

12) 리베카 트레이스터의 글 'The F-Word'에 대응해 발표한 칼럼은 다음에 실려 있다. www.sabreean.com/?p=10.

2장 성에 대해 솔직하게 말하기

1) Sexuality Information and Education Council of the United States.

2) Representative Henry Waxman. "The Content of Federally Funded Abstinence-Only Education Programs", U.S. House of Representatives Committee on Government Reform, December 2004.

3) Gail Schontzler. "Abstinence speaker pushed religion in school, dad charges", *The Daily Chronicle*, May 11, 2005.

4) Representative Henry Waxman.

5) Ibid.

6) Ibid.

7) "In Their Own Words: What Abstinence-Only-Until-Marriage Programs Say", Sexuality Information and Education Council of the United States, August 2005.

8) Quoted in Camille Hahn: "Virgin Territory", *Ms.* magazine, fall 2004.

9) "Jessica Simpson's Virgin Vow", *Female First*, December 30, 2004. 링크 첨부: www.femalefirst.co.uk/entertainment.

10) Reginald Finger. "Association of Virginity at Age 18 with Educational, Economic, Social, and Health Outcomes in Middle Adulthood", *Adolescent & Family Health*, April 2004.

11) Reports of Child Abuse and Neglect(HB 580).

12) Jodi Wilgoren. "In Nebraska, Rape Charge Follows Legal Marriage, in Kansas, to 14-Year-Old", *The New York Times*, August 20, 2005.

3장 대중 문화와 섹슈얼리티

1) 이 용어는 파멜라 폴(Pamela Paul)이 같은 제목의 책 《포르니파이드》에서 처음 사용한 신조어이다. *Pornified: How Pornography Is Transforming Our Lives, Our Relationships, and Our Families*(New York: Henry Holt, 2005).

2) Ariel Levy. *Female Chauvinist Pigs: Women and the Rise of Raunch Culture*(New York: Free Press, 2006).

3) Jennifer Baumgardner. "Feminism Is a Failure, and Other Myths", AlterNet, November 17, 2005.

4) Whitney Joiner. "Live girl-on-girl action!" Salon.com, June 20, 2006.

5) From a Feministing interview with Rachel Kramer Bussel.

6) R. Scott Moxley. "Slammer Time", *OC Weekly*, October 7, 2005.

7) Erin Woods. "Sex and intoxication among women more common on spring break, according to AMA poll", AMA press release, March 8, 2006.

8) 보수 여성 단체 '미국을 걱정하는 여성들, 베벌리 라헤이 연구소'의 연구원 재니스 크루즈와의 오디오 인터뷰에서 발췌. 링크 첨부: www.cwfa.org/articles.

4장 피해자 비난 게임

1) National Crime Victimization Survey, Bureau of Justice Statistics' Crime and Victims Statistics, 2004. 링크 첨부: www.rainn.org/statistics.

2) "Women in jeans 'cannot be raped'", BBC News, February 11, 1999. 링크 첨부: www.news.bbc.co.uk/1/hi/world.

3) Naomi Schaefer Riley. "Ladies, You Should Know Better: How feminism wages war on common sense", *The Wall Street Journal*, April 14, 2006.

4) www.cnn.com/2006/WORLD/europe.

5) Sexual assault research, Amnesty International, November 2005. 링크 첨부: www.amnesty.org.uk/news.

6) R. Scott Moxley. "Slammer Time", *OC Weekly*, October 27, 2005. 링크 첨부: www.ocweekly.com/news.

7) R. Scott Moxley. "Hung Jury?" *OC Weekly*, June 24, 2004. 링크 첨부: www.ocweekly.com/news.

8) "Three Men Receive Six-Year Sentences in Sexual Assault Case", NBC News, March 10, 2006. 링크 첨부: www.nbc4.tv/news.

9) "Anti-rape device postponed", SABC News, June 21, 2006. 링크 첨부: www.sabcnews.com/south_africa.

10) Andrea Medea and Kathleen Thompson. "The Little Rapes, Sexual Harassment: The Link Joining Gender Stratification, Sexuality, and Women's Economic Status"(New York: Farrar, Straus and Giroux, 1974).

11) Holla Back NYC. 링크 첨부: www.hollabacknyc.blogspot.com.

5장 나의 몸은 나의 것

1) "UW Birth Control Help 'Outrages' Rep", *The Capitol Times*, March 1, 2005.

2) "Pharmacist cites sin in birth control case", Associated Press. 링크 첨부: www.washtimes.com/national.

3) Dan Gransinger. "Absolving pharmacist's conscience", letter to the editor, *The Arizona Republic*, April 15, 2005. 링크 첨부: www.azcentral.com/arizonarepublic/opinions.

4) Russell Shorto. "Contra-Contraception", *The New York Times Magazine*, May 7, 2006.

5) "Why do women have abortions?" Guttmacher Institute press release, September 6, 2005. 링크 첨부: www.guttmacher.org/media.

6) "South Dakota Abortion Ban", PBS Online News Hour. 링크 첨부: www.pbs.org/newshour.

7) Bob Johnson. "Proposals would ban abortions", Associated Press, October 21, 2006. 링크 첨부: www.montgomeryadvertiser.com/apps/pbcs.dll/article.

8) Ellie Lee. "The Context for the Development of 'Post-Abortion Syndrome.'" The Prochoice Forum. 링크 첨부: www.prochoiceforum. org.uk/

9) Amanda Marcotte. "Exposing Anti-Choice Abortion Clinics", Alternet, May 1, 2006.

10) Rebecca Walsh. "Senate: Incestuous dad knows best", *The Salt Lake Tribune*, February 28, 2006.

11) HB 187: Unmarried women; prohibition on provision of certain intervening medical technology.

12) Katherine Gillespie. "Defining Reproductive Freedom for Women 'Living Under a Microscope': Relf v. Weinberger and the Involuntary Sterilization of Poor Women of Color", 2000. 링크 첨부: www.law. georgetown.edu/glh/gillespie.

13) Betsy Hartmann. "Cracking Open Crack", Znet, October 22, 1999. 링크 첨부: www.zmag.org/ZSustainers/ZDaily.

14) From a conversation with Wyndi Anderson, March 7, 2006.

6장 일과 여성

1) "Kerry's 'Fresh Start' Is A False Start, IWF Decries Use of Misleading Statistics on Wage Gap", press release, October 22, 2004. 링크 첨부: www.iwf.org/issues.

2) "Senate amendment would reinstate data collection for women at the Bureau of Labor Statistics", October 27, 2005. 링크 첨부: www.now.org/ issues/economic.

3) Shankar Vedantam. "Women in Top Ranks Pull Up the Pay of Others", *The Washington Post*, August 13, 2006.

4) Citizens for Responsibility and Ethics in Washington(CREW). 링크 첨부: www.citizensforethics.org/activities.

5) "'Older' women win Virgin discrimination case", ABC News, October 10, 2005. 링크 첨부: www.abc.net.au/news.

6) 링크 첨부: www.breaktheglassceiling.com/statistics-women.

7) "WORKPLACE BIAS?" PBS, Online News Hour, July 5, 2004. 링크 첨부: www.pbs.org/newshour.

8) Equal Employment Opportunity Commission. 링크 첨부: www.eeoc. gov/types/sexual_harassment.

9) CNN. 링크 첨부: www.cnn.com/2006/LAW.

10) "Sexual Abuse by Military Recruiters, More Than 100 Women Raped Or Assaulted By Recruiters In Past Year", August 20, 2006. 링크 첨부: www.cbsnews.com/stories.

11) Feministing interview. 링크 첨부: www.feministing.com/archives.

12) Ibid.

13) Lisa Belkin. "The Opt-Out Revolution", *The New York Times Magazine*, October 26, 2003.

14) The Center for Economic Policy and Research. "Are Women Opting Out?" 링크 첨부: www.cepr.net/publications.

15) Ibid.

16) Louis Uchitelle and David Leonhardt. "Men Not Working, and Not Wanting Just Any Job", *The New York Times*, July 31, 2006.

17) "U.S. mothers deserve $134,121 in salary", Reuters Study, May 3, 2006.

18) Linda Hirshman. *Get to Work: A Manifesto for Women of the World*(New York: Viking Adult, 2006).

19) Mindy Farabee. "Linda Hirshman's Manifesto for Women", *LA CityBeat*, September 5, 2006.

20) The Family Initiative, Legal Momentum. 이 여성 단체가 실시한 설문 조사에서 일부 미국인들의 영유아 보육비가 총수입의 50퍼센트에 달하는 것으로 밝혀졌다.

21) Legal Momentum. 링크 첨부: www.legalmomentum.org/legalmomentum/programs/familyinitiative.

22) Ibid.

23) "Congressional Child Care", *The Washington Post*, Tuesday, May 16,

2006.

24) Wade Horn. "Wedded to Marriage", National Review Online, August 9, 2005. 링크 첨부: www.nationalreview.com/comment.

25) Legal Momentum. 링크 첨부: www.legalmomentum.org/legalmomentum/inthecourts.

26) Marriage Savers Program. 링크 첨부: www.marriagesavers.org.

27) Legal Momentum. 링크 첨부: www.legalmomentum.org/legalmomentum/programs/equalityworks.

28) Michael Noer. "Don't Marry Career Women", *Forbes*, August 22, 2006.

7장 사랑과 연애의 환상

1) "Same-Sex Marriage: The Fight for Equality Gains Momentum", NOW. 링크 첨부: www.now.org/nnt.

2) "Marriage Protection Week, 2003, A Proclamation." 링크 첨부: www.whitehouse.gov/news/releases.

8장 엄마만이 진짜 여자라고?

1) Kathryn Joyce. "Arrows for the War", *The Nation*. November 27, 2006.

2) Report of the South Dakota Task Force to Study Abortion. Available online at: www.feministing.com/SD_abortion_taskforce_report.pdf.

3) January Payne. "Forever Pregnant", *The Washington Post*, May 16, 2006.

4) Lynn Paltrow. "Punishment For Pregnant Women", *Alternet*, July 18, 2006.

5) Katha Pollitt. "Pregnant and Dangerous", *The Nation*, April 8, 2004.

6) 링크 첨부: www.advocatesforpregnantwomen.org/issues/in_the_states/.

7) Rick Montgomery. "New Wave of 'Fetal Protectionism' Decried", *Lexington Herald-Leader*, July 10, 2006

8) Lynn Paltrow. "Punishment For Pregnant Women", *Alternet*, July 18, 2006.

9) 전미임부보호협회의 윈디 앤더슨과 주고받은 이메일에서 발췌.

10) Mike Stobbe. "C-Sections in U.S. Are at All-Time High", *The Associated Press*, November 15, 2005.

11) Joan Ryan. "Balancing the risks in a healthy delivery", International Awareness Caesarean Netowrk, Inc., Press Kit. November 9, 2003.

12) Anemona Hartocollis. "Home Delivery is Available", *The New York Times*, June 2, 2005.

13) The Associated Press. "New Alabama law allows breast-feeding in public", July 5, 2006.

14) The Associated Press. "30 Protest Ejection of Nursing Passenger", ABC News, November 15, 2006.

15) Kansas Department of Health and Environment, KDHE reminds public about health benefits of breastfeeding and mother's rights, during World Breastfeeding Week, August 2, 2006.

16) Feministing interview with Kristin Rowe-Finkbeiner, September 09, 2006. Available online at: http://feministing.com/archives/.

17) Sharon Jayson. "Women like being mothers but say they get no respect", *USA Today*, May 1, 2005.

18) 링크 첨부: http://www.momsrising.org/aboutmomsrising.

9장 페미니즘의 과거와 미래

1) 링크 첨부: www.reference.com/browse/wiki/Elizabeth_Cady_Stanton.

2) Sojourner Truth. "Ain't I a Woman?" Women's Convention, Ohio, 1851.

3) Betty Friedan. *The Feminine Mystique*(New York: Dell Publishing Co., 1963).

4) National Organization for Women's Statement of Purpose, 1966.

5) "Feminist Majority Foundation, *Ms*. Magazine, and Feminist Majority Foundation Join Forces", November 12, 2001. 링크 첨부: www.feminist.org/news.

6) *Roe v. Wade*, 410 U.S. 113, No. 70-18, January 22, 1973. 링크 첨부: www.law.cornell.edu/supct/html/historics.

7) The Civil Rights Act of 1964, 88th Congress, H. R. 7152, July 2, 1964.

8) 앤절라 데이비스는 혁명적인 시민 운동가이자 페미니스트이다. 내가 가장 좋아하는 그녀의 책은 《여성, 인종, 그리고 계급(Women, Race and Class)》 (London: The Women's Press Ltd., 1981)이다.

9) Susan Brownmiller, *Against Our Will: Men, Women and Rape*(New York: Simon & Schuster, 1975).

10) 《컬러 퍼플(The Color Purple)》의 작가 앨리스 워커가 '우머니스트'라는 단어를 처음 사용했다.

11) 레즈비언 이론은 60년대 페미니즘의 부상과 함께 수면 위로 올라왔다.

12) '섹스와의 전쟁'이란 제2의 물결 페미니스트 커뮤니티 내에서 일어난 섹슈얼리티, 특히 포르노그래피를 둘러싼 논쟁들을 가리킨다.

13) 페미니스트. 링크 첨부: www.feministe.us/blog/archives.

14) Susan Faludi, *Backlash: The Undeclared War Against American Women*(New York: Anchor Books, 1992).

15) 조앤 스미스는 내가 이 사건에 대한 〈가디언〉 칼럼을 쓰고 있을 즈음에 전미 여성기구 학술 회의에서 경험한 일련의 일들을 나에게 말해주었다.

10장 남자에게도 페미니즘이 필요하다

1) Lakshmi Chaudhry, "Men Growing Up to Be Boys", *In These Times*, March 17, 2006.

2) Rebecca Traister, "Attack of the Listless Lads", Salon.com, September 20, 2005.

3) Interview with Michael Kimmel, PhD, PBS. 링크 첨부: www.pbs.org/kued/nosafeplace.

4) Ibid.

5) 링크 첨부: www.participate.net.

6) "Seven Principles for Bringing Up Boys." 링크 첨부: www.focusonyourchild.com/develop.

7) "Countering Radical Feminism's Agenda." 링크 첨부: www.focusonyourchild.com.

8) Huibin Amee Chew. "Why The War Is Sexist", Znet, December 1, 2005. 링크 첨부: www.zmag.org/content.

9) Cynthia Enloe. *Maneuvers: The International Politics of Militarizing Women's Lives*(Berkeley, CA: University of California Press, 2000).

10) Amnesty International, "Lives blown apart: Crimes against women in times of conflict", December 2004. 링크 첨부: http://web.amnesty.org/library.

11) Robert Jensen. "The High Cost of Manliness", Alternet, September 8, 2006.

11장 외모 신화

1) 알트하우스는 위스콘신 대학 법과대학 교수인 앤 알트하우스가 설립해 운영하고 있다. 링크 첨부: www.althouse.blogspot.com.

2) "Women Now Have Equal Sexuality Rights", press release, Laser Vaginal Rejuvenation Institute of New York. 링크 첨부: www.prweb.com/releases.

3) "New Message to Models: Eat!" ABC News, September 15, 2006. 링크 첨부: www.abcnews.go.com/Entertainment.

4) "Skinny models banned from catwalk", CNN, September 13, 2006. 링크 첨부: www.cnn.com/2006/WORLD/europe.

5) "Gaultier swaps Size 0 models for 'Size 20,'" the *Daily Mail*, October 4, 2006. 링크 첨부: www.dailymail.co.uk/pages.

12장 여성에게도 한 표가 있다

1) Women Officeholders 2006, Center for American Women and Politics, Rutgers University.

2) University at Albany, State University of New York, Women in State Policy Leadership, 1998–2005. *An Analysis of Slow and Uneven Progress, A Report of the Center for Women in Government & Civil Society.* Winter 2006.

3) Women's Voices. Women Vote. 링크 첨부: www.wvwv.org.

4) Steve Vogel. "Owens Assails Schaefer's Remarks", *The Washington Post*, September 6, 2006.

5) Phyllis Jordan. "Schaefer Remarks Criticized, Maryland Moment", *The Washington Post*, February 15, 2006. 링크 첨부: http://blog.washingtonpost.com/annapolis.

6) "Executive Summary, Framing Gender on the Campaign Trail, Style Over Substance: Spotlight on Elizabeth Dole." 링크 첨부: www.thewhitehouseproject.org/v2/researchandreports.

7) Loretta Nall campaign blog. 링크 첨부: www.nallforgovernor.blogspot.com.

8) John Podhoretz on Hillary Clinton's "virtues", Media Matters, May 10, 2006. 링크 첨부: www.mediamatters.org/items.

9) Ibid.

10) Robin Toner. "Women Wage Key Campaigns for Democrats", *The New York Times*, March 24, 2006.

11) Ann Friedman, March 24, 2006. 링크 첨부: www.feministing.com/archives.

12) Josh Gerstain. "Maloney Wins Support of ACLU For Regulation of Abortion Ads", *The New York Sun*, March 31, 2006.

13) Jeremy Peters. "F.D.A. Plans to Consider Morning-After Pill", *The New York Times*, July 31, 2006.

14) "Kansas Anti-Abortion Bill Veto Sticks", Associated Press, Thursday, April 28, 2005.

15) 링크 첨부: www.house.gov/waters.

16) R. G. Ratcliffe and Anne Marie Kilday. "Groundbreaking politician, quintessential Texas woman", *The Houston Chronicle*, September 14, 2006.

17) 벨라 앱저그(Bella Abzug)는 미국 하원 의원이자 여성 운동의 선구자로서 공격적인 여권 운동을 전개했다. 1998년에 사망했다. 더 알고 싶다면 다음 사

이트를 참고하라. www.womenshistory.about.com/cs/quotes.

18) 패트리샤 슈로더는 콜로라도주 최초의 여성 하원 의원이다. 더 알고 싶다면 다음 사이트를 참고하라. www.womenshistory.about.com/cs/quotes.

19) John Kerry campaign button.

20) "Marriage Gap Bigger Than Gender Gap, With Married People More Supportive Than Singles Are To Bush and Republicans, Annenberg Data Show", National Annenberg Election Survey, July 2, 2004.

21) Quoted in Ruth Rosen, "Women Really on Their Own", *The Nation*, October 29, 2004.

22) The 50/50 Campaign, Women's Environment & Development Organization. 링크 첨부: www.wedo.org/programs.

23) 링크 첨부: wedo.org/campaigns.aspx?mode=5050main.

24) Getting the Balance Right in National Parliaments, 50/50 Campaign, Women's Environment & Development Organization.

25) 링크 첨부: www.state.gov/g/drl/rls/hrrpt.

26) 링크 첨부: www.sweden.se/templates.

13장 초간단 페미니즘 공부

1) Lorde, Audre. "Age, Race, Class and Sex", *Race, Class and Gender in the United States*, Fourth Edition. Ed. By Paula S. Rothenberg, St. Martin's Press, 1998.

2) Working Group on Women and Human Rights, Center for Women's Global Leadership, Rugters University. 링크 첨부: www.cwgl.rutgers.edu/globalcenter/policy/bkgdbrfintersec.html.

3) McIntosh, Peggy. *White Privilege: Unpacking the Invisible Knapsack*, 링크 첨부: http://seamonkey.ed.asu.edu/~mcisaac/emc598ge/Unpacking.html.

4) Lorde, Audre. "Age, Race, Class and Sex", *Race, Class and Gender in the United States*, Fourth Edition. Ed. By Paula S. Rothenberg, St. Martin's Press, 1998.

5) Pharr, Suzanne. "Homophobia as a Weapon of Sexism", *Class and Gender in the United States*, Fourth Edition. Ed. By Paula S. Rothenberg, St. Martin's Press, 1998.

6) Ibid.

14장 세상을 바꾸는 작은 행동

1) Holla Back. 링크 첨부: www.hollabacknyc.blogspot.com.

| 감사의 말 |

이 책을 쓸 때 도움을 주신 모든 분께 감사를 드린다. 편집자 브룩 워너, 에이전트 트레이시 브라운, 언제나 무한한 인내심으로 나를 지켜봐주시는 부모님 낸시 발렌티와 필 발렌티, 동생 바네사 발렌티, 그웬 비텀, 레이먼드 클레퍼, 셀리나 드 리언, 에번 데카츠, 앤 프리드먼, 앨리슨 헤이니, 아담 조지프, 어맨다 마콧, 크리스틴 머론, 모린 맥패든, 케이트 모굴레스쿠, 젠 모즐리, 삼히타 무크호패데이, 조안 로스-프랭크슨, 필 셰어, 리베카 트레이스터, 나에게 영감이 되어준 모든 페미니스트 블로거들, 그리고 언제나 응원을 아끼지 않는 우리 '페미니스팅닷컴'의 독자들과 지지자들에게 감사를 전한다.

노지양

연세대학교 영어영문학과를 졸업하고 KBS와 EBS에서 라디오 방송작가로 활동했으며 현재는 전문 번역가로 일하고 있다. 《헝거 : 몸과 허기에 관한 고백》, 《나쁜 페미니스트》, 《하버드 마지막 강의》, 《싱글 레이디스》, 《에브리씽 에브리씽》 등 70여 권의 책을 옮겼다.

처음 만나는 페미니즘

2018년 5월 10일 초판 1쇄 발행
2018년 8월 27일 초판 2쇄 발행

- 지은이 ──────── 제시카 발렌티
- 옮긴이 ──────── 노지양
- 펴낸이 ──────── 한예원
- 편집 ──────── 이승희, 윤슬기, 양경아, 유리슬아
- 펴낸곳   **교양인**
  우 04020 서울 마포구 포은로29 202호
  전화 : 02)2266-2776 팩스 : 02)2266-2771
  e-mail : gyoyangin@naver.com
  출판등록 : 2003년 10월 13일 제2003-0060

ⓒ 교양인, 2018
ISBN 979-11-87064-24-4 03300

* 잘못 만들어진 책은 바꾸어드립니다.
* 값은 뒤표지에 있습니다.

이 도서의 국립중앙도서관 출판시도서목록(CIP)은 서지정보유통지원시스템 홈페이지(http://seoji.nl.go.kr)와 국가자료공동목록시스템(http://www.nl.go.kr/kolisnet)에서 이용하실 수 있습니다.(CIP제어번호: CIP2018012942)